Winterreis door Rusland, gedaan in het jaar 1841 ... Met eene kaart.

Hemmo Dijkema

Winterreis door Rusland, gedaan in het jaar 1841 ... Met eene kaart.
Dijkema, Hemmo
British Library, Historical Print Editions
British Library
1849
xvi. 346 p. ; 8°.
10292.d.5.

The BiblioLife Network

This project was made possible in part by the BiblioLife Network (BLN), a project aimed at addressing some of the huge challenges facing book preservationists around the world. The BLN includes libraries, library networks, archives, subject matter experts, online communities and library service providers. We believe every book ever published should be available as a high-quality print reproduction; printed on- demand anywhere in the world. This insures the ongoing accessibility of the content and helps generate sustainable revenue for the libraries and organizations that work to preserve these important materials.

The following book is in the "public domain" and represents an authentic reproduction of the text as printed by the original publisher. While we have attempted to accurately maintain the integrity of the original work, there are sometimes problems with the original book or micro-film from which the books were digitized. This can result in minor errors in reproduction. Possible imperfections include missing and blurred pages, poor pictures, markings and other reproduction issues beyond our control. Because this work is culturally important, we have made it available as part of our commitment to protecting, preserving, and promoting the world's literature.

GUIDE TO FOLD-OUTS, MAPS and OVERSIZED IMAGES

In an online database, page images do not need to conform to the size restrictions found in a printed book. When converting these images back into a printed bound book, the page sizes are standardized in ways that maintain the detail of the original. For large images, such as fold-out maps, the original page image is split into two or more pages.

Guidelines used to determine the split of oversize pages:

- Some images are split vertically; large images require vertical and horizontal splits.
- For horizontal splits, the content is split left to right.
- For vertical splits, the content is split from top to bottom.
- For both vertical and horizontal splits, the image is processed from top left to bottom right.

Band d. 5.

WINTERREIS.

WINTERREIS

DOOR

RUSLAND,

gedaan in het jaar 1841,

DOOR

H. DIJKEMA.

MET EENE KAART.

TE GRONINGEN, BIJ
C. M. VAN BOLHUIS HOITSEMA.

1849.

„Rusland, die reus der Staten, grijpt met den eenen arm naar de muren van China, en ompalmt met de vingers des anderen, de golf van Bothnië. Zijn hoofd rust op den berg Ararat en zijne voeten drukken tegen de Noordpool der aarde."

W. VAN DEN HULL.

VOORBERIGT.

Hiermede, geëerde Inteekenaren! ontvangt gij de beloofde Winterreis, tot wier uitgave gij ons door ruime deelneming welwillend hebt in staat gesteld. 't Zal U echter bevreemden dat het boek zoo lang is uitgebleven: onderscheidene oorzaken buiten onze schuld, hebben daartoe medegewerkt; inzonderheid waren de noodlottige omstandigheden van het jaar 1847 voor onze onderneming ongunstig. Een geschikter tijd moest worden afgewacht, en die heeft dan ook bij de teruggekeerde kalmte en 't evenvigt der prijzen van levensmiddelen, gunstige uitkomsten opgeleverd, zoodat in sommige streken, b. v. in de prov. Groningen, de Inteekening op dit werk, die van onze Aanteekeningen, enz. nog al aanmerkelijk heeft overtroffen. — In plaats van nu in 't hoekje van den haard bij 't knappend vuur of in de warme hagchelkamer 't boek te lezen, zal de geëerde Lezer 't koude Winterreisje welligt in de zoele schaduw van 't rozengeurige priëel doorbladeren, en 't kontrast dan denkelijk nog wel meer gevoelen; dat heeft toch ook zijne gunstige zijde.

Schoon het thans ook niet moge ontbreken aan Reizen, en zelfs voortreffelijke Reisverhalen in en door Rusland, zoo is een Winterreis toch niet zoo alledaagsch. Zoo wel in de wijze van reizen, als in de veranderde leefwijze, vertoont zij een geheel eigenaardig karakter, die in Rusland meer dan wel elders in Europa van eene Zomerreis afwijkt.

Om Rusland en zijne inwoners in de verschillende standen en betrekkingen te leeren kennen, daartoe heeft het niet aan gelegenheid ontbroken, en zoo als wij ons vleijen, hebben we van die gelegenheid ook een vlijtig gebruik gemaakt. Wij hebben ons echter bepaaldelijk ten doel gesteld, *om een* eenvoudig en onopgesmukt Reisverhaal *te leveren, en daarbij getracht om duidelijkheid met verscheidenheid te vereenigen, opdat het aanzienlijke aantal* Inteekenaren, *van verschillende standen, smaak en wetenschappelijk standpunt, in de* lektuur *eenigermate bevrediging moge vinden.* 't Is *dáárom dat wij hier en daar een blik hebben geworpen op de oudere of nieuwere* Geschiedenis des lands; *sommige merkwaardigheden, of algemeen belangrijke gebeurtenissen wat breeder hebben uitgemeten; zoo als b. v. die van de* groote klok; *de herinneringen aan den Veldtogt van* 1812; *van het* Heidenras; *van de* Landhuishouding *in* Rusland, *als zijnde niet zoo* algemeen *bekend, enz.* Sommige *lezers herlezen gaarne nog eens soortgelijke gebeurtenissen, of beschrijvingen van merkwaardige zaken wat meer in bijzonderheden, dan weer anderen lief en aangenaam zal zijn;* 't is ook hier: "zoo veel hoofden zoo vele zinnen." *Daarentegen hebben wij andere zaken in* 't geheel niet, *of slechts in* 't voorbijgaan *aangestipt: reden daarvan is, dat sommige reizigers vóór ons daarvan reeds belangrijke en uitvoerige beschrijvingen gegeven hebben, zoodat wij slechts eene herhaling van zaken zouden geven, die algemeen* en détail *bekend, en welligt ook met meer talent geschetst zijn, dan wij ons daartoe in staat gevoelen. Onder anderen zij slechts genoemd, uitvoerige opgaven over* Statistiek; *breede beschrijvingen van bibliotheken, kunstverzamelingen, tooneelkritiek, enz. Mogt hier of dáár in de* Geschiedkundige Aanteekeningen *eenig geschilpunt worden aangeroerd, zoo gelieve men op het oog te houden, dat wij in dezen inzonderheid* Russische *bronnen hebben geraadpleegd. — Wij vleijen ons alzoo, in de behandeling van dit onderwerp niet geheel en al te zullen hebben misgetast; wenschende hartgrondig dat dit* Winterreisje *eene lektuur van uitspanning van meer ernstige studie moge opleveren, en aan het boek eene zóó gunstige opname te beurt valle als die aan onze* Aanteekeningen, *enz., blijkens mondelinge en schriftelijke mededeelingen, ons daarvan geworden, ten deel gevallen is.* — *Binnen den tijd van een jaar hopen wij het volgende en laatste deel aan het lezend* publiek *te kunnen aanbieden,* '*t welk de reis over de* Grieksche-, Oude- *en* Nieuwe-Duitsche; *de* Stam- *en* Dochter-koloniën *der* Doopsgezinden; *de* Nogai-Tartaren; *de* Krim, Odessa, Konstantinopel *enz. zal bevatten.*

Wij zouden hiermede dit voorwoord kunnen eindigen, ware het niet dat we ons verpligt gevoelden, om aan H.H. Inteekenaren op onze: Aanteekeningen, gehouden op eene reis over Noord-Duitschland en Denemarken, naar St. Petersburg, enz., te Groningen bij J. OOMKENS, JZ., *in* 1845 *uitgegeven, hier eenige opheldering mede te deelen, de uitgave van gemelde* Aanteekeningen *betreffende, en daardoor de wellist bij sommigen bestaande dwaling te regt te wijzen, als of namelijk wij de oorzaak zijn geweest, dat de prijs verhoogd is.* — *Volgens de voorwaarden van Inteekening in* Prospectus *en* Lijsten *uitgedrukt, zouden die* Aanteekeningen *een boekdeel opleveren van ongeveer* 20 *vellen druk.* '*t Is echter* 24 *vellen groot geworden, nogtans niet met het oogmerk om op de beurzen van Inteekenaren te speculeren. Bewijs daarvan is, dat de schrijver met nu wijlen den Heer* J. OOMKENS, *als uitgever eene mondelinge overeenkomst had getroffen, om die vier vellen aan* Inteekenaren *gratis af te leveren, en het* boek *alzoo voor ƒ* 3,00 *en niet voor ƒ* 3,60 *af te leveren; ten einde allen schijn van zich af te weren, dat het woord ongeveer als masker zoude kunnen worden beschouwd, om een onedel voornemen van prijsverhooging te verbergen. Nadat de Heer* J. OOMKENS *aan den schrijver dit onbekrompen besluit had medegedeeld, aarzelde ook deze niet, om afstand te doen van zijn regt op verhooging van zijn* honorarium, *pro rato van die vier vellen, dat hij anders vermeende te hebben, op grond dat hij voor ieder* Inteekenaar *een zeker bepaald* tantum *als* honorarium *zoude ontvangen, en dat de bepaling van dit* tantum *bij* contract *was vastgesteld op de hoegrootheid van* twintig vellen, *die als de* geraamde *en alzoo als* denkbeeldige *grondslag van dat* contract *was aangenomen geworden.* Deze reden, *vermeende de* schrijver, *moest hem evenzeer een' regtmatigen grond van vordering op de verhooging van het* honorarium, *bij eene meerdere hoeveelheid vellen druks dan* twintig *opleveren, als die den* uitgever *een' grond opleverde om 't honorarium in die zelfde mate te verminderen, in 't geval namelijk, dat het aantal vellen druks* beneden *de* twintig *ware geweest; daar het getal* boven *of* beneden twintig *den maatstaf bepaalde van het meerdere of mindere voordeel voor den* uitgever, *niettegenstaande het* debiet *daardoor buiten* Inteekening *waarschijnlijk geringer zijn zoude; alsmede, omdat de schrijver in die zelfde verhouding deelde, ten aanzien van tijd en arbeid.* — *Daar beide partijen door deze overeenkomst, ieder voor zich eene betrekkelijk aanmerkelijke som opofferden, zoo scheen in dit geval eene geschrevene overeenkomst onnoodig te zijn.* De Heer J. OOMKENS *echter kwam vóór de uitgave te overlijden, en nu bleek het weldra, dat een* nieuw *of* vernieuwd contract *wel noodig en nuttig ware geweest, om namelijk beide partijen tot de wederzijdsche verbindtenissen te* verpligten. De Heer J. OOMKENS, JZ., *eigenaar der kopij, en derhalve regtverkrijgende en uitgever geworden zijnde, deelde echter niet in het voornemen van wijlen zijnen vader, om de bovengenoemde* mondelinge *overeenkomst na te leven en weigerde tevens om het boek voor f* 3,00, *in plaats van f* 3,60 *aan H.H.* Inteekenaren *af te leveren. Daar* schrijver *den* uitgever, *hij gebreke van een schriftelijk* contract *van genoemde* mondelinge *overeenkomst, niet heeft hunnen verpligten tot de aflevering van het boek voor f* 3,00, *zoo meende hij ook van zijne zijde niet verpligt te wezen, om zijne aanspraak op vermeerdering van* honorarium *te laten varen. Bij weigering daarvan, stelde hij tegen de erven* OOMKENS *den eisch in tot voldoening*

van dat meerdere honorarium. *De gedaagden hebben dien eerst met eene* exceptie *trachten af te weren, welke door het Kantongeregt van den* 29 *December* 1845 *is toegewezen, maar op het ingesteld* appél *werd dit vonnis door de Arrondissements-Regtbank te Groningen, den* 8 *Mei* 1846 *vernietigd. Nu werd de hoofdzaak behandeld, en het gelukte de verweerders hieromtrent bij den plaatsvervangenden Kantonregter te Groningen een voordeelig vonnis te bekomen, die den* 27 *Julij* 1846 *den eisch heeft ontzegd. Deze beslissing heeft evenwel de meening van onzen pleitbezorger, den Heer Mr.* A. OUDEMAN, *niet veranderd, en het was ook niet de overtuiging van het onregtmatige onzer vordering welke ons heeft doen besluiten in die beslissing te berusten. — In dit vonnis wordt onder anderen mede als een grond voor de ontzegging van den eisch aangevoerd:* „*dat er geene*
„*voldoende gronden zijn, om aan te nemen, en het*
„*dus veel minder bewezen is, dat der gedaagden erflater*
„*of zij zelven voordeel uit de meerdere uitbreiding van*
„*het werk getrokken hebben, zoo dat er evenmin gron-*
„*den van billijkheid bestaan, om, strijdig met de duidelijke*
„*letter van het contract volgens art.* 1375 *van het*
„*Burgerlijk Wetboek eene vermeerdering van het vast-*
„*gestelde* honorarium *toe te laten.*" *Zonder hier in het onderzoek der gronden van het vonnis te treden, komt het ons nogtans voor, dat dit aangehaalde* motief *wellist niet tot de sterkste zal behooren, waarop het vonnis behoorde gevestigd te worden; wij zullen derhalve, met allen eerbied voor den regter, van de vrijheid gebruik maken, om de duchtigheid van dien grond, tot betere overtuiging, te betwijfelen.*

Het is schrijver niet onbekend dat er bij de aflevering hier en daar exemplaren zijn geweigerd geworden, en dat de Inteekenaren die weigering gegrond hebben, òf op de bijbetaling der vier vellen, òf op de onbehoorlijke vracht; sommige Inteekenaren toch, in het naburige Vriesland, nog geene tien uren van Groningen verwijderd, hebben 60, 70 *of* 80 *cents aan vracht betaald, of het boek daarom geweigerd. Alleen diegenen der Inteekenaren, welke na den* 1 November 1844 *hebben ingeteekend, hadden regt op de weigering voor* ƒ 3,60, *op grond van de mondelinge hun gedane verzekering, steunende op de bovengenoemde mondelinge overeenkomst. Uit de ervaring is het ons gebleken, dat wij door dit een en ander aanmerkelijke nadeelen hebben ondervonden, als zijnde sommige der vroegere Inteekenaren om die redenen van de deelneming in de Inteekening op de onderhavige Winterreis afgeschrikt geworden.*

Wij nemen deze gelegenheid tevens waar, om een aantal Inteekenaren, op de tot ons zoo mondeling als schriftelijk gerigte vragen in te lichten: "*waarom ze zoo veel vracht hebben moeten betalen? en van anderen:* „*waarom hun het boek niet is toegezonden?*" *Wij zullen hierop aanmerken, dat, daar wij met het bezorgen niet zijn belast geweest, als zijnde dit de zaak van den uitgever,* wij *die vragen ook niet, maar wel ZEd. die zal kunnen beantwoorden. — Hiermede meenen wij den belangstellenden Inteekenaar toereikende inlichting zoo wel op dit punt als ten aanzien van de prijsverhooging te hebben gegeven, en stappen alzoo van deze onaangename zaak af; in 't voorbijgaan aanmerkende, dat wij maatregelen hebben genomen, dat niemand der Inteekenaren op onze Winterreis, hoe ver of afgelegen hij ook moge wonen, meer dan tien centen vracht zal behoeven te betalen; voorts dat zij het meerdere dan twintig vellen druks, ten bedrage van ruim* $2\frac{3}{4}$ *vellen, gratis zullen ontvangen.*

GRONINGEN, 18 April 1849.

H. DIJKEMA.

INHOUD.

EERSTE HOOFDSTUK.

Inleiding. — Weêrsgesteldheid van *Petersburg*; handel; stoomvaart. — De *Petersburgsche* stedemaagd. — Het *Newa*-water. — De *Newsky-prospect*: 't getal voertuigen; de menigte op straat; de winkels; wie er fortuin maken; de pels- en boekwinkels. — De *Golówa*. — Het *Alexander*- en *Peterplein*. — De *Newa* in 't winter- en zomerkleed; overstroomingen; oevers; kaaijen. — Toertje door eene woestijn in de stad; 't verdachte kwartier; de kruidmolen. — *Champagne*-verbruik. — Uitstapje naar *Tzarskoje-Selo*. — De Hooimarkt. De brandewijnspacht. — Stookkasten. — Vertrek. . . . . bl. 1—38.

TWEEDE HOOFDSTUK.

De *Petersburgsche* theewinkel. — De nachtreis; de eenzame vlakte. — Prijs der brandstoffen. — De oude houten weg; de nieuwe *Mac-Adam*-weg. — De postwagendienst. — Wolven! (de vergissing). — Het *Duitsche* logement;

Russische manier van theezetten. — Behandeling der paarden. — De karavane. — Voortbrengselen der Natuur. — Het keizerl. logement. — *Militaire* koloniën. — *Nowogorod.* — Blik op de geschiedenis der stad. — De kerkedeuren. — De linnenfabrieken. — Het stadswapen. — *Sage.* — Avontuurlijke nachtreis. — *Walday.* — Het Klooster. — Het *Karélen*-dorp. — De goede waard in de slechte herberg. — De spinpartij. — Aankomst op het landgoed. . . . . bl. 39—76.

DERDE HOOFDSTUK.

Het landgoed; de landhuishouding; bezoek bij den *pope.* De *Wolga*-bron. Vertrek. — De versperringen; avonturen van den beerenjager; prijs der levensmiddelen, enz. — De gevreesde officier. — *Wischney-Wolotschok;* de kanalisatie. — Nachtreis. *Torsjok.* — De binnenweg. — *Kaschin.* — Nachtreis. — *Uglitsch.* — *Ribinsk*: de *Russ.* steur; kaviaarbereiding; de steurvisscherij op de *Wolga; Nederl.* stoombooten op de *Wolga; Nederl.* kolonie te *Ribinsk;* 't huis *Romanoff.* De ketters. — *Jaroslaw.* . . . . bl. 77—113.

VIERDE HOOFDSTUK.

Onze gastheer. — *Jaroslaw.* — Het marktplein. — Bezigtiging van eene groote fabriek. — Het kerkbezoek; de groote wijnkelder. — Gezelschap bij den heer Z. — Avontuurlijke nachtreis; de sneeuwjagt; het woud; 't gevecht met wolven; het huisgezin van menschen en dieren; de boer in den oven. — Aankomst op het dorp; de huldiging van den dorpsheer. De *inspectie* van het landgoed. De stervende oude lijfeigen. — Terugreis. — *Jaroslaw*. . . . . bl. 114—157.

VIJFDE HOOFDSTUK.

't Afscheids-*souper* bij den heer Z. Vertrek. — De nachtreis. *Rostow*. De logementhouder zoo als hij zijn moet. Thee- en *wodka*-drinkers. Merkwaardigheden van *Rostow*. — De heerlijke sledevaart. — De grenzen; verschil van zeden, kleeding, enz. — *Wladimir*. — 't stadje *Pereslawl;* Peter *de Groote* op 't meer. — 't Kruis aan den weg. — De grenzen; *Moskou*. — De werstpalen. 't Plantsoen langs de wegen. — 't Kloostervlek *Troitska*, 't rijkste klooster in *Rusland;* zijne geschiedenis. Bezigtiging van het klooster. — Vertrek. Omstreken. De kluizenaarscel. — Voorteekenen van de nadering van *Moskou*. — Blik op *Moskou* door de avondzon verguld. — 't Paleis van het *Kadettencorps*. . . . . bl. 158—186.

ZESDE HOOFDSTUK.

Aankomst aan 't paleis van *'t kadettencorps*. — De stad en 't gouvernement *Moskou*. — Geschiedenis der stad. — Vondelingenhuis. — De wagenstraat. — *Musea*, enz. De *restauration*. — 't Exercitiehuis; de schouwburg. — De Kapel. De Heilandspoort. Legende. — *'t Kremlin;* de *Groote Jan*; Napoleon's togt door de brandende straten; de groote klok. — Paleizen; kerken; 't gedenkteeken; *de bazar;* de waarzegster. — Het monsterkanon. — Waterleiding. — Terugkomst . . . . bl. 187—221.

ZEVENDE HOOFDSTUK.

Blik op den veldtogt van 1812. — Napoleon door Kutusoff misleid. — Napoleon's intogt in *Moskou*. — De Keizer ontvlugt met levensgevaar 't brandende *Kremlin*. — Napoleon's aftogt. — Bezoek op een *Heidendorp;* blik op de geschiedenis van dit volk. — Bezigtiging van 't paleis van *'t Kadettencorps*. — Gesprek met een hoogleeraar van *Moskou* over 't hooger onderwijs, enz. — *Moskou*, de zetel der *Homoöpathie;* de *Alopathie* in *Rusland*. — Avondgezelschap bij den generaal. *Soirée musicale et litteraire* bij graaf * Leefwijze van den adel in *Moskou*. Bediendenverkeer. — Vertrek. . . . bl. 222—264.

ACHTSTE HOOFDSTUK.

Vertrek. — Land- en tuinbouw; de aardappelenteelt in *Moskou* ingevoerd; graaf Demidoff, bevorderaar der nijverheid. — De *Esplanade*. — *Podolsk*. — *Serpuchow*. — Het *Kaukasische détâchement*. — De struikroovers. — *Tula*: de geweerfabriek; familie-oorsprong van Demidoff; de *Nederlander* v. d. Vlies wordt de schutsengel van *Nederl*. krijgsgevangenen. — De *Don*-bron. — De *Armeniër* die in troebel water vischte en rijk werd. — *Mzensk*. — *Orel*, *Ruslands* korenschuur. — *Kursk*: de *Luth*. gemeente; wien komt de lijfeigen toe? — *Obojan*. — De gedaante van 't aardrijk verandert. — Ik zoek mijn dronken koetsier. — Aankomst op 't landgoed. . . . . bl. 265—302.

NEGENDE HOOFDSTUK.

De aankomst op 't slot. — De landhuishouding. — De kamerovens. — De huisgodsdienst. — Gesprek met den *pope*. — Het trouwen. — 't *Diner*; de huisarts. — Bezigtiging van 't slot. — Het familiebezoek: de *Russische* ridderorden; kaartspel-woede; de *Russische savantes*. — Afreis. *Belgorod*: het vrouwenklooster; *legende*; *Russische* zeden voor $8\frac{1}{2}$ eeuwen. — Vertrek: oorlog met den postmeester; 't *Russ*. postwezen. — *Charkow*: de akademie; verzameling van landhuishoudel. werktuigen; de schaatsenrijders; de glijbaan. *Tartaren*, enz.; de dampbaden. — Vertrek: de vrachtkarren met drommedarissen. — De grafheuvels. *Subujew*. — *Isium*. — Nachtverblijf. — Tehuiskomst, en 't einde der reis. . . . . bl. 303—347.

EERSTE HOOFDSTUK.

Inleiding. — Weersgesteldheid van Petersburg; *handel; stoomvaart.* — *De Petersburgsche stedemaagd.* — *Het* Newawater. — *De* Newsky-prospect: *'t getal voertuigen; de menigte op straat; de winkels; wie er fortuin maken; de pels- en boekwinkels.* — *De* Golówa. — *Het* Alexander- *en* Peterplein. — *De* Newa *in 't winter- en zomerkleed; overstroomingen; oevers; kaaijen.* — *Toertje door eene woestijn in de stad;'t verdachte kwartier; de kruidmolen.* — *'t Paleis van den grootvorst* Michaël. — Champagne-*verbruik.* — *Uitstapje naar* Tzarskoje-Selo. — *De Hooimarkt.* — *De brandewijnpacht.* — *Stookkasten.* — *Vertrek.*

De meer algemeene toepassing van de kunsten en wetenschappen op het bedrijvige leven heeft in onze eeuw vele gemakken in 't aanzijn geroepen, die onze voorouders nog onbekend waren. Inzonderheid mag men daartoe rekenen de verbeteringen in de vervoermiddelen aangebragt. Van veel belang voor geheel het maatschappelijke leven is voorzeker de aanwending der stoomkracht op de middelen van vervoer ter zee en te land. De handelaar bouwt er zijne plannen op, want hij berekent nu met meer zekerheid den tijd, wanneer het stoomschip van gindsche zijde des Oceaans hem zijne waren zal aanvoeren. Waar gebrek heerscht, daarheen stroomt langs de ijzerbaan de overvloed uit verre landen, met nooit gekende snelheid. De reiziger, door deze gelegenheid begunstigd, onderneemt nu reizen, waaraan hij anders niet zou gedacht hebben. De geestesprodukten worden daardoor een gemeengoed en leiden tot verbroedering der volken.

Rusland is in dezen tak van vooruitgang niet geheel ledig toeschouwer gebleven; getuigen zijne stoomschepen, die vreemde landen bezoeken. De binnenlandsche gemeenschap echter is er nog bijna even moeijelijk, tijdroovend en kostbaar, als voor eene eeuw. De dienst der rivierstoombooten toch staat er in geene evenredige verhouding tot de uitgebreidheid des lands, daar die zich vooral bepaalt tot een gedeelte der *Wolga*-gewesten en het beperkte gebied van den *Newa*-stroom. — Ten opzigte van de ijzerbaan is het nog minder gunstig gesteld. Een klein baantje tot proef uitgezonderd, bestaat er in dit onmetelijke rijk nog geene ijzerbaan (*). Even als de westersche rijken van *Europa*, is ook dit grensrijk ten oosten en noorden verstoken van die gemakken en voordeelen voor den reiziger, waarvan hij in *Midden-Europa* sinds jaar en dag de vruchten plukt. Door effene kunstwegen wordt dit gemis niet vergoed, want deze ontbreken nog in *Rusland*, wanneer men namelijk daarvan den weg tus-

---

(*) Thans echter (1848) is er, blijkens de Nieuwsbladen een gedeelte van de kolossale baan in aanbouw, die van *Petersburg* over de groote steden tot *Odessa* zich zal uitstrekken, en alzoo de *Oost-* met de *Zwartezee* verbinden.

schen de beide hoofdsteden uitzondert. Voegt men hier nog bij de verbazende uitgestrektheid van het land; den grooten afstand der steden en dorpen; de taal en zeden des volks, zoo zeer van die van 't overige *Europa* verschillende, benevens nog andere bezwaren: dan zal het niet bevreemden, dat vele reizigers de lust vergaat om met dit land en volk kennis te maken: redenen waarom de binnenlanden tot op onze dagen nog zoo weinig zijn bezocht geworden.

't Reizen moge elders vele genoegens opleveren, de vervoermiddelen gemak aanbieden bij 't zachte schommelen op effene kunstwegen; of de stoomwagen in vliegende vaart den verrasten reiziger uit het behagelijke wiegelen op de weelderige *sofa* van het prachtvolle *hôtel* overvoeren; in *Rusland* daarentegen kost het opofferingen van velerlei aard. Het reisgenot, verhoogd door 't aanschouwen van al het vreemdsoortige in dit land, en welligt tot een warm vreugdegevoel geklommen bij de streelende gedachte: »*nu reis ik dan eens in het verre, groote en nog zoo schaars bezochte Rusland!*" wordt zoo ligt getemperd of wel in een koud gevoel opgelost, zoo dat teleurstelling voor gespannen verwachting plaats maakt. Reist men er in den zomer met postpaarden, dan leiden daartoe inzonderheid slechte rijtuigen, die nu en dan eens breken; uitgemergelde paarden, die bij regenweder in de diepe wegen den reiziger in den steek laten; ontrouwe bedienden, die hem misleiden; dronkene koetsiers, die hem omwerpen; kabalen aan de posthuizen enz. Zoo de vreemdeling op militairen rang noch adelijken stand kan bogen, onbekend is met de landtaal, daarbij den bedienden, den postmeester en andere beambten al te karige fooijen reikt; dan zal hij gewis met deze kleine ellenden des reizenden levens in *Rusland* te worstelen hebben. Wel is waar, den moedigen kampvechter tegen hindernissen zullen deze moeijelijkheden niet afschrikken om zijn plan te verwezenlijken, wanneer hij, door reislust of zucht naar vermeerdering van land- en volkenkennis aangespoord, het voornemen koestert, om *Rusland* te bereizen. Een paar wenken echter moge hij niet versmaden, ten einde die hinderpalen te vermijden, en alzoo met meer genoegen en minder tijd- en geldverlies te reizen: de minder stoutmoedige reiziger naar dit land moge er door bemoedigd worden. Bij de noodige kennis van de landszeden, benevens de voegzaamheid om zich naar deze te schikken, is de kennis van de vervoermiddelen en van de wijze van reizen voor den bezoeker van den vreemde steeds van het meeste belang. De reismanier in *Rusland* verschilt aanmerkelijk van die van de meeste landen in *Europa*. De bekwaamste reismiddelen zijn er de postwagendiensten, schoon men deze nog slechts op twee *routes* aantreft — althans voor weinige jaren. — Volgens de keus der plaats — want ook hier heeft men gezorgd voor het verschil van stand — betaalt hij volgens tarief de vracht, en komt zonder eenige moeijelijkheden op de bestemde plaats aan. Een bezwaar hiertegen is, dat de reiziger met den postwagen aan den tijd gebonden, alzoo van de gelegenheid verstoken is, om zijwaarts af gelegene plaatsen te bezoeken. Dit bezwaar kan hij vermijden, door te reizen met eigen rijtuig en postpaarden, zoo als ook meest gebruikelijk is. Heeft de vreemdeling de gunst verworven, om het keizerlijke bevelschrift voor de levering van postpaarden te ontvangen, zonder hetwelk niemand deze kan bekomen; dan heeft hij wel is waar het regt, om met postpaarden te mogen rijden, maar dan ontmoeten hem nog moeijelijkheden van verschillenden aard. Om deze bezwaren te voorkomen, reize hij liever, hetzij met eigene of met gehuurde paarden, rijtuig en bedienden, benevens een tolk, zoo hij dien mogt noodig hebben. In de groote steden is ruime gelegenheid, om dit alles voor eenen bepaalden tijd te huren. De gezamenlijke kosten bedragen per dag gemiddeld ongeveer 25 à 30 roebels (*). Voor deze meerdere kosten is de reiziger dan ook verlost van vele belemmerende formaliteiten, die tijd, geld en genoegen rooven, en aan 't gebruik van postpaarden verbonden zijn. Deze wijze van reizen is de verkieselijkste en wordt door vreemde reizigers ook dikwijls gevolgd. Bij 't sluiten van soortgelijke overeenkomst is de voorzorg niet overtollig, om door een vertrouwd persoon het rijtuig en de paarden te doen onderzoeken, benevens de *speciale* verantwoordelijkheid voor de trouw en bekwaamheid der bedienden van zijde des verhuurders te bedingen, en bij gebreke daarvan, het regt tot schadeloosstelling. Na deze voorzorg voorzie de reiziger zich vooral van thee, koffij, suiker, wijn, beddegoed, enz. indien namelijk deze zaken voor hem behoefte zijn; want op de *stations* buiten de *routes* in 't binnenland zoekt hij die te vergeefs, en op deze vindt hij dit alles nog niet altoos. De adel voert daarom op reis deze en nog meer andere benoodigdheden, benevens koks enz., steeds met zich. Voorts mogen wij den reiziger in dit land nog een goeden raad niet onthouden, en die is, dat hij op zijne

---

(*) Wanneer de *roebel zilver* niet uitgedrukt wordt, dan bedoelen wij steeds de *roeb. banco.*

hoede zij in de *kroegen*, schoon ze ook al *poststations* mogen heeten. Hier zijn, behalve 't huisgezin van den postmeester, ook soms boeren, die aan de postdienst verbonden zijn, en andere lieden, die, schoon ze den vreemdeling verzekeren, dat ze eerlijke lieden zijn, toch gaarne een *souvenir* van hem bezitten en dit zonder zijne toestemming maar zoo ongevraagd nemen. Ten opzigte van den koetsier dient hij mede een oog in 't zeil te houden, en letten er wat op, dat de geliefkoosde *wodka* op dezen niet meer vermogen uitoefent, dan noodig is om de goede luim op te wekken of te versterken, daar hij bij eene hoogere temperatuur 't rijtuig welligt zou omverwerpen, en deze kleinigheid juist nog geen *onbetwistbaar* regt tot schadevergoeding opleveren, maar wel tot eene twistzaak leiden zou. — Met deze maatregelen van voorzorg te nemen, kan men in *Rusland* zeer wel en tamelijk zeker reizen; daarenboven zal de reiziger veel genoegen kunnen smaken, wanneer hij zich naar de gebruiken weet te schikken, want dat ziet de geringe- even gaarne als de aanzienlijke stand.

Er is nog eene andere wijze van reizen in *Rusland* gebruikelijk, maar bij ervaring aan vreemden minder bekend: deze is de *winterreis*. Menigeen echter huivert reeds bij de gedachte aan den *Russischen* winter, nog verschrikkelijker geworden door de herinnering aan den noodlottigen veldtogt van 1812. Voor den inboorling is hij nogtans geen schrikbeeld, maar de gewenschte vriend, die over de verkleumde velden het verwarmende sneeuwkleed uitspreidt en de grondelooze wegen in eene spiegelgladde baan herschept. 'T Is een vreugdefeest in *Rusland*, wanneer de winter 't land bezoekt; oud en jong, rijk en arm verblijdt zich in zijne komst; men roept elkander als in zegepraal toe: *de sneeuwbaan is gereed!* Hij is immers de weldadige vriend, die zegen verspreidt; de horen des overvloeds vergezelt zijne schreden. De Natuur opent nu hare milde hand, en van heinde en ver stroomen hare schatten der hoofdsteden toe. De handelschaal, de barometer van overvloed en gebrek, treedt nu in de balans; de arme schept nieuwen moed, dat ook voor hem van den overvloed iets zal overschieten en hij den hongerdood zal ontsnappen — want ook deze geesel der armen zwaait soms den schepter in het korenrijke *Rusland!* — De winter is het ware element voor den *Rus;* dan glijdt hij, vreugdedronken in zijn sleedje gezeten, pijlsnel langs de sneeuwbaan. 'tIs in den winter, dat men het eigenaardige van 't *Russische* volkskarakter leert kennen. De vreemdeling wordt verrast door de vrolijke bedrijvigheid in de steden, en staat verbaasd bij den aanblik van onafzienbare karavanen sleden, die de groote wegen bedekken.

Wat nu ten slotte den tijd en de wijze van reizen in *Rusland* betreft, zoo geven wij aan de sneeuwbaan de voorkeur. Gedurende een tweejarig verblijf in dit land, hebben wij gelegenheid gehad, om er de verschillende wijze van reizen te leeren kennen. Onderscheidene reistogten door hetzelve, en in verschillende rigtingen met alle soorten van vervoermiddelen in elk jaargetijde ondernomen, hebben ons eenige proeven opgeleverd voor de beoordeeling van het verkieselijkste saizoen en de doelmatigste wijze van reizen. Op grond van deze ervaring bevelen wij gerust de winterreis op de sneeuwbaan aan, als de genoegelijkste, gemakkelijkste, snelste en doorgaans minst kostbare reismanier. In eene wel geslotene slede gezeten, in den ondoordringbaren pels gewikkeld, van goede bedienden en 't noodige voorzien, zal de vreemdeling zich weldra met den *Russischen* winter verzoenen en de winterreis zelfs aangenaam vinden.

Twee dagen vóór Nieuwjaar was ik in gezelschap van den graaf Alexander van Heiden over de sneeuwbaan van *Reval* te *Petersburg* aangekomen, en logeerden wij er bij zijn' broeder, Louis van Heiden, toen kapitein ter zee en adjudant van Z. M. den Keizer, thans vice-admiraal. 't *Hôtel* staat aan den *Newa*-stroom, in het zoogenoemde paleizenkwartier.

Vóór onze afreis naar de *Steppen* willen wij den lezer in eenige hoofdtrekken *Petersburg* en hare inwoners schetsen en daarbij hoofdzakelijk aanstippen, wat wij in een vroeger uitgegeven geschrift òf geheel niet, òf slechts met een enkel woord hebben aangeteekend. Sommige lezers, door eigene aanschouwing of breedvoerige beschrijvingen over *Petersburg*, tot in bijzonderheden met haar bekend geworden, mogen deze oppervlakkige omtrekken behulpzaam zijn, om zich de prachtige keizerstad nog eens *en detail* voor den geest terug te roepen; den onbekende, om haar eenigermate te leeren kennen.

Petersburg onderscheidt zich in eenige bijzonderheden van de overige hoofdsteden van *Europa*. Zij is de noordelijkste, op bijna 60° breedte, in het koudste klimaat gelegen; de nieuwste en regelmatigst gebouwde van al hare *Europesche* zusters. In een moerassig oord gebouwd, aan het laagste punt van die zeewaarts dalende vlakte, door welke de *Newa* hare wateren uit het *Ladogameer* in de *Finlandsche* golf uitstort, is de lucht er veelal vochtig en betrokken; zijn de overgangen der temperatuur zeer snel en bijzonder groot; ten gevolge waarvan de luchtgesteldheid er voor ongezond gehouden wordt. Volgens opgaven, op eene reeks van waarnemingen gegrond, is de weêrsgesteldheid er ongeveer deze: de wintertemperatuur wisselt er gemiddeld tusschen — 20° en 25 R. (*); schoon er wel voorbeelden voorkomen, dat zij — 30° tot 31 en daar beneden teekende. De zomertemperatuur is van + 21° tot 25; enkele voorbeelden zijn er van 27° tot 28. De gemiddelde stand van den thermometer was er voor eenige jaren + 3,32; die van den barometer 28,88. Op het jaar komen er gemiddeld 176 wintervorst-, 88 heldere-, 72 sneeuw- en 104 regendagen voor. Het verschil van temperatuur bedraagt in den zomer op één dag niet zelden 16° en soms 18 tot 19. Over het geheele jaar komen er gemiddeld 225 dagen voor dat het vriest. De winter valt er *gewoonlijk* tusschen 25 October en 10 November in, maar *altoos* van 15 October tot 12 December. De *Newa* bevriest doorgaans tusschen — 10° en 12. De dooi valt meestal in, van 24 April tot 8 Mei. De herfst en 't voorjaar zijn kort; de dagen meestal koud met betrokken lucht. De kortste dag is er 5 uren, zoodat er naauwelijks 4 uren daglicht overschiet. De afscheidsgroet: *dites adieu au soleil!* welken de *Mar-*

(*) De schaal van Reaumur is de gebruikelijke in *Rusland*, zoodat wij, opgaven van temperatuur mededeelende, deze volgens die schaal zullen opgeven. De formule van herleiding tot de bij ons meest gebruikelijke schaal van Fahrenheit is bij velen bekend, en komen deze beide schalen overigens ook veelal naast elkander voor, zoodat het vinden van den warmtegraad naar onze bepaling geen bezwaar zal opleveren.

seillianen en andere Zuid-*Franschen* onze zeelieden bij hun vertrek in den herfst wel eens toeroepen, zou alzoo beter van toepassing zijn op de *Russen*.

Petersburg is thans de hoofdstad van het gouvernement van dien naam, — het oude *Ingermanland*; — welk gouvernement op eene oppervlakte van 784 ☐ geogr. mijlen, ongeveer 900,000 inw. telt, van welke de helft op de hoofdstad komt; met 8 steden. Als handelstad neemt *Petersburg* den eersten rang van het keizerrijk in. Volgens de waarde der goederen, komt van den buitenlandschen handel de helft op *Petersburg* (*); $\frac{1}{8}$ op *Riga* en $\frac{1}{12}$ op *Odessa*. De handel, zoo wel van *Petersburg* als der andere koopsteden, is meest in handen van vreemden. Het getal der jaarlijks te *Kroonstad* binnenloopende schepen wordt, volgens *Petersburgsche* Nieuwsbladen, over de jaren 1840—45 gemiddeld op 15 à 1600 opgegeven. Door de buitengewone omstandigheden van het jaar 1847 is dit cijfer tot 3047 geklommen. Schepen van meer dan 17 voet diepgang kunnen *Petersburg* niet bereiken, maar moeten te *Kroonstad* laden en lossen. *Kroonstad*, op een eiland in de *Finlandsche* golf, ongeveer vier uren van *Petersburg* gelegen, is eigenlijk de haven van de hoofdstad en de krijgshaven van de *groote*-afdeeling der *Oostzee*-vloot. Blijkens *Russische* opgaven, voeren in 1841, 31 stoombooten op *Petersburg*, van welke 15 aan de Kroon en de overige bij aandeelen aan partikulieren toebehoorden. De laatsten zijn vooral bestemd voor de gemeenschap tusschen de hoofdstad en *Kroonstad*, *Oranjeboom*, *Peterhof* en *Sleutelburg*.

(*) In de laatste jaren is deze verhouding veranderd; de handel op de *Oostzeehavens* af-, en die der *Zwartezee* toegenomen.

Bovendien voeren er regelmatig 7 zeestoombooten tusschen *Petersburg*, *Koppenhage*, *Stokholm*, *Londen*, *Havre* en *Lubek;* van welke er eenige bij *Reval*, *Helsingfors* en *Abo* aanleggen.

Als de voornaamste handel- en keizerlijke residentiestad, laat het zich wel vermoeden, dat *Petersburg* er knap zal uitzien, en dat doet zij ook. Wanneer de *Petersburgsche* stedemaagd zich met hare *Europesche* zusters monstert, dan behoeft zij bij deze niet achter te staan. Door geene knellende windsels geprangd, noch misvormd door een' tooi, naar de luimen der mode veranderd, is zij gehuld in het ruime kleed, zoo nieuw uit de werkplaats te voorschijn gekomen, dat in breede plooijen om de ranke leden golft. In een vergeten hoek der aarde, stiefmoederlijk door Natuur bedeeld, heeft zij haren troon gevestigd. Zetelen sommige harer zusteren op romantische bergen, omgeven door bloemendos, verkwikt door balsamieke geuren van een citroenenland; zij benijdt ze niet; 't is geleende glans die verbleekte rozen kleurt; zij vreest ze niet; de blos der jeugd gloeit op hare kaken in klimmenden bloei.

Om nu van het *figuurlijke* niet in *bombast* te vervallen, zullen wij den ouden bekenden weg maar weer inslaan. — Wat regelmatigheid in bouworde, breedte der straten, grootte der huizen en uitgebreidheid der pleinen betreft, heeft *Petersburg* voorzeker haars gelijken niet. Bijna alle straten snijden elkander regthoekig. Op de hoofdstraten, die breeder zijn, loopen dwarsstraten regthoekig en evenwijdig uit. In vereeniging met de kanalen, splitst de *Newa* de stad in eilanden; is even als *Amsterdam* ruim van water voorzien, maar dat helder en zuiver van smaak is, en heeft mede vele huizen die op palen gebouwd zijn. Sommigen beweren dat het *Newa*water ongezond is, omdat het op den vreemdeling in den beginne doorgaans *purgatief* werkt: dit verschijnsel veroorzaken meest alle wateren aan hem die er niet aan gewoon is; de bijzonderheid, dat keizer Alexander zelfs in het buitenland dit water als den gewonen drank gebruikte, mag wel voor de goede hoedanigheid pleiten. Bij het gemis aan putten is de *Newa* voor *Petersburg* van een dubbel belang.

De lezer gelieve ons nu in de verbeelding op eenige togtjes door de stad te volgen, om sommige van hare merkwaardigheden zoo wat op te nemen. Met den graaf A. van Heiden in eene opene slede gezeten, waren wij weldra in het gewoel van de naburige *Newsky-prospect* overgevoerd. Schoon de straat met eene dikke laag sneeuw bedekt was, en men derhalve haar plaveisel niet kon beoordeelen, kan ik nogtans, volgens de mededeeling van mijn zegsman verzekeren, dat deze en nog andere voorname straten, gevloerd zijn met achtkantige houten blokjes, die, op het einde staande, een bijzonder effene baan voor de rijtuigen opleveren, maar bij regenweder wat glad zijn voor de paarden. De straten zijn omzoomd met steenen huizen van buitengewonen omvang, meestal van twee of drie, zelden van meer verdiepingen, veelal voorzien van balkons van gegoten ijzer, meest met eene poort er voor. De kleur is doorgaans geel en wit, de daken, van geringe helling, zijn veelal met ijzeren platen gedekt, die soms rood of groen geverwd zijn. In geene stad van *Europa* heeft men zulke groote huizen en die zoo sterk bevolkt zijn, want men heeft mij verzekerd, dat er in *Petersburg* huizen zijn, waarin meer dan duizend menschen zamenwonen. Daar deze de hoofdstraat is, en er de voornaamste winkels zijn, zoo zal het den lezer niet bevreemden dat het hier bedrijvig toegaat. Vierspannige koetsen en vlugge sleden kruisen door elkander en vervullen de breede straat. De doorgaans zeer breede *trottoirs* wemelen van voetgangers van allerlei stand en kleeding. Hier aanschouwt de vreemdeling het karakteristieke des *Russischen* volks in zijnen glans.

Beschouwen wij dit *Russische* gewoel op straat en huis wat meer van nabij. — Op den bok van het prachtige rijtuig ziet gij den echt *Russischen* koetsier in nationale dragt. De *kaftan* van hemelsch blaauw of bruin laken, sluit om het bovenlijf en valt in breede plooijen op de voeten; een sierlijke gordel snoert haar om het midden. Een zwarte vilthoed, laag, en breed van rand, versierd met een lange gesp van staal of zilver, bedekt het hoofd. Dikke handschoenen, die bijna tot den elleboog reiken, beschutten de gespierde vuisten tegen de koude, en met gestrekte armen bestuurt hij het vlugge vierspan zonder zweep. Beschouwen wij dezen hoofdpersoon van de *equipagie* nu in *natura*. De adel stelt op den koetsier zeer veel prijs ten opzigte van zijn voorkomen. Uit duizende lijfeigenen wordt een welgemaakt en rijzig jongman uitgezocht, met een barsch voorkomen en, als *eerste* vereischte, door de Natuur met een dikken en breeden baard begunstigd. Deze wordt in de kunst opgeleid en vereerd met de taak, om zijne bezitters niet alleen met zekerheid, maar tevens met snelle en kunstmatige wendingen te voeren door de woelige straten. Als een vorst, gezeten op den troon, zetelt hij dáár voor op 't rijtuig, trotsch op zijn' stand. Zijne stem wakkert den moed der paarden aan, of tempert dien; zijn toorn doet ze sidderen. De *Jockey* of roeper is op het vóórspan gezeten en waarschuwt den onoplettende. De vereischte van deze is: dat hij een knaap moet zijn van 12 tot 14 jaren, klein, zeer vlug in bewegingen; en de hoofdvereischte, dat zijne schelle toonen op verren afstand de kondschap overbrengen van zijns meesters nadering. Achter op 't rijtuig ziet men een of twee bedienden staan; 't zijn toonbeelden van livereipracht; de kleeding schittert van goud en de vederbos op den punthoed wuift in sierlijke bewegingen boven het rijtuig uit. — Soms aanschouwt men in dien woeligen drom den moedigen zoon der bergen, den fieren *Circassier*. Hij is een van dat uitgelezen *corps Aziatische* vorstenzonen, bestemd voor lijftrawanten van den *Tzar*. In Oostersche wapenpracht gezeten op het vurige strijdros, gloeit de *Aziatische* blik van edelen trots, gekweekt in de vrije lucht der vaderlandsche bergen. De zilveren tulband omkranst het bruine voorhoofd; de *kaftan* van hemelsch blaauw omsluit de lenden, en de *Turksche* broek begunstigt de losse bewegingen. In den zilveren gordel dreigt de ponjaard; de kromme sabel van *Damascus*, met edele steenen bezet, klettert aan de zijde des paards. De bekwaamheid van deze ruiters moet geene weêrga hebben; wonderen voor den gewonen ruiter worden er van verhaald. — Dat deze onafzienbare straat benevens andere, dagelijks als met rijtuigen bezaaid zijn, kan bevreemden, maar deze bevreemding houdt op, wanneer men bedenkt, dat men nergens minder gewoon is om te voet te gaan, dan in *Petersburg*. In het algemeen toch heeft ieder inwoner van den gemiddelden burgerstand zijne *equipagie*, en zelden minder dan twee paarden. Het getal wagens bedraagt er dan ook, volgens opgaven van 1841, 3772; *chaisen* 2565; *droskys* 8565, en 10,514 sleden.. Het jaarlijksche kapitaal voor den aankoop van rijtuigen besteed bedroeg meer dan 400,000 z. r., en dat voor paarden ruim een half millioen. De adelijken ontbieden de prachtigste en kostbaarste rijtuigen uit *Engeland*, *Frankrijk*, *Belgie* en *Duitschland*, die gemiddeld 8— 12,000 roebels kosten. — Die niet rijk genoeg is om zich door een kunstvoertuig te doen vervoeren, die gebruikt ook hier het vervoermiddel, dat moeder Natuur aan allen geschonken heeft, en *gaat* langs de *trottoirs*. Hier is 't niet minder woelig van allerlei volk dat er loopt en draaft. Men ziet en *voelt* soms soldaten in grove montering; knevelbaarden van twintigjarige dienst, prat op dien kapstok op de borst, behangen met een half dozijn of meer blinkende snuisterijen van koper of zilver; 't zijn eereteekens voor veeljarige dienst en dapperheid in 't vechten, den *Tzar* op 't oorlogsveld bewezen. Den zoon van Mars ter zijde, gaat de dikke, glimmende, echt *Russische* koopman, die er welgedaan uitziet. Gebaard, in een blaauwe of bruine *kaftan* gekleed, door den rooden gordel omwikkeld; of gedoken in den bonten koopmanspels, herkent men hem, hij stapt daar langzaam en rustig heen. Een paar deftige heertjes, wat tenger van postuur, met knevelbaard of *collier grec* gefatsoeneerd en geschoren kin, die in 't *Fransch* spreken, wijken den dikke met vlugge bewegingen uit het spoor, om door den reus niet omvergeworpen te worden; dat zijn geen *Franschjes*, zoo als de lezer welligt gist, maar *verfranschte Russen*, klerkjes of kantoorbedienden. Deze fatsoenlijke lieden ter zijde, schaamt een gebaarde lompe boer zich niet, om met zijne bastschoenen of monsterstevels in deze voorname straat te verschijnen. 't Is waar, beide zijn waarschijnlijk eens anderen eigendom, maar gene is een fatsoenlijk man en zou het eene schande rekenen om met den ongelikten beer in zijne schapenvacht en ruige karpoetsmuts op ééne lijn gesteld te worden. Zeldzaam ziet men hier ook den *lakonieken Turk*, in den ruimen zakbroek, met den gewijden *tulband* gekroond, deftig en langzaam door de menigte stappen. *Grieken* in *dito* kleeding, maar vlugger in hunne bewegingen, schoon van gelaatstrekken en welgevormd van gestalte, maar hatelijk in karaktertrekken, benevens den sluwen *Armenier*, kan de liefhebber van vreemde *physiognomien* hier mede, schoon niet bij dozijnen, zien en beschouwen. De *Grieksche pope* (priester) gekleed in de bruine of zwarte *toga*, met de ordemuts gedekt, steeds vergezeld van den sierlijken priestersstaf, wandelt ook onder de menigte en ademt zonder weerzin zoo 't schijnt, de lucht in, die ketters zoowel als geloovigen laaft. — Voorts ziet men er mede den *Duitscher*, nergens te vergeefs gezocht; wien de eer toekomt, dat hij zich door de wereld weet te helpen. Den vluggen, steeds opgeruimden en altoos bescheiden *Franschman* treft men hier ook in veelvuldige *exemplaren* van verschillende *edities* aan. De stugge afgetrokkene *Engelschman* vindt het ook niet beneden zijne waardigheid, de *Russische* hoofdstad met zijne tegenwoordigheid te vereeren, want hij zamelt hier, zoo als vele andere vreemden, spoedig een mooi hoopje, van die zilverroebels bijeen, waarop allen zoo 't schijnt het gemunt hebben. Hij doet dit op *zijne* manier: hij is uit het vaderland der werktuigkundigen, in 't welk de bron van stoomkracht het eerst opwelde, en nu leert hij den *Russen* de aanwending van deze kracht; — want ook dezen willen per stoom voorwaarts — en daarvoor doet hij zich goed betalen. In 't *hôtel* van zijne landsvrouwe, *Madame* Wilson, dat ter goeder naam en faam staat, kan men van deze *industriëlen* doorgaans aantreffen. De *Nederlander*, mede niet wars van op zijn getij te visschen, wijdt er zich bovenal aan den handel toe. Hunne prachtige winkels in deze straat getuigen van den rang, dien zij er onder den koopmansstand innemen, en 't drukke bezoek van de hoogste standen van de *renommée* en nering. In het algemeen kan men deze vreemden in hunne werkzaamheden er aldus rangschikken: *Duitschers*, die er het talrijkst zijn, voorzien *Petersburg* van den roem in alle vakken van wetenschappen en sommige kunsten. Voorts zijn ze taal- en muzijkonderwijzers; staan aan 't hoofd van vele instituten van onderwijs en scholen; winnen er in menigte den kost en geld als geneeskundigen; inzonderheid zijn ze dikwijls aan 't hoofd van geneeskundige inrigtingen, hospitalen, enz. geplaatst. Er zijn eenige boekhandelaren, die goede zaken doen; gouverneurs weinig, daar de *Fransche* hun hier de loef afsteken. Verder houden ze herbergen of logementen, spijshuizen, zijn tuiniers, dresseren paarden, sommigen ook de beenen van danslustigen. Ook zijn er vele kooplieden en kleermakers, en men zegt, dat de bakkers allen *Duitschers* zijn, benevens vele fabrikanten; zoodat *Petersburg* ook in dit opzigt met *Amsterdam* overeenkomst heeft. In de voorname huizen treft men ook wel *Duitschers* aan, die aan 't hoofd staan van het bedienden-legertje. Op het land zijn de directeurs van de groote landgoederen meestal *Duitschers*. — De *Franschen*, die er ook in sommige artikelen als kooplieden voorkomen, zijn hier in de eerste huizen gouverneurs, geven privaat en openbaar onderwijs, vooral in de moedertaal; nemen er den eersten rang in van de kleermakers-, kappers- en schermmeestersgilde; zijn koks, bouwmeesters, enz. — De *Engelschen* bepalen er zich voornamelijk bij het bestuur van stoomfabrieken, en drijven er den handel *en gros* in koorn, hennep, talk, enz. — Onder de voornaamste banketbakkers (*conditors*) treft men de *Zwitsers* aan. — De *Italianen* zijn hier ook de wandelende kooplieden in gipsbeelden, die goed debiet vinden, in de *Napoleonsbeeldjes*, en houden er galanteriewinkels. Zoo beoefent dan elke natie hier die kunst of wetenschap, waarin zij het meest bekwaam is, of waarvan zij 't meeste voordeel verwacht. — Verder kan men hier nog eene menigte van andere volken, natiën en tongen aanschouwen, zoo als, wat b. v. het Noordsche ras betreft: *Denen*, *Zweden*, soms ook *Lappen*, *Samojeden*, *Kalmukken* en *Kirgisen;* maar die zijn landskinderen. Sommigen dezer, met een plat gezigt en kleine, diep liggende oogen, en allen naar eene vreemde mode gekleed, worden ligt herkend. Ligt zou de lezer hier ook den *Israëliet* verwachten. 't Is hem niet vergund, hier te wonen, en slechts 24 uren mag hij er toeven; velen echter nemen vóór het overschrijden der grenzen eene andere godsdienst aan, om er te kunnen speculeren.

Lang genoeg in de koude daar buiten, treden wij eens den winkel van eene *Fransche modiste* binnen. 't Vernuft, gescherpt in 't voortbrengen van al, wat de meest verfijnde wereld aan gemak en vermaak kan behagen, biedt hier der weeldezieke bloem der natie zijne schatten. De zaal is niet groot, maar prachtvol. De dame des huizes, bijgestaan door eenige harer vrouwelijke landgenooten, bood den aanzienlijken bezoekers met *gracieuse* buigingen de nieuwste voorwerpen aan, die bij het schitterende lamp- of zachte waskaarsenlicht zich nog prachtiger vertoonden. 't Was op den vollen middag, die echter niet helder, maar half donker was: zoodat hier, even als in vele andere huizen gedurende de kortste dagen, het kunstlicht het zwakke daglicht moet te hulp komen. Er waren bloeijende jonge en oudere *Russische* dames, die met fijn vernuft de kunstschatten beoordeelden; aan deze eene kleine lofrede vereerden en gene gispten. De bescheidene en menschkundige *modiste* waagde nogtans niet, als verdedigster voor de afgekeurde artikelen op te treden, maar deelde dan eene anecdote mede over den oorsprong van sommige vrij *mystieke* namen, waarmede men eenige artikelen gedoopt had; dit werkte niet ongunstig. Bezoekers van lageren rang of niet-adelijken werden door de even wellevende jonge winkeldochters andere artikelen ter bezigtiging aangeboden. Niet alleen ziet men hier dames; ook door heeren worden deze winkels bezocht. Daar de *modistes* met vele aanzienlijke familien bekend zijn, en het vertrouwen van sommigen gewonnen hebben, zoo stellen de *fortuinridders* er prijs op, zoo als men zegt, om hier soms te verschijnen, ten einde hare medewerking in sommige speculatiën te verwerven; zoodat zij gewigtige personen zijn. Ik vernam hier de bevestiging van 'tgeen ik ergens ten aanzien van de weelde der *Russen* gelezen had, dat namelijk de kostbaarste kunstbloemen van *Lyon* naar *Peters-*

burg en *Moskou* verzonden worden; daar men de *tweede* soort naar *Londen* en de mindere soorten naar *Duitschland* en elders verkoopt. Dit heeft mede plaats met de kostbaarste *Europesche sjaals* uit de fabriek van den heer T e r n a u x, bij *Parijs*.

Wat verder bezochten wij een *Salon de coiffure*, alwaar *Parijsche* meesters van naam de kunst *exerceren*, om de haren die plooi en snede te geven, welke 't laatste *mode-journaal* uit *Parijs* voorschrijft. De bezoeker treft hier in 't personeel verscheidenheid van begunstigers aan. *Monsieur le maître* haarpoetser ontvangt in eigen persoon de aanzienlijke kliënten, met eene onderdanige buiging en bescheiden glimlach, *dans l'antichambre*; een weelderig gemeubileerd vertrek; vraagt met een suikerzoet stemmetje, begeleid van eene zachte buiging, naar de eer van den rang of titel des geëerden bezoekers te mogen weten, terwijl hij zich tot den arbeid voorbereid. Is deze een baron, dan heeft hij dadelijk een paar graven bij de hand, die hij zijne dienst bewijst. Toen hij in mijn reisgenoot graaf H. aanschouwde, noemde hij een paar familiebetrekkingen van den graaf als zijne hooggeëerde begunstigers; voor weinige dagen was hij nog ontboden aan 't *hôtel de son Excellence le Prince de...* en had het geluk gehad, de haren van 't vorstelijke hoofd naar genoegen van den bezitter te *rangeren*. Bedienden poetsen de *moustaches, colliersgrec*, en *parfumeren* het haar van andere kliënten. Patienten van wat minder rang of titel worden aan bedienden-leerlingen overgelaten, die trouwens ook vlug zijn in de verschillende *branches* van deze kunst; zoo als daar zijn b. v., om aan de verschoten kleur der haren van oude jonggezellen de tint der jeugd terug te geven; of de weêrbarstigen zonder genade uit te roeijen; verder; waar ze te spoedig de plaats verlaten hebben, die door den overvloed van anderen aan te vullen, enz. De meesters hier moeten zich ruim doen betalen; men verzekerde mij dat de kapper, aan huis ontboden, een zilv. roeb, ontvangt. Men treft hier ook dikwijls van die *speculanten* aan van *Russisch* ras, die in de rijke stad op buit met eene gade speculeren, zoo als men verhaalt. Hunne taktiek is vrij zonderling; zij zou eene belangwekkende bladzijde voor de *Mystères* van *Petersburg* kunnen opleveren; welligt zullen wij er later een staaltje van mededeelen uit het half dozijn, ons elders in *Rusland* door een zaakkundige medegedeeld. — Vóór dat we deze straat, waar zoo veel bijzonders te zien is, verlaten, moeten we den lezer nog in die vermaarde werkplaatsen brengen, alwaar, zoo als Rabener plagt te zeggen, voorname *menschen* gefabriceerd worden. Buiten aan het huis, op een elegant groot schild of uithangbord, leest men in *fractuur-* of ander kunstrijk schrift in blinkend goud: *Tailleur de Paris; Taylor of London;* maar de *Duitsche Kleidermeister*, wetende, dat noch zijne natie, noch hare taal bij de groote wereld hoog staat aangeschreven, heeft den moed van den *Engelschman* niet, en verschuilt zijnen oorsprong heel of half onder het, voor 't *Russische* oor fraaijer klinkende, *Tailleur de Berlin*, *de Vienne*, of ook, maar met weinig regt, *Tailleur de Paris*. De *Parijsche* meester, bij wien wij binnentraden, legde den graaf een dozijn plaatjes voor, zóó kersversch uit *Parijs* gearriveerd. Hij nam den last aan, om binnen tweeëntwintig uren tijds het geheele stel kleêren gereed te doen bezorgen; 'twelk ook geschiedde. 't Zijn kunstenaars in hun vak; want de eenigzins onregelmatig gebouwde gestalte herscheppen ze in eene behoorlijke statuur. Geleerd in 't snijden van een kleed, zijn deze kunstenaars dat ook in 't snijden van de beurs. De belooning voor de kunst is hier bovenmate hoog; zij beloopt ligt het dubbel van den prijs der stof. — Bij 't bezoeken van deze werkplaatsen kan menigeen wat menschen- en wereldkennis verzamelen, en de denkende kop misschien wel eenige stof, om er over te *filosoferen*. De slotsom en de spil, waarop alles draait, blijft nogtans de vraag: *Worden ze ook rijk?* Deze vraag willen wij den, in 't lot van zijne verre medemenschen belangstellenden lezer beantwoorden. Zij moge menigeen bevreemden, maar wij weten het uit *echte* bronnen en durven voor de waarheid instaan. De schatten, die sommige vreemdelingen te *Petersburg* gewonnen hebben, grenzen bijna aan het ongeloofelijke; schoon er natuurlijke redenen voor bestonden. De genoemde bedrijven waren er de vóórdeeligste in het algemeen. Voorbeelden van *modisten*, die, na tien of twaalf jaren verblijfs met 100,000 r. b. winst naar *Parijs* zijn teruggekeerd of met grootere winsten te *Petersburg* blijven wonen, zijn niet zeldzaam. Madame G..., eene *Fransche modiste* in de *Michaëlis*-straat, woont er in een prachtig eigen huis; haar vermogen wordt algemeen op een half millioen r. b. geschat. Onderscheidene kleêrmakers, zoo *Duitsche* als *Fransche*, worden geschat op een vermogen van 4—6 maal honderdduizend r. b. Een dezer *Duitsche* kleêrmakers heeft zich voor eenige jaren in een *Duitschen* staat den baronstitel gekocht, en is thans in *Petersburg* bekend als baron von R. Op de *News-*

ky-prospect kan de lezer wel eenige van deze vreemdelingen vinden, die in nieuw gebouwde eigene huizen wonen, welke meer dan een ton gouds gekost hebben. Zoo noemt men ook *architecten* van keizerlijke paleizen, kerken, enz., die aanzienlijke schatten gewonnen hebben; alsmede beroemde werktuigkundigen. Voorts noemt men van vreemden nog de zoogenoemde *conditors;* — het meest overeenkomende met onze banketbakkers, — fruitverkoopers; ondernemers der *Gewachshäuser* of kunstkweekers van fijne vruchten; benevens eenige andere takken van nijverheid. Sommige onzer landgenooten hebben er ook goeden buit gemaakt. Deze goudregen echter, in vroeger dagen op die soort van vreemden in stroomen nedergevallen, is in de laatste jaren in een stofregen overgegaan, die nu nog slechts druipende nederdaalt; gevolg van den overgrooten toevloed van vreemden, die er nu geen goudoogst, maar brood zoeken, 't welk hun vaderland hun weigert. — Een vreemdeling verzuimt hier niet, de magazijnen van pelterijen te bezoeken, waarvan *Petersburg* de voornaamste stapelplaats is, daar het de kostbaarste van het geheele rijk bezit. Hier ziet men een *Rus* in den nationalen handelstak met kundigheden toegerust, die slechts door langdurige oefening verkregen worden. Men verzekert, dat deze handel grooter kapitaal vereischt, dan eenig ander bedrijf. De vreedzame en verscheurende dieren, bewoners van het woeste *Siberië*, bieden hier den mensch hunne schattingen aan. *Kamschatka, Noord-Amerika's* kustlanden, de *Krim* en *Astrakan* brengen mede hunne offers. Groot is de verscheidenheid, maar grooter nog de hoeveelheid, welke men hier aanschouwt. De kostbaarste soort is de echte hermelijn, in sneeuwwitten gloed met zwarte puntjes, zacht als zijde en uit haren aard verwarmende. Men weet, dat dit wezeltje de eer te beurt valt, om met zijne vacht vorstelijke en enkele hooge standspersonen pracht en warmte te leenen. Verder vindt men hier het edelmarder, kroonsabel, zilver- en blaauwvos; benevens de dikke glanzende warme beerenpels: dierhuiden, die n het buitenland zelden echt voorkomen. In nette kistjes zijn de kostbare pelsen zorgvuldig gewikkeld. Hier waren eenige liefhebbers, zoo dames als heeren, allen *Russen*, om te zien of te koopen. Den vorigen dag had de magazijnhouder een van 1600 r. b. en heden een, terwijl wij er waren, voor 1200 r. verkocht. De graaf kocht er een reispels voor 450 r. Men heeft mij verzekerd, dat er pelsen van 1000 dukaten verkocht worden. — Na dit magazijn, hoe kostelijk ook en rijk aan schatten, bezochten wij er eene verzameling, minder kostbaar aan stoffelijke, maar rijker aan geestesschatten: den boekwinkel van, zoo ik meen, de heeren Brieff. Voor velen onverschillig misschien, was 't bezoek van deze voorraadschuur der geestprodukten van beroemde geleerden uit meest alle beschaafde landen voor mij belangrijker nog dan de pelswinkel. De boekhandel in de hoofdstad is van grooten omvang en wordt door *Duitschers* en *Franschen* meerendeels gedreven, van welke de voornaamste zijn: van J. Brieff, erven W. Gräff, Belisar, Hauer e. a., benevens eenige *Russische*. Deze winkels zijn voorzien van alles, wat *Duitschland*, *Frankrijk en Engeland* van belang in alle vakken van menschelijke kennis opleveren; uitgezonderd sommige staatkundige en andere geschriften. Voor zeer aanzienlijke sommen wordt hier dikwijls besteld of gekocht. Wij waren er te zamen bekijkers en koopers negen in getal, van welke de meesten bestellingen deden. De graaf kocht hier voor hem en mij voor 258 r. b. boeken. De meeste verkoop is van landhuishoudkundige, tot de fraaije letteren behoorende, benevens van natuur-, wis-, genees- en heelkundige werken. Voor liefhebbers van fraaije uitvoering is hier keur, een bezoek overwaard. *Frankrijk*, *Duitschland* en *Engeland* brengen hier den prachtminnenden adel als om strijd hunne meesterstukken ter markt. Van alles wint het de *Engelschman* in rijkheid van uitvoering en schoonheid der plaatjes. Wij noemen slechts de onvergelijkelijk fraaije jaarboekjes; van de balladen van een vertoonde elke bladzijde een meesterstuk van kunst, die met gekleurde randen prijkten, waarvan teekening en koloriet voor ieder stukje onderscheiden waren. Niettegenstaande dit kleine en dunne boekje 8 zilv. r. kostte, vond het vele koopers. Deze handelstak, in een stadje van 't binnenland naauwelijks bij name bekend, is hier eene winstgevende zaak.

Mogelijk heeft de lezer zich al lang verveeld in de snijders-, kappers- en modewinkels; is van de wilde dierenhuiden en boekbeschouwing ruim verzadigd, en verlangt deze straat eens uit te komen; hoe mooi dat alles ook zijn moge, eindelijk verlangt men weer iets *anders* te zien. De graaf gelastte den koetsier, nu op een verafgelegen stadsdeel koers te zetten. Deze straat nog een eindwegs doorrijdende, wees mijn reisgenoot mij twee paleizen aan, die merkwaardig zijn; het eerste was het stadhuis (*Doeme*), met een uurwerk, dat hier eene zeldzaamheid is. Nog merkwaardiger dan dit paleis is de bijzonderheid, dat de rijke tabaksfabrikant Schjukoff — als *Golówa*, Burgemeester zouden wij zeggen — hier zijn zetel heeft, omdat deze *Rus* eertijds op de *Gostinoi-dwor* den rooklustigen voor twee *kopecken* de pijp stopte. Men zegt, dat hij lijfeigen geweest is; 't welk bewijst, dat hier uit een lompen *Russischen* boer ook wat groeijen kan. Deze post is hier een *eerepost*, die, in plaats van een fatsoenlijk *honorarium* op te leveren, veel geldt kosten moet. — Ook zag ik hier het paleis Annetsckoff, 't welk de Keizer als Grootvorst bewoond heeft. Daarna kwamen wij op het *Alexanderplein* aan. De omvang van dit plein; de *Alexanderzuil*; het winterpaleis, 't welk de ruimte van meer dan 1½ bunder inneemt: alles is reusachtig en schijnt er den mensch tot een dwerg en de *equipagies* tot poppenspel te verkleinen. Het admiraliteitsgebouw vertoont zich wat verder, prijkende trotsch met een toren, wiens spits omkleed is met goud, ter waarde van 60,000 dukaten, zoo als men zegt. Hier nabij ziet men de *Izaaks*kerk, het meesterstuk van den bouwmeester Monferrand, de hoofdkerk der stad en de trots der natie. Met eerbied aanschouwt hier de vreemdeling zoowel als de *Rus* het gedenkteeken op een rotsgevaarte:

» Van Groote Peter, die op 't meir geen nieuwe landen
 Ontdekte, maar die nieuwe landen schiep.
Die rotsklif en moeras hervormde in lustwaranden,
 En handelsvloten op de zee in 't aanzijn riep!"

zoo als zeker schrijver zich poëtisch uitdrukt. De uitgestrekte arm des ruiters herinnerde mij aan deze anecdote: Twee boeren gaan voorbij het standbeeld; de een vraagt: »wat doet de Tzar?" en 't antwoord is: »de Tzar voelt of 't ook regent." Uit dit gezegde van een onbeschaafd mensch heeft men misschien niet ten onregte het besluit afgeleid, dat aanmerkingen, op de houding van den arm gemaakt, niet ongegrond zijn. Niet zonder welgevallen herinnert zich de *Nederlander* bij de beschouwing van het standbeeld van Peter, dat deze magtige vorst in *Nederland* zich vooral vormde, en dat hetzelfde kleine *Nederland* tot het formeren van dit standbeeld heeft bijgedragen. De ijzeren hand van metaal, welke in het jaar 1771 op het buitengoed *Arendsburg*, bij *'s Hage*, uit den grond werd opgedolven, heeft tot model gestrekt van die des Peter-standbeelds (*). Dit plein grenst aan de *Newa*, alwaar de breede stroom zich in 't winterkleed vertoonde. Dravende paarden voor de sleedjes, en wandelende voetgangers bedekten nu den vloer van ijs, waar des zomers sierlijke gondels op zijne golven wiegelen, uit welke in 't nachtelijke schemerlicht zoete muzijk- en zangtoonen opklimmen, als getuigen der vreugde van 't dartelende gezelschap. — Bij de beschouwing van deze straat van ijs dacht ik onwillekeurig aan het zonderlinge schouwspel, op de *Newa* in den beruchten winter, juist eene eeuw vroeger, vertoond. Keizerin Anna deed er toen een paleis van ijs bouwen, voorzien van meublement van dezelfde stof; vóór hetzelve waren zes kanonnen geplaatst mede van ijs, sterk genoeg om op zeventig schreden afstands eene plank van twee duimen dikte te doorboren. Menig bewoner van een warm klimaat zou 't verhaal van dit voor hem vreemde natuurverschijnsel, 't welk het water in een hard ligchaam herschept, wel wat fabelachtig voorkomen! — Zijn hare wateren vloeibaar, en stroomen ze kalm en effen daar

---

(*) Onder meer andere schrijvers, die dit hebben aangestipt, vindt men deze bijzonderheden ook aangeteekend door van Wijn, *Hist. en Letterk. Avondst.*, II, 6.

heen, gehuldigd door de vlaggen van vreemde volken; *dan* is de *Newa* de beschermengel der keizerstad, die voor haar de voedende levensader opent; maar wee! de groote stad, wanneer zij zich vertoont als de engel des verderfs; in hare verbolgenheid de wateren in rollende bergen buiten de oevers zweept; de stad verwoest en honderdtallen van inwoners verzwelgt! Noodlottig zijn sommige overstroomingen voor *Petersburg* geweest. De geschiedenis heeft geboekt als zoodanig de jaren 1721; 1723; 1725; 1729; 1752; 1755; 1777; 1782; en het rampspoedigste jaar 1824 van 18—19 Nov. Deze vloed, die over geheel noordelijk *Europa* en *Amerika* zijne verwoestingen heeft aangerigt, zette de geheele stad onder water. De schade, daardoor veroorzaakt, werd geschat op 150 millioen roebels. Duizende dieren en meer dan 500 menschen verloren het leven in de golven. — Vóór dat we de *Newa* verlaten, verdienen hare oevers nog wel bezigtigd te worden. Een zaakkundige (*) heeft er dit oordeel over geveld: "De oevers der *Newa* en der kanalen in *Petersburg*, die met gemetselde graniet zijn opgetrokken, hebben, op eene groote schaal aangewend, huns gelijken niet. Zij behooren tot de merkwaardigste, op den duur berekende metselwerken." Langs de kaaijen zijn geplaveide voetpaden van dezelfde steensoort; 7 voet breed, en met eene borstwering voorzien van $2\frac{1}{2}$ voet hoog. Op bepaalde afstanden zijn trappen naar de rivier, en zitplaatsen. De gezamenlijke lengte der geplaveide wandelplaatsen langs de *Newa*takken en kanalen wordt op ongeveer zeven uren gaans gerekend.

(*) *Die Landwirtschaftl. Bauten, u. s. w. von* C. G. Neumann, *Oeconomie-Inspector zu Petersburg*, S. 18. Eisleben, 1839.

Aan de zijde der voetpaden langs de *Newa* zijn straten van 40 voet breedte, welke door kroonsgebouwen, paleizen en prachtige huizen omzoomd worden. Vóór het paleis der akademie van kunsten staan twee kolossale sphinxen, die hier, uit de gloeijende vlakte van *Egypte* overgevoerd, afkoelen. — Verder langs de *Newa* regts, ziet men den zomertuin met lindelanen, de meest bezochte publieke wandelplaats gedurende den zomer. Achter in den tuin staat een klein paleis, alwaar keizer Paul gestorven? is, zoo als men zegt. Het ijzeren hek vóór dien tuin moet wel zeer fraai zijn, — 't was nu besneeuwd — naar eene anecdote te oordeelen, die van een bezigtiger verhaald wordt. Zij is deze: een *gentleman* kwam uit *Engeland* oversteken, vroeg bij zijne aankomst een gids, wandelde met hem naar 't hek, bekeek het en ging toen weer naar zijn eiland terug, zonder dat hij iets anders van de stad heeft willen bezigtigen.

De lezer heeft nu de lichtzijde der stad beschouwd, hij bereidde zich thans voor, om ook op de schaduwzijde een vlugtigen blik te werpen; want *Petersburg* heeft ook hare achterbuurt met de smalle gemeente, en daar gaat het nu heen. Over de *Izaäksbrug* komt men op *Wasili-ostroff*, dat mede een vrolijk aanzien heeft. De lange regte en breede straat met groote huizen van steen ten einde gekomen, zagen wij de keerzijde, en die vertoonde eene onoverzienbare vlakte met sneeuw bedekt vóór; den onvriendelijken half donkeren hemel boven ons; wij hoorden niets dan den barbaarschen wind, die sterk woei, afgewisseld door de vloeken van den gebaarden *Iswoschnick* voorop. Schoon de thermometer slechts 17° teekende, was de koude in de opene slede zeer gevoelig.

heen, gehuldigd door de vlaggen van vreemde volken; *dan* is de *Newa* de beschermengel der keizerstad, die voor haar de voedende levensader opent; maar wee! de groote stad, wanneer zij zich vertoont als de engel des verderfs; in hare verbolgenheid de wateren in rollende bergen buiten de oevers zweept; de stad verwoest en honderdtallen van inwoners verzwelgt! Noodlottig zijn sommige overstroomingen voor *Petersburg* geweest. De geschiedenis heeft geboekt als zoodanig de jaren 1721; 1723; 1725; 1729; 1752; 1755; 1777; 1782; en het rampspoedigste jaar 1824 van 18—19 Nov. Deze vloed, die over geheel noordelijk *Europa* en *Amerika* zijne verwoestingen heeft aangerigt, zette de geheele stad onder water. De schade, daardoor veroorzaakt, werd geschat op 150 millioen roebels. Duizende dieren en meer dan 500 menschen verloren het leven in de golven. — Vóór dat we de *Newa* verlaten, verdienen hare oevers nog wel bezigtigd te worden. Een zaakkundige (*) heeft er dit oordeel over geveld: »De oevers der *Newa* en der kanalen in *Petersburg*, die met gemetselde graniet zijn opgetrokken, hebben, op eene groote schaal aangewend, huns gelijken niet. Zij behooren tot de merkwaardigste, op den duur berekende metselwerken." Langs de kaaijen zijn geplaveide voetpaden van dezelfde steensoort; 7 voet breed, en met eene borstwering voorzien van $2\frac{1}{2}$ voet hoog. Op bepaalde afstanden zijn trappen naar de rivier, en zitplaatsen. De gezamenlijke lengte der geplaveide wandelplaatsen langs de *Newa*takken en kanalen wordt op ongeveer zeven uren gaans gerekend.

(*) *Die Landwirtschaftl. Bauten, u. s. w. von* C. G. Neumann, *Oeconomie-Inspector zu Petersburg*, S. 18. Eisleben, 1839.

Aan de zijde der voetpaden langs de *Newa* zijn straten van 40 voet breedte, welke door kroonsgebouwen, paleizen en prachtige huizen omzoomd worden. Vóór het paleis der akademie van kunsten staan twee kolossale sphinxen, die hier, uit de gloeijende vlakte van *Egypte* overgevoerd, afkoelen. — Verder langs de *Newa* regts, ziet men den zomertuin met lindelanen, de meest bezochte publieke wandelplaats gedurende den zomer. Achter in den tuin staat een klein paleis, alwaar keizer Paul gestorven? is, zoo als men zegt. Het ijzeren hek vóór dien tuin moet wel zeer fraai zijn — 't was nu besneeuwd — naar eene anecdote te oordeelen, die van een bezigtiger verhaald wordt. Zij is deze: een *gentleman* kwam uit *Engeland* oversteken, vroeg bij zijne aankomst een gids, wandelde met hem naar 't hek, bekeek het en ging toen weer naar zijn eiland terug, zonder dat hij iets anders van de stad heeft willen bezigtigen.

De lezer heeft nu de lichtzijde der stad beschouwd, hij bereidde zich thans voor, om ook op de schaduwzijde een vlugtigen blik te werpen; want *Petersburg* heeft ook hare achterbuurt met de smalle gemeente, en daar gaat het nu heen. Over de *Izaäksbrug* komt men op *Wasili-ostroff*, dat mede een vrolijk aanzien heeft. De lange regte en breede straat met groote huizen van steen ten einde gekomen, zagen wij de keerzijde, en die vertoonde eene onoverzienbare vlakte met sneeuw bedekt vóór; den onvriendelijken half donkeren hemel boven ons; wij hoorden niets dan den barbaarschen wind, die sterk woei, afgewisseld door de vloeken van den gebaarden *Iswoschnick* voorop. Schoon de thermometer slechts 17° teekende, was de koude in de opene slede zeer gevoelig.

In een zóó woest en grimmig voorkomen had ik de Natuur nog nooit aanschouwd. Het scheen, dat we in de wildernissen van de *Poollanden* waren, want deze vlakte is meer dan een half uur lang. Onwillekeurig dacht ik aan hare bewoners, de verscheurende beeren; schoon we toch werkelijk in de prachtige en volkrijke hoofdstad van *Rusland* toerden. 't Kwam mij nu heel natuurlijk voor, dat een *Siberisch* afgevaardigde aan Katharina II zijne verwondering te kennen gaf, dat zij een zóó onaangenaam klimaat tot haar verblijf gekozen had; daar ze in *Siberië* in eene heldere en zachte lucht kon leven! Eindelijk zagen we weer de stad; in de verte rezen uit de dalende vlakte huizen te voorschijn. Geene paleizen, maar ellendige krotten van hout gebouwd, met stroo gedekt. De bewoner is er niet gekleed in *uniform*, schitterend van goud; zijn vaderlandsch hart klopt niet onder 't ridderlijke ordekruis; hermelijn noch edele dierhuid dekt hem tegen koude: in gelapte grove *montering* gekleed; de linkerborst versierd met eereteekenen van wat minder allooi; tegen de koude beschut door de ruige schapenvacht, aanschouwt ge hier den verdediger der vaderlands, die verminkt, of door ouderdom buiten staat is, om voor zijnen *Tzar* op 't veld van eer roem te behalen, en nu op zijne lauweren rust. Zij mogen den hoogmoed voeden, die lauweren, de maag nogtans vindt daarbij geen baat. Zij slepen het rampzalige leven voort, door behulp van eenige roebels, als het jaarlijksch *pensioen*. Volgens gewoonte leven ze van koolsoep, slecht brood en augurkjes. Vóór deze hutten zijn ruime stukken grond, waarop ze kool verbouwen, en zij voorzien daarmede in het voornaamste artikel der keuken. Overigens moeten ze door een of anderen arbeid iets verdienen, om eenigermate in de allereerste behoeften te kunnen voorzien. Kommerlijk leven ze buiten twijfel, maar ze zijn dat *altoos* gewoon geweest; hebben dus ook inderdaad zeer weinige behoeften. Door den grond zijn ze in 't algemeen tegen hongerdood beveiligd; wonen er vrij wat ruimer en gezonder dan de armen in onze vaderlandsche steden, en, wat veel meer beteekent, zij vinden afleiding in eigen arbeid, aan hun bestaan verbonden. Dit verdiende wel elders navolging, om namelijk den armen *door arbeid* brood te verschaffen. Deze buurt, meen ik, dat tot de beruchte *Galeihaven* behoort. 't Is niet aan te bevelen voor den vreemdeling, hier alleen te toeren; en nog minder om met de bewoners nadere kennis te maken; want de koetsier zou de gelegenheid al te verleidelijk vinden, om, in vereeniging met de soldaten, den vreemde niet te *incommoderen*. Dit gedeelte der stad, 'twelk weinig bezocht wordt, ligt in de laagste afhelling naar zee; in den stormvloed van 1824 had het water er de hoogte van 15 voeten bereikt, en de bewoners, die zich niet door de vlugt konden redden, werden verzwolgen. — Verder rigtte de koetsier den koers naar een afgelegen gebouw; dit was eene kruidmolen met magazijn, alwaar de graaf een vaatje buskruid kocht, 'twelk wij de geheele reis — voor mij juist niet als den begeerlijksten reisgezel — medevoerden. Dit magazijn was hier dus wat voorzigtiger geplaatst, dan wel elders binnen de muren van volkrijke steden. Langs een anderen weg reden wij naar de stad terug. In een der exercitiehuizen bezocht de graaf zijn jongsten broer; toen pas officier geworden. Door ovens werd dit, en andere van die soort van gebouwen verwarmd, en daardoor de oefening der troepen mogelijk gemaakt, welke de temperatuur der buitenlucht niet toelaat. Ik meen, dat dit kolossale gebouw de ruimte aanbiedt voor de *exercitie* van een geheel *regement infanterie*. Op weg wees de graaf mij het paleis van den prins van Oldenburg, 't welk groot en fraai is, maar in 't niet zinkt bij een der prachtigsten van de hoofdstad, het paleis van den Grootvorst Michaël, dat wij daarna passeerden. Als eene zeldzaamheid in dit klimaat, prijkt er, zoo men zegt, des zomers een tuin met verscheidenheid van heesters en bloemen vóór dit paleis. Het is gebouwd door Rossi van 1819—1825 en moet 17 millioenen roebel (ƒ 9,200,000) gekost hebben. Wat verder passeerden wij 't *Marsplein*, het grootste der stad. Het prijkt met het standbeeld van Suwaroff aan de *Newa*, tegenover den zomertuin. Bij dit plein ligt de *Troiskoy* of *Petersbursche* brug, de grootste der stad en 2940 voet lang.

Met goeden eetlust en verlangen naar eene warme kamer, kwamen wij om drie uren aan 't *hôtel* terug; alzoo tijdig genoeg om vóór 't *diner* het *Frühstück* met een glas morgenwijn te gebruiken. Behalve de gewone gasten, waren er ook vrienden van den graaf, die vóór zijn vertrek naar de *Steppen* hem een afscheidsbezoek bragten. Schoon ik geen plan heb, om eene lijst van geregten mede te deelen, die er juist ook niet in zoo grooten getale ten disch verschenen, moge het hier aangestipt worden, dat er een paar schaaltjes met nieuwe groenten aangeboden werden, waarvan elk honderd roebel kostte. Een bewijs van de groote vordering, welke men hier in de broeikunst gemaakt heeft. Van fruit was de tafel zoo ruim voorzien, als men dat in een gematigde luchtstreek kan verwachten; de doorschijnende appel van *Astrakan* ontbrak er mede niet. Men heeft hier alles, wat de weelde verlangt, omdat men niet vraagt wat het kost, maar het verkiest, zoo 't voor goud verkrijgbaar is. Volgens 't hofgebruik, werd hier geen wijn in overdaad, maar de keur der wijnen uit verschillende landen geschonken. Zoo als elders de kelk met gewonen *Franschen* wijn parelt, schuimt hier de bokaal met den tintelenden *Champagner*. In geen land wordt meer *Champagne* wijn gedronken dan in *Rusland*. Volgens *Fransche* opgaven, neemt *Petersburg* van dezen wijn jaarlijks 1,260,000 flesschen; *Londen*, met ruim viermaal meer inwoners, slechts de helft, en *Parijs*, met meer dan de dubbele bevolking, 200,000; hieruit blijkt, dat karigheid er niet voorzit.

Nog slechts twee dagen tijds bleef mij over; deze wilde ik gaarne met woeker besteden en wel in de eerste plaats, om *Tzarskoje-Selo* te bezigtigen, waartoe reeds eenmaal 't plan mislukt was. Van de hoofdstad derwaarts is $4\frac{1}{4}$ uren gaans, en op deze tusschenruimte is sedert 1839 eene ijzerbaan als proef gereed. Wanneer er veel sneeuw gevallen is, dan wordt de vaart wel eens gestaakt; en zoo was het nu ook, zoodat ik met de slede alleen dit uitstapje deed. Men passeert het nieuwe *Alexanderskanaal* door den triumfboog op weg naar *Moskou* en treft dan de eerste kolonie aan, die door een *Engelschen* kwaker in 1825 is aangelegd. Wat verder heeft men een *Gothisch* kasteeltje, dat zich met zijne drie *antieke* torens in deze omstreken, waar alles *modern* is, verrassend vertoont. Voorts passeert men nog eene *Duitsche* kolonie en dan een *Russisch* dorp. Behalve de *Engelsche* en *Duitsche* koloniën, zijn hier welvarende dorpen, en vinden er veel ruimer bestaan, dan die op den weg naar *Reval*, ofschoon de grond, zoo als men mij verzekerde, hier zeer veel arbeid vordert. De *Duitschers* zien hunne vlijt ruim beloond in het kweeken van tuinvruchten en het verhuren van kamers aan *Peterburgers*, gedurende 't zomersaizoen. De aanblik van *Tzarskoje-Selo* (keizersdorp) verraste mij, want in plaats van een dorp, zag ik eene stad vóór mij. De breede regte straten zijn met eenvoudige houten huizen bezet, met groote tusschenruimten voorzien. Het paleis is zeer groot; van 780 voet lengte heeft het in 't front 79 ramen en is door keizerin Elisabeth in 1744 gebouwd. Later heeft het vele verfraaijingen ondergaan; Katharina II heeft dit paleis met spiegelglas versierd, — het eerste in *Rusland*, — en van buiten, in plaats van verw, met verguldsel doen omkleeden. 't Ruwe klimaat heeft dit goud bedorven, en later is het door verw vervangen. Keizer Alexander heeft het nog veel doen verfraaijen en vergrooten; 't park moet in den zomer voortreffelijk zijn; met groote kosten heeft men er grotten, heuvels, watervallen, enz. aangebragt. De partijen zijn gestoffeerd met een zegeboog, marmeren kolommen, tempels, hermitages, enz.; maar bovenal is een *Chineesch* dorp verrassend van ongeveer een dozijn huizen met een *pagode*. De koude weêrhield mij, om deze partijen, in 't winterkleed gehuld, door te wandelen. De kleine barnsteen-*salon* in 't paleis is zeker het prachtigste en kostbaarste van alle vertrekken. De wanden zijn geheel bekleed met barnsteen, door

den *Pruissischen* koning Frederik Willem I
aan keizerin Anna geschonken. Voorts zijn er nog
zalen met agaat, jaspis, paarlemoer en andere
edele gesteenten en kostbare zeldzaamheden bekleed.
De brand van 1820 heeft wel een gedeelte van
't paleis vernield, maar de kostbaarheden zijn bewaard gebleven. Men zal wel niet vele paleizen
aantreffen, die zoo veel schats aan kunstwaarde bezitten, besteed aan 't gebouw zelf. — De befaamde
en geheimzinnige eetzaal, alwaar de schotels en al het
benoodigde door een onzigbaar raderwerk op tafel geplaatst werden, en aan welke zaal zich nog andere herinneringen hechten, heb ik niet gezien. — De opzigter
der boerderij verzekerde mij, dat er van de afstammelingen van *Hollandsche* melkkoeijen nog twee van
de veeziekte van 1829 overig waren. De zorgvuldige oppassing en groote zindelijkheid der stallen,
die hier den dieren te beurt valt, steekt scherp af
bij de hulpeloosheid, waaraan de mensch er onder
vele omstandigheden is overgelaten, en de morsige
kotten, die hem tot woning strekken, leveren,
schoon algemeen *Europeesch*, een echt *Russisch*
kenmerk op van 't maatschappelijk leven. Keizer
Alexander heeft van de uitgezochtste rassen
rundvee herwaarts melkkoeijen doen overbrengen,
van welke de *Nederlandsche* mede onder de beste
gerekend worden. — Na deze betigtiging haastte ik
mij, om in de slede, en de koetsier om weêr in de
stad te komen, want hij legde den afstand in ruim
anderhalf uur af. Mijn voornemen, om den prachtigen sterretoren te bezigtigen, waarvan in 1836 de
eerste steen gelegd werd, moest ik wegens tijdgebrek laten varen, schoon inrigtingen, aan de weten-

schappen gewijd, anders wel den voorrang verdienen boven paleizen, der weelde geofferd.

De laatste dag werd gewijd, om van een paar vrienden afscheid te nemen en tevens de druk bezochte hooimarkt te bezoeken. Zoo als de *Nerwsky prospect* het tooneel is, waarop de groote wereld zich vertoont; zoo beweegt zich hier niet minder vergenoegd het eigenlijke volk (*plebs*) te midden van den overvloed van mondbehoeften. Geene hoopen, maar bergen van spek, vleesch, gevogelte, steenhard gevroren, ziet men op dit groote marktplein in lange rijen opgestapeld. De woelige menigte was hier groot; boeren uit alle hoeken des rijks, met ruige vellen behangen, zijn hier ijverig in de weer; kussen elkander in de vreugde der ontmoeting, of vechten in de hitte, door de *wodka* verwekt. Burgerij, vreemden, soldaten, politiebedienden, de verworpelingen der vrouwen, benevens arbeiders, die met ledige handen rondslenteren, deze gaarne slaan aan den eigendom van anderen, leveren hier een bonte menigte op. In een *kabák* (kroeg), stond eene menigte liefhebbers met uitgestrekte hand de *wodka* verbeiden. Tafeltjes, met den afval der gaarkeukens, slecht brood, koolsoep, honigwater, meelspijs uit boonen of haver bereid, gebraden en half gekookte visch, en dergelijke artikelen meer, voorzien, boden den snoeplustige voor weinige *kopecken* verversching aan. Naar de hoeveelheid *wodka* te rekenen, die de liefhebbers uit groote glazen gretig naar binnen sloegen, kan het minder bevreemden, dat de brandewijnspacht van *Petersburg* jaarlijks 7 millioen roebels bedraagt; want men zegt, dat deze stad de befaamdste brandewijndrinkster van *Europa* is. Doorgaans heeft een rijk koopman die pacht, en kan na aftrek der onkosten nog al een mooi kapitaaltje overhouden. Deze bedragen alleen voor zijn legertje opzieners van 2000 koppen, die tegen het insmokkelen moeten waken, 1,200,009 roeb., benevens 200,000 r., om den drank uit de magazijnen in de kroegen te brengen; en dan nog 70,000 r. voor kurken, lak, enz. Men zegt, dat er op dit marktplein een onderaardsch nachtverblijf voor de *Lazaroni* van deze stad moet zijn. — Van hier bezocht ik de *Gartenstrasse* en bezigtigde er een dier stookhuizen, die hier, midden in den vernielenden *Russischen* winter, de fijne vruchten van het zoele zuiden opleveren; alwaar niet slechts groenten tieren, maar zelfs kerseboompjes met rijpe vrucht prijken. De *Duitsche* bestuurder stond mij vriendelijk toe, de inrigting te bezigtigen. Lange gebouwen van steen waren in afdeelingen verdeeld, en voor verschillende soort van vruchten bestemd. In den grond waren buizen van gegoten ijzer aangebragt, die door de afdeelingen liepen en met ijzeren bakken gestookt werden, naar den verschillenden graad van warmte dien de onderscheidene soorten van gewassen noodig hebben. Zoo aangenaam als het toeven hier was, zoo onaangenaam werkte 't gevoel der koude daar buiten; 't was als of men zoo in ééns uit de stovende dreven van het warme zuiden in den doodenden adem van den *Pool*-winter werd overgeplaatst. — Nadat ik een paar vrienden gegroet had, draafde 't de poort van het *hôtel* van den graaf van Heiden binnen. Zoodra het *diner* geëindigd was, kwam de bediende berigten, dat de slede gepakt, de postpaarden ingespannen en wij gewacht werden, om de groote reis naar de *Steppen* te aanvaarden. Gevoelig voor de gastvrijheid, mij door de grafelijke familie in *Ruslands* hoofdstad bewezen, nam ik van haar afscheid, met het gevoel van aangename herinnering aan mijn oponthoud. In de slede ingepakt zijnde, deed de stem des koetsiers zich hooren, de paarden galoppeerden de poort uit; en wij gleden pijlsnel over de ijsgladde straat.

TWEEDE HOOFDSTUK.

De Petersburger *theewinkel.* — *De nachtreis; de eenzame vlakte.* — *Prijs der brandstoffen.* — *De oude houten weg; de nieuwe* Mac-Adam-weg. — *De postwagendienst.* — *Wolven!* (*de vergissing*). — *Het* Duitsche *logement;* Russische *manier van theezetten.* — *Behandeling der paarden.* — *De karavane.* — *Voortbrengselen der Natuur.* — *Het keizerl. logement.* — *Militaire koloniën.* — *Nowogorod.* — *Blik op de geschiedenis der stad.* — *De kerkdeuren.* — *De linnenfabrieken.* — *Het stadswapen.* — *Sage.* — *Avontuurlijke nachtreis.* — Walday. — *Het klooster.* — *Het* Karélen-*dorp.* — *De goede waard in de slechte herberg.* — *Een spinpartij.* — *Aankomst op het landgoed.*

Het was vijf uren en hier reeds nacht. De gasverlichting in de *Newsky-prospect* leende haren glans bij 't verdwijnen van 't sombere daglicht en herschiep duisternis in licht. 't Gaslicht was toen in de hoofdstad nog slechts in eenige hoofdstraten, en dáár was eene uitmuntende verlichting; de gewone wijze van verlichting liet er veel te wenschen over. Door de spiegelglazen van de prachtige winkels schitterden de voorwerpen in 't kunstlicht; de onafzienbare straat leverde een heerlijken aanblik op. Reeds zwenkte de koetsier naar de poortstraat, toen de graaf zich herinnerde nog iets te hebben vergeten. Weldra stonden wij voor een theewinkel. Ik nam deze gelegenheid waar, om den beroemden theewinkel van den heer Pierre Ponomareff, op de *Newskyprospect*, in het *Roomsch-Kathol.* kerkhuis, tegen over het stadshuis, te bezigtigen. Een theewinkel moge elders zoo veel bijzonders niet opleveren, voor een vreemdeling is die in *Petersburg* toch de moeite wel waard om daar eens even in te kijken. — In *Rusland* wordt smakelijker thee gedronken dan in eenig land van *Europa*, omdat alleen in *Rusland* de thee uit *China* per karavane wordt ingevoerd; waardoor zij 't *aroma* behoudt, 't welk op de zeereis, niettegenstaande de meeste voorzorgen, verloren gaat. Daarenboven worden alleen de *fijnste* soorten over land uitgevoerd, die niet over zee naar buitenlands verzonden worden; ten minste niet onvervalscht. Van daar is de *Russische* thee te regt zoo beroemd wegens hare heerlijke geur, verkwikkende en zweetdrijvende eigenschappen; iets, hetwelk den vreemdeling in dit land zoo aangenaam verrast. Zij is voortreffelijk, maar niet minder kostbaar; de prijzen zijn zoo buitengewoon hoog, in vergelijking van die van andere landen, dat men den reiziger bij opgaven van theeprijzen wel eens verdacht heeft van overdrijving. De heer Ponomareff reikte mij eene prijscourant van alle soorten door hem verkocht en in zijn winkel voorhanden. Eene andere, van Maart 1841 (*)

(*) *Prix-Courant. Nouvellement reçu toutes les sortes en parties choisies, de la foire de Nischnegorod et de Makarjeff. Des meilleures qualités des Thés de la Chine; sur le prix du mois de mars 1841; pour les magasins de* Pierre Ponomareff.

deed hij den graaf in April van dat jaar op zijne goederen geworden, uit welke wij hier eenige soorten aanstippen. De kostbaarste is eene groene soort, bekend onder den naam *Foutchanskoy, couleur d'Or, première qualité, nommé Bouquet Koulan Figny*, á 12 roeb. zilv. het *Russ*. pond, ongeveer $= f$ 22,80 de 4 *Nedl.* oncen. Verder komen er fijne soorten van hooge prijzen voor, zoo als b. v. van de keizersoorten: *Che-toutsche-an-dzi*; van 4 r. 30 k. zilv.; *Ta-i-mo-si trois Lilla*, 5 r. zilv.; *Thé Foutchansky de la meilleure qualité, nommé Bouquet Lozana*, 5 r. 72 k. zilv.; *Fouze Mijon-kon-nand-sin.* 7 r. zilv.; *des meilleures qualités de Rose de Fouza Koulan Figny Bouquet*, 8 r. zilv. *Des espéces de Liansine et blanc; du Khan, qualité supérieure dans de boites de plomb, vernies de couleur, couvertes d'étoffes de soie d'une jusqu'a à 2, 3, 4, 5 et 10 livres; prix de la boite* de 7 à 57 r. 25 k. zilv. De goedkoopste soort, die op deze prijscourant voorkomt, is van de groene *baksteen-soort* (gepakt in den vorm van baksteenen), waarvan de laagste soort no. 3, 1 r. 15 k. zilv. kost; naar het half N. pond berekend, ongeveer f 2—70. Met zeer veel zorg waren deze theesoorten in een aantal om elkander gevouwene fijne papieren gepakt, en in *geplumbeerde* fraaije kistjes gesloten. Wel is waar, de *Russen* betalen de thee duurder dan eenig ander volk in *Europa*, maar zij drinken die ook smakelijker. — Het was mij aangenaam, dat dit toeval mij nog in een vermaarden *Petersburgschen* theewinkel had gevoerd. — Na een kistje geborgen te hebben, om tegen den kwaden dag op reis voorzien te zijn, en in de woeste *Steppen* ons met den heerlijken theedrank te kunnen verkwikken, hadden wij weldra den triumfboog bereikt, en ik zeide de hoofdstad vaarwel.

Het keizersdorp (*Tzarskoje-Selo*) vertoonde zich met zijn geboomte op 't sneeuwveld ter zijde van den weg. Weldra verloor zich het stadsrumoer, en werd afgewisseld door de nachtelijke stilte van de vlakte vóór ons. Deze grafstilte werd slechts afgebroken door 't klingelen der paardebellen en de echo's van naargeestig gebas van honden, die door de duisternis waarden. Bij 't gemis der maan aanschouwden wij slechts 't azuur van den hemel, waar eenige starren doorschemerden, en 't sneeuwtapijt, over het onherbergzame oord uitgespreid. Eene snelle afwisseling, zoo even buiten de poorten der drukke stad reeds in eene woestenij verplaatst te zijn. Reeds kort buiten de stad wordt het land moerassig, grootendeels woest en bijna onbewoond. De keizerlijke lusthuizen in de omstreken van *Petersburg*, des zomers in feestelijken tooi gedost en door duizenden bezocht, staan nu met sneeuw bedekt, eenzaam en verlaten. De moerassige streken in den omtrek der stad leveren weinig houtgewas op, waardoor het brandhout in prijs toeneemt. Te *Reval* kostte een vadem dennenhout 9 à 10 roeb., te *Petersburg* 14 à 15. Daar de omstreken der stad weinig hout opleveren, hetzelve steeds vermindert, van belang niet aangeplant wordt en er bijna niets anders gestookt wordt, — de arme lieden slechts gebruiken stroo, — zoo stijgt de prijs bijna van jaar tot jaar. Van veel belang voor de stad mag men alzoo de ontginning der veenen noemen, welke, voor eenige jaren in den omtrek van de hoofdstad op de goederen van den graaf Demidoff ontdekt, thans door dezen bevorderaar der nijverheid ontgonnen worden.

Vroegere reizigers hebben wel eens aangeteekend, dat de weg van *Petersburg* naar *Moskou* lijnregt door bosschen loopt, en met boomstammen gevloerd is. Deze eerste rijweg tusschen de hoofdsteden werd door Peter *den Groote* aangelegd, nadat hij zijne nieuwgebouwde stad zag opbloeijen. 't Moge hier in 't voorbijgaan aangestipt worden, van welk een verbazenden omvang dit werkstuk geweest is. De weg moest door groote wouden van dennen en berken gehouwen worden. Op vele plaatsen waren poelen en moerasgronden, altoos met water bedekt. Hier werden dijken doorgelegd, en dwars daarover aan elkander sluitende lagen van dennen; deze rustten op een fondament van balken, die, aan de zijden van den weg en in 't midden geplaatst, tot grondslagen strekten. De vloer van den weg besloeg de breedte van de lengte van twee denneboomen, welke aan de balken van de twee buitenste uiteinden en middenbalken door kruishouten verbonden waren. De lengte van dezen houten weg was pl. m. 150 werst, en bedroeg dus slechts een gedeelte van dien afstand. Wanneer men de gemiddelde breedte op 46 voet aanneemt, de boomen gemiddeld 9 duim (0 m.) middellijn hadden, en voor het fondament de helft benoodigd waren, dan bedroeg het aantal gebruikte boomen 2,100,000; behalve nog het ter zijde van den weg gehakte hout, dat ongebruikt gebleven is; neemt men nu 1200 zware dennen op een bunder, dan werd voor den weg de denneteelt van 1916⅔ bunders land gebruikt. Op de grootste lengte van den weg is deze houtbevloering later overtollig geworden, wegens 't opdroogen der moerassen, en is toen weggenomen. Thans zijn er van dien houten weg geene sporen meer aanwezig; een duurzamer plaveisel, naar de wijze van *Mac-Adam*, heeft dien vervangen. De beide hoofdsteden worden thans door een voortreffelijker weg verbonden, volgens de genoemde wijze gevloerd; zoo dat de *Jeremiaden*, door vroegere reizigers wegens het onpleizierige hotsen, voorzeker niet zonder grond aangeheven, met de effene bevloering dan ook in lofredenen zijn verkeerd. Zoo als de hoofdwegen in *Rusland* elders, is ook deze weg 35 vademen breed; ter zijde met afwateringskanalen voorzien. Waar hij door bosschen gaat, is het hout aan weêrszijden opgeruimd, ter breedte van ongeveer 200 ellen; 't welk bevorderlijk is voor de veiligheid in het reizen. De wateren, die den weg doorsnijden, zijn met steenen bruggen overbouwd, en voorzien van leuningen van gegoten ijzer, die met keizerlijke wapenschilden prijken. — Op dezen weg is eene geregelde postwagendienst aangelegd, die in zeer gemakkelijke rijtuigen den reiziger van de eene naar de andere hoofdstad, — eene lengte van 728 werst = ruim 139 uren gaans (*) — in den gemiddelden tijd van ongeveer 70 uren overvoert. Verkiest hij van de plaatsen den eersten rang, dan kost dit ƒ 51,30; de *roeb*. zilv. naar ƒ 1,90 berekend. In 1840 is er ook eene postwagendienst van *Petersburg* naar *Tauroggen*, aan de *Pruissische* grenzen geopend; deze afstand van 790 werst wordt gemiddeld in 52 à 54 uren afgelegd, en kost ongeveer ƒ 66,00. Van dezen weg is slechts een kleine afstand gevloerd, zoo dat de tijd soms meer dan verdubbeld wordt, wanneer de wegen door regen slecht geworden zijn. Op de eerste *route* be-

---

(*) Misleid door onjuiste opgaven van de lengte der werst, hebben wij in onze *Aanteekeningen* enz., bl. 341, deze maat te groot opgegeven.

draagt de vervoerprijs nabij 35 cts per uur; op deze nabij 44; waaruit blijkt, dat de reiskosten per diligence in *Rusland* wat hooger gesteld zijn, dan in ons vaderland, alwaar het uur gaans gemiddeld ruim 30 cts. bedraagt.

't Belgeluid verstomde; de bediende opende het portier; wij waren op de eerste *station* gearriveerd, en 25 werst van *Petersburg* verwijderd. — Zoo uit een prachtig *hôtel* van de hoofdstad in een zeer middelmatige herberg overgevoerd, gevoelden wij hier geen lust om te toeven. De boeren, die er, voor de postdienst bestemd, wake hielden, waren met het verwisselen van paarden binnen tien minuten gereed, toen wij de reis onmiddellijk vervolgden. Dit dorpje was klein en scheen er vervallen en slordig uit te zien; de pracht der hoofsche burin vond hier geene schaduw. Slechts een paar sleden, was alles wat ons tot de volgende wisselplaats bejegende. Weinig bosch, meest opene vlakten passeerden wij, tot dat we het eerste dennewoud van eenigen omvang doorkruisten. 't Was nabij het middernachtelijke uur, de duisternis zóó groot, dat de koetsier naauwelijks het spoor kon houden. Op eens roept de bediende: *wolki!* wolven. De graaf wierp 't portier open, vroeg hem, in welke rigting 't wolfgehuil zich deed hooren. Wij hadden de geweren met dubbele loopen, met kogels geladen, vaardig, om den vijand af te wachten; de bediende was even zoo gewapend. De graaf gelastte den koetsier, stil te houden, om de rigting van de onheilspellende kreten beter te kunnen vernemen. Alles was stil als het graf; dáár hoorden wij gehuil! De graaf herkende het voor hondengehuil; de koetsier beaamde het en merkte op, dat het uit het eerste dorp kwam. Dit werd bevestigd, want spoedig ontdekten wij licht van waar het geluid tot ons oor was doorgedrongen. Gerustheid maakte nu plaats voor de vrees van een onzekeren kampstrijd met wolven, in 't nachtelijke uur. Toen wij 't dorp naderden, klonk dit akelig gehuil als zoete muzijk ons tegen. Zóó oefent ook de toestand, waarin de mensch verkeert, invloed op zijn schoonheidsgevoel! Welkom was ons nu de wisselplaats. De boeren sprongen vlug te voorschijn, om de paarden uit en in te spannen; niet uit de sneeuw, zoo als men wel eens verhaalt, maar uit de stallen of van af den oven in de keuken van 't logement. Bij voorkeur of bij verkiezing legt de *Rus* zich *niet* op het sneeuwbed ter ruste; maar hij kan dit zonder nadeel voor de gezondheid uithouden, wanneer de omstandigheden het vorderen. Warmer, dan in ons vaderland de geringe stand woont en er de nachtrust neemt, woont hij in zijne krot, die op zijn minst 14 gr. teekent, en slaapt of rust er op den oven, alwaar de warmte nog wel een paar graden meer bedraagt. Zonder iets te gebruiken, verlieten wij den herberg, die er tamelijk uitzag; pakten ons in de slede en vervolgden de reis met versche en zoo 't scheen nuchteren paarden en een half dronken *koetsier*, die een levendig gesprek met het gespan hield, dat wel wat lusteloos scheen, maar desniettemin in vollen galop den togt door 't dorp begon. Van de fraai- of leelijkheid van het dorp was weinig te zien, zoodat ik er ook weinig van verhalen kan, dan dat het grooter was dan het eerste. Het laatstvoorgaande posthuis was, zoo ik wel heb, 28 werst, welke afstand in ongeveer drie uren tijds werd afgelegd, welk tijdvak van rust voor den reiziger, naauw in de digte slede gepakt, eindelijk in onrust en vermoeijenis overgaat. Na een oogenblik beweging in de opene lucht, draafden wij nu een wisselplaats te gemoet, die 34 werst verwijderd was: eene proef tot oefeningen voor het *Russische* reizen, dat zoo wel bij nacht als dag doorging, wanneer er namelijk geene hoofdsteden invielen, alwaar men langer toeven wilde. Een eerste nacht in de slede gezeten, in plaats van op 't zachte dons uitgestrekt, komt den oningewijde wat vreemd over; te meer was dit met mij het geval, omdat op de eerste beide *stations* de weg met diepe gaten doorwoeld was, waarin men steeds op en neêr gehotst werd. De kuilen worden veroorzaakt, wanneer er sneeuw gevallen is en die door de vorst nog geene genoegzame vastheid verkregen heeft, om de sleden te dragen. De losse sneeuw schuift nu voor de lage boeren sleedjes op en veroorzaakt die oneffenheden. Na een paar dagen wordt men ook aan het nachtreizen gewoon, en veelal slapende van de eene naar de andere plaats overgevoerd. — 't Was ruim vier uren, toen wij de lang gewenschte wisselplaats bereikten; lang gewenscht was zij althans voor mij, want wij zouden er tevens eene pleisterplaats hebben. Wij waren op *Pomeránja*, een knap dorp, aangekomen, en wat voor den reiziger in *Rusland* nog meer beteekent, wij vonden in het knappe *Duitsche* logement een warm vertrek met zachte *sofa*'s, om de vermoeide leden er op neder te vlijen. Wij hadden nu bijna de helft van den weg tot *Nowogorod* afgelegd, zouden hier wat uitrusten, om voor 't eerst na het vertrek uit de stad ons met de geurige keizerthee te verkwikken. De graaf gebruikte van zijne thee, en de *Samawár* van den logementhouder. Dit is eene toestel van geel koper, midden in is eene ijzeren buis aangebragt, die met gloeijende kolen wordt aangevuld, en de overige ruimte met kokend water. De theepot wordt op den geopenden toestel geplaatst, zoodat de thee door stoom- en niet door vuurhitte trekt, waardoor zij eene scheikundige bewerking ondergaat, die de *aromatieke* geuren gunstiger ontwikkelt, waardoor de drank in aangenaamheid van smaak wint. In de posthuizen is het voor hen, die met postpaarden reizen, geen pligt om er iets te gebruiken; schoon 't wel eenigermate gebruikelijk is. In de logementen op de groote *routes* kan men veelal — niet in alle — onderscheidene ververschingen, als likeuren, wijnen, thee, — koffij niet zoo algemeen, — benevens een maaltijd, enz., evenzoo wel als in ons land bekomen. Daar alles volgens tarief bepaald is, en deze er steeds voorhangen, zoo is men er tegen beurzensnijderij meer verzekerd, dan wel elders in de logementen. Goedkoop is 't er echter niet; de prijs is er hooger dan in ons vaderland. Wij vonden bij den beschaafden *Duitschen Gastwirth* eene uitmuntende bediening, gemakken en zindelijkheid. In dit opzigt winnen de *Duitsche* logementen het in *Rusland* ver van de landslieden, die niet zoo bijzonder vies zijn; — 't verstaat zich, dat dit den adel niet betreft. — Uitgerust op de zachte *sofa*, alwaar Petruschka (de bediende) ons de thee toediende; door dien heerlijken drank verkwikt en van warmte geheel doortrokken; tot overdaad van weelde nog eene pijp *Turkschen* tabak uitgedampt, nestelden wij ons weer in 't sleepkoetsje, — waarop onze slede zoo veel geleek — in 't gevoel, dat wij de reis nu tot de volgende wisselplaats, zonder vermoeijenis, wel zouden uithouden. 't Was ruim vier uren; de gezigteinder wat ruimer geworden bij 't halve licht der maan, die nu van achter een dennenwoud oprees. De sneeuwbaan begon hier glad en effen te worden; de koetsier hield weêr aanmoedigende gesprekken tot de paarden; sprak van vrij, stal, voeder, enz., om de arme dieren wat op te beuren; want het draafde er niet alleen fiks op los, maar de paarden galoppeerden ook groote afstanden. In het algemeen is de *Rus* geen tiran over de paarden, noch ook behandelt hij ander vee onbetamelijk. De gesprekken, die ze zoo algemeen met de paarden houden, — zonder juist ook hier een antwoord te ontvangen — zijn veelal doorweven met woorden van deernis en medelijden. Onder de postiljons echter vindt men niet zelden voorbeelden, dat de paarden, door te snel rijden, — vliegend jagen mag men zeggen — mishandeld en, tot den staat van uitputting voortgezweept, in waarheid gemarteld worden; dat gebeurt soms; maar laat ons regtvaardig zijn, en beschuldigen den armen *Russischen* lijfeigen niet al te voorbarig van deze barbaarschheid. Niet hij, die er voor gestraft wordt, wanneer hij paarden onbruikbaar rijdt, maar de reiziger heeft hiervan de schuld. Deze heeft er b. v. belang bij, om met spoed te reizen, of rijdt buitendien gaarne snel; — want om lang te wijlen op die onafzienbare, meestal woeste velden, daartoe gevoelt wel niemand neiging; — dan wordt de postiljon daartoe reeds met *wodka* voorbereid; de belofte van een goede fooi zweeft hem daarenboven steeds voor den geest, en om die fooi magtig te worden, en zich daarvoor in de *wodka* wat te goed te doen, worden de arme dieren *getirannizeerd*. Wie is nu de *oorzaak*, de beschaafde, meer verlichte en fijner gevoelende mensch, of de ruwe boer, die bijna geene beschaving meer heeft dan de wilde boschbewoner? Men ziet het reeds aan den stand der ooren, hoe deze zachtaardige dieren dikwijls mishandeld worden door den Heer der Natuur! De *Russen* behoeft men op dit punt juist niet zoo scherp door te halen, zoo als sommige reizigers wel eens gedaan hebben: maken onze voerlieden in de steden 't wel beter? Een reglement op de hoegrootheid van den last zou hier denkelijk niet overtollig zijn, en daarenboven een blijk opleveren, dat de meer beschaafde prijs stelt op eene betamelijke behandeling der paarden. Tot de belangrijke vorderingen, die in de Natuurkundige wetenschappen in de laatste jaren gemaakt zijn, behoort mede de *krachtmeter* voor paardekrachten; aangewend op slepende of trekkende vervoermiddelen. Deze toestel, die op tamelijke juistheid aanspraak kan maken, zou alzoo zeer gemakkelijk tot de bepaling van een maatstaf van gemiddelde paardekracht kunnen worden aangewend. In *Zweden*, en in enkele andere landen, bestaan reglementen tegen mishandeling der dieren in het algemeen. Of de oorzaak bestaat in ongevoeligheid, dan of die in schraapzucht gelegen is, dat kan voor 't arme dier wel zeer onverschillig zijn; evenzoo als het den staatsburger onverschillig kan zijn, uit welke beginselen een ander zijne staatsburgerlijke pligten vervult, wanneer hij ze slechts naleeft. — Omstreeks zes uren kwamen wij op de vierde wisselplaats aan, en hadden den afstand van 26 w., ongeveer 5 uren gaans, in ruim 2 uren tijds afgelegd. Het dorpje scheen er niet heel *favorabel* uit te zien, 't logement was minder uitlokkend dan 't voorgaande, en ons oponthoud duurde slechts de weinige oogenblikken, voor 't verwisselen van paarden benoodigd. De paarden waren pas voor een half uur van de reis terug gekomen; de draf langzamer dan gewoonlijk, en de tijd van aankomst op de wisselplaats, van ongeveer denzelfden afstand, duurde ruim een uur langer. De nachtreis was bijna geëindigd; 'twas bij acht uren in den ochtendstond; op den vaderlandschen grond rees nu de dagvorstin uit hare slaapkoets te voorschijn; hier lag nog 't nachtelijke floers over woud en veld uitgespreid. Eindelijk begon het krieken van den nieuwen dag; het aanbrekende morgenrood volgde en verkondigde de lang verbeide zon. In de verte zagen wij van achter een dennebosch de lange schaduw van menschen en paarden over het sneeuwveld zweven. 't Was de eerste karavane sleden, die wij ontmoetten. Ten getale van 92, waren ze ieder met één paard bespannen, en beladen met visch, wild en gevogelte; 't welk, nu door de vorst tegen bederf beveiligd, der hoofdstad werd toegevoerd. Wegens mindere kostbaarheid in de herbergen, en meer zekerheid tegen vier- en tweebeenige roovers, ondernemen ze hunne verre reizen steeds in talrijke vereenigingen. Zij komen met hunne sleedjes niet slechts uit de *Wolga*-gewesten, en andere binnenlanden, maar zelfs uit *Siberië*, — het gouvernement van *Tobolsk* b. v. —, om hunne landsprodukten te vervoeren; wier transport per schip de zachte temperatuur niet toelaat. In schapenvachten gewikkeld, met een *dito* of wolfsvellen muts gedekt; in een schoeisel van lindeboomenbast of onvergelijkelijk plompe stevels, stappen ze daar nevens de kleine magere paardjes welgemoed op de hoofdstad aan, onder 't *faveur* van den stinkenden tabakswalm uit kleine houten pijpjes te blazen. Een paar keeren ontmoetten wij ook twee- en driespannige sleden, in kleine troepjes, die, met hooi of stroo beladen, mede koers zetten op de hoofdstad. Het daglicht veroorloofde nu, om eens over de uitgestrekte vlakte rond te schouwen; alles, wat het oog bereikte, was vlak veld, door bosch afgewisseld: zóó is de gansche uitgestrektheid van *Petersburg* tot *Nowogorod*. 't Houtgewas, dat in deze streek niet gunstig tiert, bestaat bijna uitsluitend in de fijne den en berk. De dennewouden zijn niet zoo uitgestrekt, dat er in deze streek veel teer en pek gewonnen wordt. De berk, die nergens zwaar groeit, is hier in 't bosch van geringe dikte; op 't vlakke veld zag ik hem dikwijls tot een dwergje (*betula nana*) vernederd, gekromd onder den sneeuwlast en worstelend met het vernielende element. Het slechte hout wordt bijna alleen voor brandstof aangewend; van den bast maakt men doozen, en gebruikt dien ook, benevens den lindenbast, om er het opzet der kleine boerenwagentjes en sleden van te maken, d. i. in plaats van met planken digt te maken. De groote wortels leveren fraaije bekleedsels voor meubelen. Tot bedekking der huizen, zoo als de berkenbast in *Zweden* algemeen gebruikt wordt, heb ik dien in *Rusland* nergens zien aanwenden. De bosschen leveren weinig wild op; behalve de gewone haas, die er niet veel voorkomt, moet de sneeuw- of witte haas zich hier ook ophouden, en des winters in 't bosch verschuilen; schoon ik dien niet levend, maar geschoten een enkelen keer gezien heb. Het berkhoen ziet men er meer; dit smakelijke wild is in *Rusland* gezocht; men zegt, dat het vleesch iets van den smaak aanneemt van het wintervoedsel, dat vooral in berkenknoppen bestaat. Van grof wild is hier vooral de beer en wolf menigvuldig; schoon de eerste nog meer voorkomt in de grootere wouden van het gouvernement *Nowogorod*; den eland treft men er niet, of uiterst zeldzaam aan.

Omstreeks negen uren kwamen wij in het dorp

Spaskaja-Polist aan, en vonden er eene beleefde ontvangst, in een aanzienlijk logement. 't Was een van die logementen, voorzien met vertrekken voor de ontvangst van den Keizer en de Keizerlijke familie, wanneer die de oude hoofdstad met een bezoek vereeren. Men treft deze logementen tusschen de beide hoofdsteden hier en daar, schoon niet altoos op den juisten afstand van 80 wersten aan. Na de thee rustten wij er een paar uurtjes op de weeke rustbanken van het zindelijke en fraai gemeubileerde vertrek uit. Het behagelijke genot, om zoo een paar uurtjes gemakkelijk en ongestoord te rusten, werd weldra gestoord. Een druk rumoer deed ons met minder pleizier ontwaken, dan wij ingesluimerd waren. De graaf belde, en Petruschka kwam nu de oorzaak van de stoornis onzer zoete rust verklaren. Daar waren gelijktijdig twee sleden van den weg van *Moskou* aangekomen; een paar minuten later nog eene slede, van den weg van *Petersburg*. De eersten voerden eene lading officieren uit den *Kaukasus* aan, met een aantal bedienden. Die heeren kwamen van het oorlogsveld; hadden er lauweren geplukt, en twee hunner die met hun bloed gekocht; nu keerden ze uit het woelige veld van *Mars* in den stillen schoot der familie terug, om er na lange ontberingen op lauweren te rusten en de genietingen des levens te zwelgen. De officieren worden op vaste tijden afgewisseld; het getal der vertrekkenden uit de *Kaukasische* armee wordt uit de garnizoensplaatsen aangevuld; zóó komt de beurt bij allen rond. Ik meen, dat de duur voor de dienst bij de *Kaukazische* armee twee of drie jaren bedroeg.

Er moest iets aan de slede hersteld worden, zoo-

dat het reeds na twaalf uren was, toen wij afreisden.
Het dorp beantwoordde geenszins aan het knappe logement, want het zag er alles behalve knap uit.
Eene troep vrouwen — in morsige schapevachten gewikkeld, met lompe stevels om de voeten; sommigen met een schreeuwend kind, achteloos in den hoek van een vuil, morsig, grof linnen kleed gepakt; of in den van vet en slijtaadje glimmenden pels geslagen; met vlegels onder den arm; van den arbeid huiswaarts gaande; met aangezigten, die door den rook in de krotten wat taankleurig geverwd waren — vertoonde hier de bloem der dorpsschoonen: een voorkomen, 't welk denkelijk wel geschikt was, om eene hooggespannen verwachting van de schoonheid van 't echt *Russische* boerenras aanvankelijk wat te temperen. — Wij ontmoetten nog twee groote sledekaravanen; waarvan de grootste 138 sleden telde. Dit gaat het grootste gedeelte van den winter door; zoo dat er vele dagen zijn, dat er honderden sleden met eetwaren, pelswerk, enz. beladen, te *Petersburg* aankomen. Men kan hieruit afleiden, van hoeveel gewigt voor de wel volkrijke, maar aan levensmiddelen arme hoofdstad deze wintertransporten zijn; dit leert de ondervinding, wanneer tusschenbeiden invallende dooiweders — schoon ze in *Petersburg* zeldzaam voorkomen — deze verzendingen belemmeren, of doen staken. Dan ontstaat er al spoedig behoefte, en onder de geringere klasse nood. Over de sneeuwbaan komen de menigte verschillende volksstammen in de hoofdstad, en verkeeren er als broeders zamen. Behalve de karavanen vrachtsleden, bood de weg nu nog menige afwisseling aan. Prachtige sleden met vierspan, met familiën beladen; sleden met officieren; benevens het land door-

zwervende dikke *Russische* kooplieden uit de hoofdstad ontmoetten ons op weg, of bejegenden ons in de posthuizen, in veelvuldige verscheidenheid. Op den weg waren overal soldaten bezig, om de versch gevallen sneeuw weg te ruimen. Het zijn, zoo ik meen, gepensioneerden, die in houten kotten wonen, welke hier en daar aan den weg gebouwd zijn. Een goede maatregel, die 't reizen bespoedigt en voor de paarden verligt. — In den omtrek van *Nowogorod* treft men de eerste militaire koloniën aan; zij zijn ook de eerst aangelegde, naar het plan van den generaal Araktschejeff. Men legde eerst soldaten bij de boeren op de kroondorpen; onderwierp de boeren aan militaire tucht, en vereenigde het lot der soldaten en boeren zóó naauw met elkander, dat ze beide gelijkelijk soldaat en boer waren; die, naar eisch der omstandigheden, den ploeg of 't zwaard moesten hanteren. Wij zullen later, — in *Zuid-Rusland*, — gelegenheid vinden om deze inrigtingen meer van nabij te beschouwen. — De donkerheid had reeds geruimen tijd het uitzigt verhinderd, toen wij, na langdurige eenzaamheid en duisternis, rumoer hoorden en lichten aanschouwden; de paarden zwenkten een hoek om; dransden met nieuwen moed eene straat door, eene lange brug over, en wij stapten in een aanzienlijk logement, in de van oudsher zoo vermaarde stad *Nowogorod*.

Nowogorod-Weliki, (*Groot-Nieuwstad*) in onderscheiding van eenige andere steden van dien naam, in *Rusland*, biedt al te belangrijke herinneringen aan, dan dat wij haar zóó zonder omzien zouden door galopperen; zij is immers de wieg en bakermat van het grootste rijk op aarde. *Nowogorod*, op 58° 30′ B. gelegen: is de hoofdstad van het gouvernement van dien naam; het heeft eene oppervlakte van 2057 [] geogr. mijlen; met 10 steden, en eene bevolking van 616,198 zielen. De rivier de *Wolchoff* stroomt door de stad, en scheidt haar in twee deelen. Het *Ilmenmeer*, oudtijds *Moïsk* genaamd, in de nabijheid der stad, voert het water door *Wolchoff* naar de *Newa* af; welke gemeenschap door een gegraven kanaal plaats heeft, en ongeveer de helft korter is dan de natuurlijke loop der eerste rivier. In *Sophia-kaija*, op den linker *Wolchoff*-oever, zijn aarden vestingwerken, benevens 't vervallen Kremlin, in de 15de eeuw naar 't model van 't *Moskousche* gebouwd, als volksdwinger en dreigende geesel in de hand des alleenheerschers. *Nowogorod* is niet alleen eene der oudste steden van *Rusland*, maar, vreemd genoeg in dit land, was zij in de elfde eeuw reeds de hoofdstad van eene republiek geworden. De oude stad heeft in het jaar 804 reeds bestaan. Wegens twisten over de oppermagt met hare mededingster *Kioff*, vaak aan naburen cijnsbaar gemaakt, verbond *Nowogorod* zich, in 't midden der 9de eeuw, met de gebroeders Rurik, Sináw en Trùwor, *Warengische* vorsten. Deze *Noordsche* stammen, toen reeds zoo gevreesd, veroverden *Engeland* onder den naam van *Denen*, en drongen met hunne draagbare scheepjes, onder den naam van *Warengers*, zelfs tot den *Rijn* door. Rurik sloot zijne broeders weldra van de driemanschap uit, stelde zich in 864 aan het hoofd van den kleinen staat, en werd de eerste Grootvorst van *Rusland*. Aan hem heeft het *Nowogorodsche Sarmatie* het eerst den naam van *Rusland* ontleend, welken naam later het geheele land heeft aangenomen. De naamsafleiding van *Rusland* schijnt

boven andere, den zekersten grond te vinden in dien
Rurik, stichter van den staat *Nowogorod*. Deze staat,
later met *Kioff* verbonden en soms met dezen in oorlog
gewikkeld, is spoedig tot bloei en magt gekomen;
door latere overwinningen gesterkt, klom hij, vooral
door handelsbetrekkingen, in de 13de en 14de eeuw
tot een hoogen trap van rijkdom en magt. Reeds sloot
Oleg, na eene behaalde overwinning op de *Grieken*,
in 912, met deze natie een handelsverdrag. Zijn opvolger zond eene vloot van 10,000 barken, met 400,000
koppen bemand, tegen de *Grieken*; die echter door
het zoogenoemde *Grieksche* vuur van Theopompus
vernield werd. Met de invoering van het *Christendom*,
door Wladimir Swetosláwitsch, in de geschiedenis van *Rusland* deswege *de Groote* genoemd, nam
de beschaving belangrijk toe; daar de vorst, bij de
aanname der godsdienst, in 1015, tevens vele kunstenaren uit *Griekenland*, toen nog een der meest
beschaafde landen van *Europa*, in zijn rijk had
doen overkomen. Voorzeker met het edele doel,
om ieder zijn regtmatig erfdeel te verzekeren, en
twisten te voorkomen, verdeelde Wladimir 't rijk
onder zijne twaalf zonen. De misdadige zucht naar
heerschappij en grootheid ontstak nogtans de oorlogstoorts onder het broedertal. 't Einde was de oplossing
van den staat: er ontstonden drie onafhankelijke
staten en eenige republiekjes; de zetel was bij afwisseling te *Nowogorod*, *Susdal*, *Wladimir* en
Moskou. *Nowogorod* kreeg nu een gemengden regeringsvorm; half republikeinsch en half monarchaal. Deze verdeeling in kleine magtelooze staten
heeft den grond gelegd voor de onderwerping aan
het *Tartaarsche* juk, in 1224. Alexander Jaroslawitsch behaalde op de *Zwaardridders* en de

Zweden onderscheidene overwinntngen, en verwierf den eerenaam *Newsky*, wegens de groote overwinning, in 1264 aan de boorden van de *Newa*, op de *Zweden* behaald. Groot werd de invloed, door deze overwinning verkregen. De republiek breidde hare handelsbetrekkingen nu zoo aanzienlijk uit, dat ze vijf jaren later als lid in de magtige *Hansa* werd opgenomen. Door het schild van dit bondgenootschap gedekt, en moeijelijk genaakbaar, wegens hare afgelegenheid, bleef zij van de overheersching der *Tartaren* bevrijd. Het gemeenebest bloeide omtrent drie eeuwen, van 12—15. Het toppunt van bloei had de republiek in de 13de eeuw bereikt, toen de stad — volgens de geschiedschrijvers des lands — meer dan 400,000 inwoners telde. Hare vloten en legers, als deelgenooten der *Hansa*, behaalden overwinningen in verre landen. Als buitengewoon begunstigde, deelde zij met *Londen*, *Brugge* en *Bergen* (in *Noorwegen*) in het voorregt van de groote stapelplaatsen der *Hansa*; de schatten van het *Oosten* stroomden binnen hare muren. Hare magt was tot een spreekwoord geworden: "*Wie kan God en het magtige Nowogorod weêrstaan!*" Deze wezenlijke rijkdommen van *Nowogorod* heeft het bijgeloof nog vergroot. Men heeft namelijk verhaald, dat de vloten der republiek, met zilver beladen, uit verre landen huiswaarts keerden; schoon niemand ooit die verre landen heeft kunnen aanwijzen. Nog in onze eeuw werd dit sprookje andermaal te berde gebragt. *Russische* bergwerkers vonden in het jaar 1807, op *Nova Zembla* (*Nowaja Semlja*) eene glimmer, die slechts zeer weinige zilverdeelen bevat, en welke ook in ons vaderland gevonden wordt, op de *Veluwe* b. v., en vooral in den zoogenoemden *Loghemschen* berg: nu verhaalde men, dat de vloten van *Nowogorod* van dáár het zilver hadden gehaald. *Russische* geleerden hebben het ongegronde van dit vermoeden bewezen. — Ook *Nowogorod* levert in hare geschiedenis het bewijs der waarheid van 't vaderlandsche spreekwoord: *'s werelds goed is eb en vloed*. De verplaatsing van den zetel naar *Moskou*, door G e- org Danilowitsch, in de eerste helft der 14de eeuw, bragt wel geen nadeel toe aan den bloei des handels; het was nogtans een ongunstig voorteeken van den rampslag, dien een ander vorst der stad zou toebrengen. In de 15de eeuw begon hare gelukszon, door 't afnemen van den handel, te tanen, om spoedig onder te gaan. Iwan Wasiljewitsch III, *de Groote* bijgenoemd, die het *Tartaarsche* juk afwierp, had in 1471 de burgers van *Nowogorod* geslagen; vernietigde de republiek; ontnam, tot overmaat van rampspoed, der stad haar *palladium*, de groote stormklok, de *eeuwige* genoemd, en voerde haar in zegepraal naar *Moskou*. Deze klok werd als een heilige vereerd, en zij was de trots der magtige republiek. De *Nowogoroders* beschouwden haar als de beschermheilige der stad; met haar verlies was ook de laatste straal van hoop verdwenen: zij verwachtten nu niets anders dan den ondergang der stad; en die volgde weldra. Iwan Wasiljewitsch IV bewees, op den bijnaam van *Gruwzame* regtmatige aanspraak te hebben. In 1570 vernemende, dat de *Nowogoroders* het plan gesmeed hadden, om zich aan den *Poolschen* schepter te onderwerpen, verscheen hij op het onverwachtst in de stad, om gerigte te houden. Vijf achtereenvolgende weken duurde het bloedgeregt. Volgens geschiedschrijvers van dien tijd, waren de straten opgevuld met lijken van grijsaards, vrouwen en kinderen, op de gruwzaamste wijze verminkt: omstreeks 35,000 menschen werden onmenschelijk gemarteld, verminkt, en bij hoopen onder het ijs van den *Wolchoff*-vloed geworpen. Deze slagting voltooide den ondergang van *Newogorod;* zoo dat zij thans nog slechts weinige fabrieken bezit, met eene bevolking, die tot op 8634 versmolten is. Een paar gedenkteekenen van vroegeren roem resten nog binnen hare muren, als treurige overblijfselen, op de puinhoopen van langvervlogene grootheid!

Na dit uitstapje op 't ruime veld der geschiedenis, moeten we nog even de stad wat doorzien, zooals zij, na zoo vele lotwisselingen, zich thans bevindt. Bezoeken wij genoemde treurige overblijfsels, op de puinhoopen van lang vervlogene grootheid. Het zijn de zoo beroemde deuren in de *Sophia*kerk; door geen reiziger vergeten te bezigtigen, en daarom al dikwijls beschreven; weshalve wij hier niet breedvoerig zullen zijn; vooral daar de lezer van deze deuren eene naauwkeurige en geleerde verhandeling kan lezen, en de deuren in platen kan beschouwen (*). Door de bemoeijingen van den graaf, gelukte het mij, tot de bezigtiging te worden toegelaten; daar het reeds laat en duister was. Eindelijk bood een diaken voor eene goede fooi zich aan; en bij het licht der lantaarn beschouwde ik de *Korsunsche* deuren der kerk. Zij zijn van gegoten metaal, op hout bevestigd. In een

---

(*) Op kosten van den *Russischen* Mecenas, wijlen den rijkskanselier, graaf N. P. Rumjanzoff; die tonnen gouds voor de bevordering van kunsten en wetenschappen heeft besteed; heeft Friedr. von Adelung deze *Verhandel.* uitgegeven, getit.: *Die Korsunschen Thüren in der Kathedralkirche zur Heil-Sophia in Nowogorod, beschrieben und erläutert.* Berl. 1825, 4°.

aantal vierkante vakken, zijn beelden, in verheven beeldwerk gearbeid. De opschriften zijn *Duitsch*, *Russisch* en *Latijn*. Dit kunstwerk is voorzeker merkwaardig, wegens het zeer verwijderde tijdvak, in 't welk de deuren vervaardigd zijn, dat Adelung in de 12de of de 13de eeuw stelt, die ook het werk *Duitschen* oorsprong toekent. Nog een paar zilveren deuren ziet men voor eene kapel. Zij zijn kleiner, ook met beeldwerk voorzien, en moeten buit gemaakt zijn, in de oude *Zweedsche* hoofdstad *Sigtun*. De bescheidenheid der *Nowogoroders* liet toen nog al wat te wenschen over, daar ze de *Zweden* van de kerkdeuren beroofden; het edele metaal evenwel schijnt op sommige lieden een onweerstaanbare aantrekkingskracht uit te oefenen. De *Sophiakerk*, de oudste van *Rusland*, staat in den reuk van heiligheid; van dáár is zij dan ook eene bedevaartskerk en wordt door de geloovigen uit de omtrek en verder nog al vlijtig bezocht. Die gaarne vorstelijke begraafplaatsen bezoekt, toeve er aan de grafteekenen van *Russische* Grootvorsten. De diaken sprak mij ook van een wonderdoend *Christus*hoofd; dat had in den vorigen zomer nog twee wonderen verrigt. Het *Maria*beeld had ook wel wonderen gedaan, en was dan ook door geheel het gouvernement beroemd; zoo als diaken mij verzekerde. De goede man was wel bereidvaardig, om mij die wonderdoende beelden aan te wijzen; maar dan moest de fooi, die nu een rb. beliep, verdubbeld worden. De temperatuur had mij bij het bekijken der deuren al tamelijk afgekoeld, en die nam in de kerk nog toe; zoodat ik na 't bezigtigen der deuren, liever naar 't warme vertrek in 't logement terugkeerde; daar ik nu toch het aanwezen der wonderdoende beelden, van een kerkelijk persoon vernomen had, die het wel weten moest. Na de bekoeling in de koude kerklucht, was de thee dubbel welkom; en het drinken, onder 't *faveur* van een pijpje, gevoegd bij de herinnering aan de bezigtiging van de beroemde kerkdeuren te *Nowogorod*, verhoogde 't genot. Slechts een paar straten der stad heb ik bij 't flaauwe licht der lantaren gezien; deze waren ruim, niet digt bebouwd, met eenige groote steenen huizen omzoomd. De stad bezit nog eenige fabrieken; vele kerken; werven voor kleine schepen; eenigen handel, en binnenlandsche scheepvaart; benevens de druk bezochte passage tusschen de beide hoofdsteden, die het logement doet bloeijen en algemeen vertier aanbrengt. Belangrijk zijn de zeildoek- en groflinnenweverijen; waarvan dit gouvernement jaarlijks niet minder dan 75 millioen *archimen* (ellen) oplevert. Naar 10 cts. de *archine*, zou dit de aanzienlijke som van ƒ7,500,000 bedragen. — Het wapen der stad *Nowogorod* drukt, zoo als de stadswapens in het algemeen, het karakteristieke van den omtrek uit; en dat is hier naar waarheid voorgesteld. Het bestaat uit twee beeren als schildhouders, aan weerskanten van een altaar. Vóór 't altaar staan drie krusifiksen, en op hetzelve een kandelaar met drie armen. Aan 't karakter des lands hechtte later de christelijke kerk haar *symbolum*, en daarna de geest der *Grieksch-Russische orthodoxie* haar *paladium*, de *Drieëenheid*. Zonder 't geloof aan dezelve, kan, volgens een *Russisch* gebedenboekje, een lid der kerk geen geloovige zijn, noch ook zalig worden; in gevolge de leer der *orthodoxe* kerk, laat de schrijver er dan op volgen. — Terwijl Petruschka reeds bezig was met de thee, suiker enz. in te pakken; de paarden reeds werden ingespannen; haastte ik mij, om nog eene *sage* op te teekenen, die eene zonderbare gebeurtenis vermeldt, welke op de brug, regt tegen over ons logement, moest voorgevallen zijn. Zij is deze: »Nadat Wladimir Swetosláwitsch IV onderscheidene godsdienststelsels onderzocht had, verkoos hij het *orthodox-Grieksche*, en voerde dat in zijne staten in. Schoon de geloovigen met die nieuwigheden weinig gediend waren, beval de vorst zijnen onderdanen, de nieuwe leer aan te nemen; en om dit doel zekerder en spoediger te bereiken, deed hij de beeldzuilen van den afgod Perun, te *Kioff* en *Nowogorod*, omverwerpen. Hij deed nog meer; want hij beval, dat men de beeldzuilen bij beide steden in den stroom zoude werpen; dit geschiedde alzoo. Te *Kioff* ging dit rustig toe; Perun hield zich stil; maar te *Nowogorod* bragt deze god de gansche stad in ontsteltenis. Geplompt in de *Wolchoff*, kwam hij weer uit het water te voorschijn; wierp een knuppel op de brug, en nam nu met deze woorden afscheid van *Nowogorods* burgers: »Hier gij burgers; 'k neem nu afscheid van u; neemt van mij een aandenken!"" Men zegt, dat menig geloovig burger, die verzekert, dat hij niet meer aan den afgod of zijne magt gelooft, in den donker deze brug noode passeert, vreezende voor een tweeden knuppel van Perun, waaraan hij niet gelooft!

Langs den weg van *Nowogorod* naar de eerste wisselplaats, heeft men links een kanaal, dat de *Wolchoff* met de *Msta* vereenigt, en voor de scheepvaart dient. — Wij wisten, dat we een nachtreisje te doen hadden, maar gisten geenszins, dat ons een zóó avontuurlijke nachtreis wachtte. De graaf verwierp den raad des postmeesters, om een dubbel span paarden te nemen, wegens de gevallene sneeuw. Spoedig bleek het, dat de moeijelijkheid van het trekken en 't waden door de dikke sneeuwlaag de krachten der dieren te zeer uitputte. Het snelle draven ging spoedig in een trekschuitendrafje over; daarna begonnen de paarden stapvoets te gaan; en na een kort poosje maakte het gespan zonder verlof halt. Nu was goede raad duur; tot bijna op de helft van den afstand gevorderd, was aan terugkeeren niet te denken. Wij stapten uit de slede, om den last te verligten, en waadden halverbeens door de sneeuw. Met moeite vorderden wij een paar werst; tot dat de paarden eindelijk niet meer luisterden naar de veelbelovende toespraak des postiljons, en 't gevoel voor zijn' knoet zelfs verstompte. De rustpoozen werden nu grooter, dan ons, bij de nachtelijke temperatuur van 19°, lief en aangenaam was. De koetsier had niets, dat hij den paarden bieden kon tot verkwikking of versterking; de knoet werkte slechts *negatief*. Men moet zich op reis weten te helpen; en dat deden wij nu ook. 't Gelukte den koetsier, om 't gespan weer in beweging te brengen, en nu schoven wij de slede aan. Deze beweging, zoo uitnemend om eene behoorlijke warmte te onderhouden, veroorzaakte bij ons spoedig dezelfde kwaal, waaraan de paarden *laboreerden*. Tot op ongeveer drie à vier werst van de eerste wisselplaats, sukkelden wij zoo voort; lieten toen den bediende bij de slede achter, en worstelden onder de zware pelsen door een voet diepe sneeuw naar het dorp, alwaar wij wel verwarmd, maar wat vermoeid arriveerden. De graaf zond twee frissche paarden de slede te gemoet; toen die aankwam, had ik de thee reeds gezet, bij 't verlaten van de slede, tot dat einde medegenomen. Na gedanen arbeid is het goed rusten, en zoo bevonden wij dit ook in het goed verwarmd vertrek van een behoorlijk logement, welke rust nog verhoogd wordt, wanneer men zich aan den *Russischen* nektar laven kan.

Een tweede slede nam de bagaadje met den bediende in, en nu gleed het zachtkens door de sneeuw. De sterren en het sneeuwdek verspreidden toereikend licht, om in 't vroege ochtenduur wat af te zien. 't Was drie uren, rondom heerschte de plegtige stilte van den nacht, slechts afgebroken door 't zachte belgeklingel van postpaarden. — Het terrein, dat van *Nowogorod* af rijst, neemt hier in verhevenheid toe; afgewisseld door heuvelen, vruchtbaarder, en rijker aan houtgewas, wordt de landstreek bevalliger en herinnert aan de nadering van *Russisch Zwitserland*, — in *miniatuur* namelijk — de bevallige omstreken van *Waldai*. In een bosch ontmoetten wij de eenige slede op dezen afstand, en kwamen, zonder een van die kleine ellenden des reizenden levens te treffen, die bij sommigen zoo ligt de goede luim verdrijven, omstreeks zes uren te *Sartséno* aan. De *Russische* waard was zoo opgeruimd als bescheiden, deed het mogelijke om zijne gasten genoegen te geven, zonder te weten of er ook eene vertering volgen zou, en dat was alzoo eene trek van logementhouders grootmoedigheid. Den eersten sterken drank gebruikten wij hier. »De *cognac* is goed", zei de graaf. — »Heer graaf! ik durf dien onzen *Tzar* aanbieden", hernam hij met een *gratieuse* buiging, en streek zich de gladgeschoren kin. Wij zouden hier den dageraad verbeiden, vonden dus den tijd om na de thee ons nog een paar uurtjes in Morpheus armen neder te vlijen. — Den weg vonden wij verder goed bereden, glad en effen;

tot waarborg nogtans tegen het stekenblijven in de sneeuw, reden wij nu met drie paarden en lieten de andere slede achter. Het daglicht veroorloofde nu den omtrek te beschouwen. De meerdere afwisseling door heuvels met bosch bedekt, en bouwlanden doorsneden; vlakten met welige dennewouden en wegen, met nederige eenspannige boerensleedjes, en *elegante* adelijke *equipagies* als bezaaid, maakte dit reistogtje regt aangenaam.

Wanneer men uit de onherbergzame vlakte van *Petersburg* naar *Nowogorod* in dit landschap wordt overgevoerd, alwaar de Natuur een vriendelijker gelaat vertoont, en wij ook vriendelijke en eerlijke lieden leerden kennen, dan is de verrassing behagelijk. Uit eene vlakte ging het heuvelopwaarts naar een stadje; vóór een knap huis werd halt gemaakt, en wij waren voor het posthuis te *Waldai*. De stad is bevallig gelegen aan het meer van dien naam, heeft 3000 nijvere inwoners, die van *Poolschen* oorsprong zijn, welke afkomst in enkele woorden nog merkbaar zijn moet. Belangrijk is de verheffing van het *Waldai*-gebergte, 't welk volgens opgaven van sommigen 3000, maar volgens Erdmann, op betere gronden, 1150 voeten boven het waterpas der zee gelegen is. *Petersburg* moet naauwelijks 12 dergelijke voeten boven den waterspiegel der zee verheven zijn; waaruit blijkt, dat de daling van hier naar *Petersburg* betrekkelijk groot is. Deze bekoorlijke omstreken zijn misschien de fraaiste van *Rusland*.

De vreemdeling, die *Waldai* bezoekt, treedt er ook gaarne een van die klokjes-winkels binnen, waardoor *Waldai* in geheel *Rusland* beroemd is. Er zijn een aantal inwoners, die hun bestaan vinden in het gieten van kleine klokjes, bellen, schellen, enz., die door het gansche rijk verzonden worden. De graaf kocht er een paar huisbellen; de werkmeester arbeidde met acht knechts, leverde jaarlijks alleen voor meer dan 12,000 roeb. Toen wij in 't logement terug kwamen, vonden wij ook dáár een beroemd voortbrengsel van *Waldaische* nijverheid; het waren de zoo bekende *krendels* (*), het meesterstuk van de kunst der bakkersgilde van *Waldai*. Belangrijker waren de levende wezens, die ze ten verkoop aanboden: 't waren een paar hupsch gekleede *Russische* bakkers meisjes, zindelijk in kleedij, — anders geene deugd bij *Ruslands* burgerij, — waren ze ook vriendelijk, en bevalen hunne *schaapjes*, dus noemen ze deze *kringels*, in welsprekende taal den reiziger aan, vergezeld van vriendelijke lachjes. Men zegt dat de deernen bij eenige *klandisie* niet *avers* zijn, om den reiziger een afscheidskus op den koop toe te geven. Deze *kringels*, of wilt gij liever halve krakelingen, zijn een gebak in water gemengd, bijna zonder smaak, en ziet er kleurloos uit, maar is zeer duurzaam. Het stadje *Waldai* is eene kreisstad van 't gouvernement *Nowogorod*, heeft drie kerken, eenige fabrieken en ruim 3000 inwoners.

Omstreeks twee uren daalden wij de stad af, eene boschrijke vlakte in, en sloegen een binnenweg in. Eenige wersten van de stad ter linker zijde ziet men op eenigen afstand een mannenklooster. 't Is een groot steenen gebouw, met uitgestrekte bezittingen; in eene boschrijke streek gelegen, maar niet sterk bevolkt. Het werd gesticht door den laatsten *Patriarch* van *Moskou*, den geschiedschrijver Nikon.

(*) In 't *Russ. krendel*; 't is verbasterd van het *Duitsche Kringel*, en duidt tevens den *Duitschen* oorsprong aan.

Rusland is nog het paradijs der kloostergasten. In 1835 was het getal kloosters voor mannen 351, met eene bevolking van 5373 monniken, en die voor vrouwen 98, met 4167 nonnen. Vreedzaam, en nog steeds ongestoord, genieten er mannen en vrouwen de rust des levens, onttrokken aan de pligten des maatschappelijken levens; die zoete rust, zonder zorg en moeite verworven, bekroond door 't voorregt van 't goede der aarde te genieten, op kosten der nijvere klasse; bewierrookt door de faam van heiligheid; door 't bijgeloof geofferd! — Tegen 't vallen van den avond, bereikten wij een eenvoudig boerendorp, 't welk den gewonen *Russischen* stempel vertoonde, dien bouwvallige houten huizen met stroo gedekt, die een breeden weg omzoomen, met gebaarde boeren in ruige schapevachten gestoffeerd, opleveren. Hoe nederig en onaanzienlijk dit dorpje ook zijn moge, is het nogtans de trots der landstreek, want het boogt op zijn' schoonen maagdenstoet, door menig *Russisch* meisje benijd, en is alzoo een oogenblik toevens waard. Het was geene wisselplaats, en wij zouden er niet stilhouden; de kans was alzoo luttel om den roem des dorps te zien; het toeval echter was ons gunstig, en 't werd ons vergund om de puik van *Ruslands* boerenmeisjes te aanschouwen. Midden in 't dorp nam de weg eene andere rigting, en zie dáár! een dozijn meisjes van het beroemde *Karélen*-dorp, oorspronkelijk *Zweedsch* ras, kwam ons te gemoet. Schoone regelmatige vormen, heldere blaauwe oogen, eenige kleur, fijnere wezenstrekken en meer uitdrukking, onderscheidden haar gunstig van de gewone *Russische physiognomie*, en deden het vrouwelijk schoon ook onder de hatelijke kleeding gunstig uitkomen. Daar 't mij bevreemdde, dat ze zoovele te zamen waren, en sommigen 't spinrokken onder den arm hielden, liet de graaf stilhouden en vroeg haar wat ze doen wilden. Vrolijk lagchende, was 't bescheiden antwoord: »*Edele heer! wij gaan uit te buurspinnen.*" Merkwaardig is 't dat men ook in *Rusland* dit *Drentsche* gebruik wedervindt. *Karélendorp* wordt het genoemd, naar den oorsprong der bevolking. De *Russische* vorst Georg Danilowitsch sloeg de *Zweden* in 1324, welke *Karélen* aanvielen, en de hoofdstad *Kexholm* belegerd hadden. De gevangen gemaakte *Zweden* voerde hij naar *Nowogorod*, wees hun hier een oord ter vestiging aan, en zóó ontstond hier in *Rusland* eene *Zweedsche* kolonie. Zij hebben de taal en zeden des lands met de overige *Russen* gemeen, en onderscheiden zich van deze alleen door hunne schoonheid. Men zegt, dat ze bij voorkeur met hunne stamgenooten huwen, welke omstandigheid eene natuurlijke reden oplevert voor 't behoud van den stamoorsprong, in zoo verre dit verlangen door hunne eigenaars wordt ingewilligd. — Ook een nietig dorpje levert den reiziger soms eene bladzijde voor het reisboek!

Het naaste dorp was nog ver, de lucht betrokken, en niet zonder eens in 't bosch af te dwalen, bereikten wij dit. Wij reisden hier meerendeels op ongebaande binnenwegen, door digt bosch, met een postiljon wien de weg onbekend was. Zonder onaangename ontmoeting, dan dat hij ons een enkelen keer omwierp, kwamen wij er toch wél aan. Uit dit omwerpen met de slede maakt men zich in *Rusland* niets, omdat het niets anders is, dan uit de slede te kruipen, die op te rigten, plaats nemen en de reis op nieuw weer beginnen. Deze keer lag de slede op het portier, en het voorportier was niet te openen, wij konden nergens heen; de bediende, die met den koetsier steeds buiten op de slede geplaatst was, moest dezelve eerst weder op de glijders zetten; iets dat door ons gewigt en de koffers nog al wat kracht vorderde, en eerst dan konden wij er uit komen. — Een half uur na het omwerpen kwamen wij in een klein dorpje aan. De duisternis en de onbekende weg, het heuvelachtige terrein, de menigte van wolven die hier huishouden; dit alles deed den graaf besluiten om de reis te staken, en die niet naar het nog 50 werst ver gelegene landgoed te vervolgen. In de herberg zag 't niet zeer uitlokkend uit om er nachtverblijf te houden; het gemis aan gemakken en reinheid werd nogtans vergoed door den eerlijken en gedienstigen waard. De reiziger, die een schuilplaats zoekt tegen gevaren daar buiten, schoon ook aan gemakken en weelde gewoon, neemt dan zoo gaarne een *asylum* voor lief, en vergeet, in 't bezit van veiligheid, 't ontbreken aan gemak. Onze goede lieden in de kroeg waren vrij wat onthutst, toen de graaf verklaarde er nachtverblijf te willen nemen. De waard verzekerde, dat hij slechts eene *kroeg*, maar geen logement hield; niet in staat was om een graaf in de stulp te herbergen, en dat hij niet eens eene *Samawár* bezat; een bewijs van den zeer soberen toestand van een logement of kroeg. 't Was een binnenweg, en op het dorp kwamen nooit menschen logeren; men zag er in jaar en dag geen reiziger, en geene andere *equipagie* dan die van hunnen heer of een naburigen edelman. De graaf verzekerde hem, dat hij zich wel wat behelpen zou. Die zich niet behelpen kan moet niet reizen, en dit kwam ook hier te pas.

De graaf zond Petruschka met den kroeghouder naar het landhuis; verzocht in een briefje den *direkteur*, om den bediende eene *Samawár* mede te geven, benevens eenige eijeren en wittebrood. Alles was reeds bezorgd, eer dat er een half uur verstrewas. Een bediende van 't slot kwam den graaf en zijn' reisgenoot verzoeken om er te komen logeren, schoon de graaf in 't briefje aangemerkt had, dat hij voornemens was om den volgenden morgen reeds vroeg te vertrekken, en daarom niet op 't slot zou logeren. Nu wij een *Samawar* (thee-machine) hadden, was er geen nood, want wij konden nu in de allereerste behoefte voorzien, namelijk theedrinken. In slechte herbergen is de eerste vraag steeds naar de *Samawár*, en zoo die er is, getroost men zich gaarne alle ontberingen, want het schijnt allezins dat de *Russische* edelman zonder zijne thee niet leven kan. Behalve thee, hadden wij bij de eijeren uitnemend fijn en smakelijk wittebrood, en ontsnapten alzoo aan de noodzakelijkheid, om het slechte grove boeren brood droog te kaauwen. Petruschka was spoedig met de thee klaar, en wij hadden nu een goed avondmaal, op kosten van den heer des dorps. In gastvrijheid wordt de *Russische* natie voorzeker door geen volk van *Europa* overtroffen; men vindt dit evenzoo bij den armen lijfeigen; schoon hij zich zelf niet toebehoort, deelt hij toch gaarne het weinige met zijn' naasten. De artikels, die onze waard tot versnapering kon aanbieden, waren niet vele; de lijst die wij er van laten volgen wordt alzoo niet lang; zij waren: koornbrandewijn, brood, augurken, koolsoep, slechte aardappelen, en tot overmaat van weelde, ook kleine haring, (*Strömlinge*,) die uit *Noorwegen* wordt ingevoerd. Des zomers kon hij zijnen gasten ook nog *kwasz*, eene soort van dun bier, aanbieden; maar voor 't oogenblik was dit nu alles.

Petruschka was bezig om het bed te spreiden; hij veegde een hoek schoon, en legden er toen de voetkleeden uit de slede over. De waard, deze toebereidselen voor de nachtrust ziende, naderde den graaf met onderdanige buigingen, en zegt, dat er twee huizen van de kroeg af eene spinpartij is; of de graaf misschien pleizier heeft, om zoodanig dorpelijk vermaak bij te wonen. De gelegenheid om dit eenvoudige *Drentsche* dorpsgebruik in *Rusland* gade te slaan, was mij welkom. Groot was de verwarring, toen de deur geopend werd, en er een heerschap in een' fijnen pels gewikkeld het vertrek binnentrad. Allen rezen ze, als door een tooverslag op en bogen zich diep: de meisjes bleven toen als versteend staan, en de jongens wilden het vertrek verlaten. De graaf bemoedigde de meisjes, zeide haar, dat ze weer zouden gaan zitten, den arbeid hervatten, en even zoo doen als buiten zijne tegenwoordigheid. Met bedeesdheid namen ze weder plaats; de jongens bleven staan en maakten beweging om weg te gaan; de graaf gebood hen te gaan zitten, verhaalde hen, dat wij slechts gekomen waren, om in een gezelschap van spinsters de dorpsgebruiken te leeren kennen. De meisjes begonnen te spinnen, niet op wielen, maar op de eenvoudige spinrokken, die nog het middeleeuwsche en zelfs aan 't oude heldentijdvak herinneren, uit Pénélope's eeuw. Zij sponnen met de eene, en wonden den draad met de andere hand om een houten klos. De handplak, die op het *Drentsche* spinmaal in 't beproeven van des vrijers liefde eene gewigtige rol speelt, werd hier niet gevonden. Overigens vond men ook hier de gebruiken hoofdzakelijk, en het doel geheel terug van dit *Vaderlandsche* volksgebruik; met die uitzondering nogtans, dat hier gesuikerde brandewijn noch *wodka* tot kunstmatige vreugde stemde. De meisjes, in plaats van warme koffij uit gebloemde schoteltjes te drinken, leschten den dorst uit een houten nap, met den drank door moeder Natuur bereid. Heel feestelijk uitgedost was 't jonge volkje juist niet. De vrijers waren in oude graauwe jassen van grove stof gekleed; broeken van zeildoek of grof linnen, en beenbekleedsels van zeer grove stof, met bastschoenen of plompe oude stevels, maakten verder zoo wat den feesttooi uit. Wanneer de vrijer wat op *ton* gesteld is, dan heeft hij op zulk een' feestelijken avond de hoofdharen rijkelijk met vet ingesmeerd, en de lange haren van voren achter het oor gestreken, of een snoer er omgelegd, opdat ze zijn gezigt niet met een ondoorzigtbaren sluijer bedekken. Van achteren is het haar een kleine vinger dik rondom kort afgesneden. Heeft hij *die* zorg aan zijn *toilet* besteed, dan kan hij zonder verschooning te vragen, zich in 't gezelschap der schoonen presenteren, en wordt er als een fatsoenlijk *galant* vriendelijk ontvangen. — De vrolijke en gezonde vrijsters, die evenmin als de jongens op schoonheid konden roemen, vertoonden zich in bloote hemdsmouwen, met een lap van grove stof, als rok omgeslagen; verder ligte bovenkleeding, blootshoofds, met een lange haarvlecht zwierende; dit vertoonde veeleer eene zomerkleeding. Zij hadden hare schaapspelsen afgelegd, want de warmte was er toereikend; ook ging het spinnen beter van de hand. De graaf deed mij het genoegen, om een paar volksdansen te doen uitvoeren. Beide waren zeer eenvoudig; de eerste voerden ze bij paren met de jongens uit; met langzame passen naderden ze elkander, met buitenwaartsche bewegingen des ligchaams, en hielden met de handen maat, bij 't zamentrekken der voeten. De dans beteekende niets, alleen de *pantomime* had eenige uitdrukking. De tweede was eene *ronde*, waaruit bij afwisseling een jongen en een meisje in den kring traden. De bewegingen waren langzaam met weinig gevoel. De volksdansen der *Zigeuners* en ook der *Klein-Russen*, die ik later gezien heb, hebben meer uitdrukking en gevoel. Levendiger is de zang, waarvan de meisjes alléén, en ook met de jongens vereenigd, een paar proeven gaven. Zij hebben meer afwisseling, eene snelle verandering van toon, die soms zeer groot is. De uitgangen echter zijn onaangenaam voor het gehoor; zij eindigen bijna altoos in de hoogste toonen, met een veranderd schreeuwend geluid, dat plotseling uitgaat. — Deze eenvoudige nijverheid, die huiselijkheid en zedelijkheid kweekt, en zich daardoor zoo gunstig onderscheid van de nijverheid in de groote fabriekplaatsen, die het graf voor de zedelijkheid delven, stond daarom vroeger in zóó hooge achting, dat zelfs Frederik *de Groote* het spinnen en weven in de huisgezinnen op het land dáárom teregt hoog schatte. In deze landstreek levert die arbeid nog bijna dezelfde kleine voordeelen op, als voor eene halve eeuw. Overigens moet men de bakens verzetten, wanneer het tij verloopt; de vraag blijft echter nog steeds, wáár moeten ze gesteld worden?

Bij onze terugkomst had Petruschka het nachtleger in orde; d. i. een kleed met een paar reiskussens op de houten vloer uitgespreid. — Onder deze reispelsen hadden wij uitnemend gerust, toen Petruschka des morgens uit de slede was ontwaakt, en ons met het berigt kwam wekken, dat de thee gezet was. De waard bragt een zakdoek, die den graaf bij 't uitstappen der slede ontvallen was; dit bewijs van eerlijkheid, hier zoo schaars aangetroffen, bij lieden van een arm en kommerlijk leven, verraste mij aangenaam. Deze pligtsvervulling werd weldra door eene deugd overtroffen, die 't karakter van den armen lijfeigen in een schitterend licht plaatste. De graaf vroeg hem, wat hij schuldig was; hij liet dit aan zijns gasten goeddunken over. 't Was niet de hoop, dat hem meer zoude gegeven worden, dan hij durfde vragen: eene hoop, zoo dikwijls het masker van bescheidenheid, waar achter de schraapzucht schuilt! De graaf wierp een zilver-roebel op een paar oude planken, die de waard zijn tafel noemde. De eerlijke ziel schrikte, als ware de roebel een tooverstaf. »Neen genadige heer graaf! neen, dat nooit; zoo veel geld voor een leger op de vloer; neen, daarvoor zou ik mij schamen." De arme man, hij hield zijn woord; meer dan de helft wilde hij niet aannemen. Petruschka had van de wacht in de slede kunnen verschoond blijven, en wij hadden dolken en pistolen wel kunnen afleggen, schoon de familie op den oven met ons in 't zelfde vertrek sliep! Onder den versleten morsigen pels klopte een hart, gelukkig in 't bewustzijn van edel te handelen. Zóó arm, en niet geldgierig; steeds met ontberingen kampende, en dan nog van den rijken edelman niet meer te willen ontvangen, dan die schuldig is; een onbeschaafd mensch bewijst zóó veel achting voor de deugd; O! hoe groot moet dan haar loon zijn. Ook in de vergeten stulp, in de verachte krot zetelt de deugd!

't Was hier als in de dagen van ouds, zoo als de dichter zegt:

> » Toen 's werelds jaaren
> Jong en onervaaren,
> Van boosheids listen
> *Roof* noch *diefstal* wisten."

Ik ben overtuigd dat des goeden mans: » *Geluk op reis* " welgemeend was. De waard en zijn gezin waren niet toereikende, om ons een kleine rivier over te helpen, die tusschen steile heuvelen doorslingerde. Met behulp van acht boeren gelukte dit, na veel inspanning. De paarden moesten losgemaakt, en de slede er half op gedragen worden. Wij moesten zelven, in onze zware pelsen, door de boeren op de hoogte getrokken worden. Boven gekomen, wierp ik op het *romantisch* gelegene dorpje den laatsten blik, herkende nog het waardshuis, en wenschte den dorpelingen allen een zoodanig karakter toe, als de waard ons had vertoond. Langs een' weg, meestal door bosch, kwamen wij na een lange poos rijdens door een dorp; buiten het dorp wees de graaf mij een prachtig landgoed in de verte; dáár zouden wij een paar dagen van de vermoeijenissen der reis uitrusten. Bedienden kwamen vragen, wie de vreemden waren; de *direkteur* ontving ons, die hem beide even onbekend waren, in eene ruime zaal; de graaf noemde zijn naam, gaf een briefje van den eigenaar, den generaal S., en nu waren wij er te huis.

DERDE HOOFDSTUK.

Het landgoed: de landhuishouding; de godsdienstoefening; bezoek bij den pope. *De Wolga-bron. Vertrek.* — *De versperringen; avonturen van den beerenjager; prijs der levensmiddelen, enz.* — *De gevreesde officier.* — Wischney-Wolotschok; *de kanalisatie.* — *Nachtreis.* — Torsjok. — *De binnenweg.* — Kaschin. — *Nachtreis.* — Uglitsch. — Ribinsk: *de* Russ. steur; *kaviaarbereiding; de steurvisscherij op de* Wolga; Nederl. *stoombooten op de* Wolga; Nederl. *kolonie te* Ribinsk; *'t Huis* Romanoff. De ketters. — Jaroslaw.

Het landgoed heet *Sopfke* of *Sofke*, eene verbastering van den vrouwennaam Sophie. Vele mij bekende landgoederen in *Rusland* worden gedoopt met den naam der erfvrouwe, of worden naar dien naam gevormd. Dit gebruik veroorzaakt bij 't verwisselen der eigenaren ook eene herdooping der dorpen; zoo dat vele dorpen nu en dan eens van naam veranderen. — De *direkteur* was een *Russisch* edelman; hij wees ons vertrekken aan, liet verversching en thee aanbrengen, en verwijderde zich toen. — Wij bezigtigden vóór den avond nog het landgoed, of liever, beschouwden de landhuishoudelijke inrigting. Het vee en de paarden waren hier onder dak; in *Zuid-Rusland* moeten ze den gestrengen winter meestal onder den blooten hemel doorbrengen. Het land werd hier tamelijk wel bebouwd, schoon alles op de *Russische* leest geschoeid is, dat is, niet om het meeste voordeel van dezelfde oppervlakte te trekken, maar om de grootste oppervlakte met den geringsten arbeid te bebouwen. Er was ongeveer $\frac{1}{5}$ deel bouwland, een deel met zwaar hout bezet, en het overige wei- en hooilanden, waartoe doorgaans de lager gelegene streken aan rivieren of beken aangewend worden. Een gedeelte moerasgronden, 'twelk deels met struiken begroeid, en deels alleen slechte planten voortbrengt, wordt bij de gewone opgave van landerijen niet mede gerekend. Uit het hooi is 't mij gebleken, dat de graslanden er slechte grassoorten opleveren. Tot eene proef waren er ongeveer 500 merino's schapen, welke kudde zou vergroot worden. Groote kudden fijne schapen treft men in deze hoogere streken, en over het algemeen in *Midden-* of *Groot-Rusland* zelden aan; deze komen vooral in het *Zuiden* voor. Naar deze kudde te oordeelen, tieren de *Merino's* hier zeer goed. Voor de fijne schapen werd hier klaver- of *timothee*-hooi gewonnen; voor de hoegrootheid der kudde nogtans te weinig. Zomerklaverweide was er niet in gebruik, uitgezonderd in enkele gevallen tot eene proef. Het proefnemen in de landhuishouding vindt in *Rusland* nog weinig plaats, tengevolge daarvan gaat hare vordering ook langzaam, of liever gaat in 't geheel niet, maar blijft op den trap stijf staan, waarop het toeval haar reeds eene eeuw, of vroeger geplaatst heeft. Paarden en runderen worden hier niet in zóó groote menigte aangehouden, als in 't zuiden, omdat er meer boschgrond, eene meer uitgebreide teelt van graan- en handelgewassen voorkomt. Aardappels worden hier ook een weinig aangekweekt, komen er tamelijk goed voort, en zijn van eene middelmatige hoedanigheid. De voornaamste produkten zijn rogge, hennep, vlas en haver, benevens eenige zomergerst. — Overal zag ik de sterk gespierde boeren, op den afstand van ongeveer 100 passen, de muts onder den arm nemen, in 't voorbijgaan eene diepe buiging maken, en nog een goed eind weegs verder met ongedekten hoofde voortloopen. Die de *Russische* boeren, — hoe onbeschaafd ze ook zijn mogen — van onbeleefdheid of gebrek aan *respect* jegens hunne meerderen beschuldigt, die doet ze onregt. Een boer werd op een grooten afstand door den *direkteur* geroepen; als door een tooverslag getroffen, keerde hij zich om, nam de *karpoetsmuts* onder den arm, en kwam op een drafje in zijn dikken schaapspels, door de sneeuw, over bouwland, regt op ons toe loopen; boog zich diep, en vroeg toen, wat de genadige heer behaagde te bevelen. Hoe streelend moet niet deze hulde zijn, hoe geschikt, om het kittelende gevoel van hoogmoed tot den trap van euvelmoed op te voeren!

Bij onze terugkomst stonden de bedienden in het voorportaal op hunnen post, en ontdeden ons van *calochen* of overlaarzen, pels, handschoenen, das en muts. De thee wachtte ons in de verwarmde zaal, en bedienden bragten aangestokene pijpen. De huisschel deed zich hooren; Petruschka kwam den *pope* aandienen. De dorpsgeestelijke verzuimde niet, om zich van zijn' pligt van wellevendheid te kwijten. Hem was de aankomst van den graaf op het slot berigt, en nu kwam hij den aanzienlijken gast zijne *honneurs* bewijzen, en diens bevelen vragen, — ten opzigte van geestelijke aangelegenheden, namelijk. — De graaf deed den geestelijke een stoel geven, bood hem thee en tevens eene pijp aan. Deze laatste eer wordt een' dorpsgeestelijke door den hoogen adel in het algemeen niet vergunt. Ik was met mijne *Aanteekeningen* begonnen, en werkte daarmede voort, gedurende het bezoek van den *pope*. Bij zijn afscheid verzocht hij den graaf en mij nederig ter kerk, en na de godsdienstoefening, aan zijn huis op een glas morgenwijn. Des avonds verzocht de graaf den *direkteur* bij zich, en onderhield zich met hem over de landhuishouding van het landgoed; terwijl ik mijn' arbeid vervolgde, waarmede ik op de snelle reis wat ten achteren gekomen was.

De slaapvertrekken op de tweede verdieping waren behoorlijk verwarmd, zoo als dit in *Rusland* gebruikelijk is. Ook hier waren de ledekanten zonder gordijnen. Meestal, of liever bijna altijd, zijn de ledekanten in *Rusland* onbehangen, zelfs in de aanzienlijkste huizen doorgaans. Bedsteden heb ik er nooit aangetroffen; men slaapt er óf op ledekanten, óf op *canapé's*. Des morgens na 't ontbijt stapten wij in de slede, om de godsdienstoefening bij te wonen. Het landgoed werd door de rivier de *Msta* van de kerk gescheiden; de overtogt bleek hier gevaarlijk te zijn. Nabij de overvaart was een bron, die water van een eenigzins warme temperatuur opwelde, waardoor het ijs in de nabijheid zwak was. Schoon de koetsier verzekerde, dat hij de zwakke en gevaarlijke plaatsen wel kende, zakte er desniettemin een der paarden met een poot door. Het waren geene magere, afgematte post-, maar weelderige vette koetspaarden, die wat vlugger ter been en wat vuriger van aard waren, zoodat het dier zich herstelde; snuivende sprongen nu de paarden met groote onstuimigheid de rivier over. Ik voor mijn persoon kan bekennen, dat een ligte schrik mij niet ver afbleef bij het zien van het doorzinken en het springen der vreesachtige dieren, 't welk het ijs deed kraken en bersten. De rivier heeft hier in den zomer soms maar een paar voeten water, toen ongeveer acht; alzoo toereikend voor een koud bad onder ijs. In plaats van een *kompliment* over zijne vertooning, gaf de graaf den koetsier een paar oorvegen, en die had hij regtmatig verdiend. De graaf gelastte den koetsier, dat de boeren na de godsdienstoefening planken over de rivier zouden leggen, dewijl hij er over *gaan* wilde.

In de kerk was een goed *auditorium*; daar er geene zitplaatsen in de *Russische* kerken zijn, omdat de kerkregel dit niet veroorlooft, zoo moeten de geloovigen gedurende de dienst staan, welke toestand nogtans afgewisseld wordt door het nu en dan eens knielen. De godsdienstoefening bestond in de *mis*, waarin de *pope*, door *diakenen* werd bijgestaan. Bij afwisseling werd er gezongen en door een der *diakenen* een formuliergebed voorgelezen; het avondmaal, onder beiderlei gestalten, den geloovigen in een klein zilveren lepeltje door den *pope* toegediend, waarin de zoogkinderen ook deelden; tusschenbeiden ijverig kruisen, bij 't vertoon van 't *krusifiks*; dan eens knielen, bij den aanblik van 't *mon-*

strans; en zóó liep de godsdienstoefening, onder verscheidenheid van handelingen, ongemerkt af, en vaak zonder verveling zoo 't scheen. Men weet, dat de *Grieksch-Russische* kerk in verschillende leerstukken van de *R. K.* afwijkt; dit doet zij ook ten opzigte van de *ritualia;* zoo duldt zij onder anderen geene gesnedene beelden in de kerk; bij den zang geene instrumenten buiten het orgel; geene zitplaatsen, en verschilt tevens in het maken van het kruis, enz. Het gezang was in deze dorpskerk goed, en vrij wat beter dan in sommige *Protestantsche* dorpskerken van ons vaderland. De *Russen* hebben zelfs een zangkoor op de dorpen. In *Petersburg* hoorde ik het *algemeene* kerkgezang, *Gospodin-pomilai,* in de *Kasans*kerk, in verrukkende toonen uitvoeren. Dit kerkgezang is overal het gewone, en wordt door sommigen der gemeente in de laatste woorden wel gemeenschappelijk mede geëindigd; hetzelfde heeft met de laatste woorden of volzin der formuliergebeden ook wel plaats, schoon de leeken die woorden dan zachter uitspreken. Aandacht was er wel, en dat is ook natuurlijk, omdat de verschillende handelingen moeten worden gadegeslagen. Sommige lieden gingen binnen, nevens het altaar, kochten een waskaars, en anderen ook twee, die zij ontstoken, waarop zij na zich gekruist te hebben, heen gingen. Een arme boer stak twee kaarsen aan, die hij toch met *contant* geld, vóór 't aansteken moest betalen; ik vroeg naar de reden van deze handeling, en 't antwoord was : dat hij berouw gevoelde over mishandelingen, zijner vrouw aangedaan, en deze offerhande als een zoen in 't heiligdom ontstak; Gode ter eere, en den *pope* tot voordeel. Bij 't eindigen der godsdienstoefening vertoonde de *pope* een zilveren *kru-*

sifiks, om het door de geloovigen te doen kussen; daarna een *folio*-bijbel met zilveren beslag; beide voorwerpen werden vlijtig gekust. Er waren slechts drie of vier slechte schilderijen, Jezus en de Heilige Moeder, benevens een *heilige* voorstellende. Bij 't uitgaan uit de kerk, zag ik eenige vrouwen, met schaapspelsen omhangen, bij de deur, met potjes met eten staan. Zij wachtten op den afloop der godsdienstoefening, dan zou *pope* die spijzen zegenen. Zij waren bestemd voor zieken en oude lieden, die de kerk niet konden bezoeken. De *pope* zou die zegenen, opdat ze bij 't gebruik mogten hersteld of gesterkt worden. Tot welk een trap van verblinding heeft de geestelijkheid het onnoozele volk gebragt!

In de pastorij werden wij vriendelijk ontvangen door de beide hupsche dochters van den *pope*. Het huis, van hout gebouwd, was eenvoudig, maar zindelijk; het bestond uit twee woonvertrekken met een keukentje. De geestelijke was weduwnaar, maar had zijne plaats aangehouden; schoon ze anders als weduwnaars dikwijls in een klooster gaan, onder den naam van *hiëromonachus*. Voor de lagere geestelijken is het huwelijk pligt, weshalve ze ook, voor zoo ver mij bekend is, altoos gehuwd zijn. De gemeente ziet het gaarne; evenzoo als in ons vaderland, b. v. onder de R.-K. priesters, die in de 14 en 15 eeuw ook veelal gehuwd waren, omdat de gemeente dit verlangde. Het huwelijk van den geestelijke in de *Grieksche* kerk is echter aan zekere voorwaarden gebonden: den geestelijke is het niet geoorloofd om eene weduwe te trouwen, en evenmin wordt hem een tweede huwelijk toegestaan. — Laat ons nu eens kennis maken met den *Russischen pope*, zijne familie, huiselijke inrigting, en het onthaal dat ons wachtte. De goede man had zich gehaast, om ons gezelschap te houden, de zegensprekingen over de etenspotjes wat bekort, en volgde ons weldra. De meisjes hadden inmiddels morgenwijn aangeboden. Zij waren eenvoudig, maar zindelijk en fatsoenlijk gekleed, en door Natuur niet misdeeld met eene welgevormde leest en een vriendelijk en bloeijend gelaat. De geestelijke, niet verstoken van het erfgoed zijner natie, maakte den graaf vele verontschuldigingen, dat hij hem niet naar zijnen stand kon onthalen; hij had maar eene kleine kudde onder zijne hoede, en klein was ook zijn inkomen. Intusschen bragt hij een tweede flesch wijn; deze was echte *Madèra*, dien had hij van het slot ontvangen. Zijn inkomen bestond, zoo als overal op het land, in wat landerijen, door den heer des dorps daartoe aangewezen, eenige geldelijke bijdragen van de offerkaarsen, benevens eenige gelden voor bijzondere ambtsverrigtingen, als trouwen, doopen, zalving, begrafenis, enz., waarvan door de boeren ook meestal een gedeelte in landelijke voortbrengselen voldaan werd. De lagere geestelijken zijn veelal uit dien stand, of uit de boeren, natuurlijk met toestemming van den heer; voorts zonen van arme edellieden. De hoogere geestelijken zijn uitsluitend adelijken; de lagere kan tot den trap van hoogeren geestelijke niet opklimmen. De lagere geestelijkheid is een middelding tusschen den adel en de boeren, en wordt door genen met minachting behandeld. Ook de boeren betoonen den geestelijken weinig achting. Groote begeerte naar 't kerkgaan openbaart zich in 't algemeen bij de boeren niet. Zij gaan er niet bloot uit sleur, of om 't genot, dat het *rituële* voor 't gevoel oplevert, noch ook uit gevoel van pligt, en wel het allerminst om eene welsprekende rede te hooren, waartoe trouwens op 't land ook geene gelegenheid is. Deze reden, elders de gewone beweeggrond van 't kerkgaan, drijft er den *Rus* doorgaans niet heen. Hij gaat ter kerk — zoo 't hem namelijk vrijstaat — om, in 't gevoel van behagen, dat een zondagskleedingstuk hem schenkt, na de kerk eene *fatsoenlijke* gelegenheid te vinden, om zich in den *wodka* wat te goed te doen. Deze beweeggrond doet den *Rus* vooral de kerk bezoeken; inzonderheid wanneer hij er wat van verwijderd woont. Deftig in zijn wagentje van boomschors, of *dito* slede gezeten, rijdt of glijdt hij daar henen, als een man, die zich zelven toebehoort, vrij van arbeid en vrij van de knoet. Hij geniet de eer van met zijnen gebieder op gelijke wijze de kerkelijke plegtigheden in 't zelfde gebouw te verrigten, en na de kerk in de kroeg, door 't genot van brandewijn, te vergeten, dat hij eens anders eigendom is. Deze beweegreden van 't kerkgaan heb ik in de *Steppen* uit den mond van boeren meermalen vernomen.

Den vorigen avond had ik met den *pope* niet gesproken. De graaf deed mij 't genoegen, om tusschen den geestelijke en mij de tolk te zijn. Na mij aan hem voorgesteld en de reden van mijne vragen te hebben medegedeeld, was de vriendelijke man volvaardig, om mij het een en ander, de kerk betreffende, mede te deelen. Hij was een man van middelbare jaren, had niet gedeeld in het verbeterde onderwijs, in lateren tijd voor geestelijken op de *seminaria* tot stand gebragt. Van 't *Duitsch* had hij in vroegere jaren slechts eenige brokstukken geleerd, en die wilden niet vlot te voorschijn komen. Van 't *Fransch* had hij niets vergeten, want hij had er niets van geleerd. *Latijn* had hij anders niet geleerd, dan een *diktaat* behelsde, benevens twee *Levens* van Nepos. De studie van het *Grieksch* was toen voor de vorming van lagere geestelijken nog niet in gebruik, omdat dit niet van hen vereischt werd. Tijdens hij studeerde, was het ook geene gewoonte geweest, om op de *collegiën Latijn* te spreken; met mijn *Russisch* was het toen nog weinig beter gesteld, zoodat een tolk hier wel te stade kwam. — Het verdere gesprek moge voor den Lezer min belangrijk zijn; en een overzigt te geven over de vroegere rigting van 't onderwijs voor de opleiding van de lagere geestelijkheid, ligt hier evenmin in ons plan, als eene beschrijving te geven van de inrigting der verbeterde *seminaria* voor geestelijken, omdat wij daartoe later gereede aanleiding zullen vinden.

Beschouwen wij nu onzen *pope* in zijne beste- of zondagskamer, als gastheer. De kamer zag er zindelijk uit; de houten wanden waren goed aangewit; de vloer met kalk geschuurd: een middelmatige *canapé* met lederen kussen van paardehaar, eenige stoelen, twee kasten, waarvan de eene klein was, en dan nog eene groote tafel dat alles vertoonde zich in behoorlijke orde, zonder juist *modern* of fraai te zijn, zoodat men van des *pope*'s woning kon zeggen, dat zij er voor een *Russisch* dorpsgeestelijke *fatsoenlijk* uitzag. Een enkel *luxus*-artikel merkte ik op; en dat was de *Moskovische* mat op den vloer, die hij voor den graaf nederlegde. Ik gis echter, dat de vloer niet altoos zóó wit geschuurd, en de kamer er niet steeds zoo zindelijk zal uitzien; de hupsche meisjes wilden den hoogen gast — en misschien ook wel den vreemdeling — toonen, dat de familie van een dorpsgeestelijke op zindelijkheid prijs stelt, een aanzienlijk edelman kan ontvangen, en alzoo den *fatsoenlijken* stand nadert. Welligt hadden de arme meisjes de halve nachtrust opgeofferd aan den wensch, om den graaf naar behooren te ontvangen. Toen Natalia in de kamer trad, om bevelen van haren vader te ontvangen, gaf de graaf zijne goedkeuring over de zindelijkheid en orde te kennen, welke de huiselijke inrigting, onder hare zorg, als oudste zuster kenmerkte; het goede kind was bedeesd over de goedkeuring van een zoo aanzienlijken gast. Op verzoek van den graaf verscheen ook de andere zuster, Olga. De graaf wenschte den geestelijke met zijne dochters geluk; schonk ieder een' halven roebel, en moedigde haar aan, om steeds voort te gaan, met orde en zindelijkheid in het huishoudelijke te bevorderen. Met een glas goeden morgenwijn, dacht ik, was 't onthaal al heel wel, daar 't *diner* ons toch op 't slot wachtte; de gastheer echter had het zoo niet gemeend. Wij moesten ook bij hem spijzen; maar wat zouden wij bij den *pope* spijzen? Die maaltijd was wat bijzonders, echt *Russisch*, maar mij toen nog niet bekend. Natalia namelijk bragt eenen zeer grooten schotel, en in dien schotel een wittebrood, van ruim twee voeten lengte, dat zóó in den oven gebakken was en een geurigen wasem door 't vertrek verspreidde, welke op de reukorganen eene prikkeling verwekte, die den lust deed ontstaan, om met het gebak in nadere aanraking te komen. Maar wat zat er van binnen in dat brood? — *Stoet*, zou men in de provincie *Groningen* zeggen; *sed venia sit verbo!* — Toen de *pope* het zeer behendig op zekere afstanden doorsneed, ziet, daar was in het brood een bijna even lange visch verborgen! Een van die fijne makreel-steuren, die de *Msta* oplevert, had hij, na van het ingewand gezuiverd te zijn, in het deeg gelegd, en die was met het brood gaar gebakken. Deze manier van koken is in *Rusland* zeer gemeen, maar mij toen nog onbekend. De gastheer sneed brood en visch in groote mooten, en nu moesten wij ons daaraan te goede doen. De visch was fijn en lekker, maar op die wijze bereid voor een' oningewijde wat ongewoon; hij staat in smaak echter verre achter bij de fijne *Wolga*-steur, de keur der *Russische* wateren, en het *non plus ultra* van de *Russische* lekkerbekken. De visch, meende hij, moest weer zwemmen; niet in *Msta*-water, maar in *Don*-wijn, en vulde de glazen nu met smakelijken *Donschen* wijn.

De *Donsche* wijnen zijn van uitnemend goede hoedanigheid; het is slechts jammer, dat de bereiding bij de *Donsche Kozakken* nog zoo veel te wenschen overlaat; ofschoon er de wijnbereiding in de laatste jaren, vooral door de bemoeijingen van het *Genootschap van Natuur- en Landhuishoudkunde te Odessa*, in zijn *Tijdschrift*, hier en daar is verbeterd geworden, en 't produkt daardoor in prijs geklommen. De vriendelijke gastheer verlangde, of zou het ten minste gaarne gezien hebben, dat wij den twee voet langen broodvisch, of liever vischbrood, *consumeerden*, want hij beweerde, dat we zijne tafel geene eer genoeg bewezen: de voorzigtigheid echter bragt mede, dat wij behoorden te letten op 't voedzame *diner*, dat ons zoo aanstonds op 't slot zou uittarten. — Vóór ons vertrek moest ik in allen gevalle de bibliotheek van den *Russischen* dorpsgeestelijke nog even bekijken, en daartoe was hij bereidvaardig. Het kleine kastje werd nu geopend; dit was de boekenkas; de boeken waren veertien in getal; behalve deze gedrukte boeken, waren er drie geschrevene, door de hand van den *pope* zelven; dit waren *diktaten.* Er waren *Grieksche*, *Latijnsche*, noch *Hebreeuwsche*, slechts een *Russisch Nieuw-Testament*, *Moskousche* uitgave. De *Vulgata* heeft bij de *Grieksche* kerk geen gezag, en wordt bij de geestelijkheid niet gebruikt; overigens waren het alle *Russische* werken. Een der *diktaten* was een uittreksel uit Plato (beter Platoff). Op de vraag van den graaf, of hij nog meer boeken bezat, was 't antwoord bevestigend, en de verdere opheldering luidde: »*nog drie.*" De bibliotheek van den *Russischen* dorpsgeestelijke was dus niet groot. Groot en klein is ook betrekkelijk, en wanneer men met weinig tevreden is, dan heeft men ligt genoeg. Hij had boeken genoeg, volgens zijne verzekering, want hij had wel voor een geheel jaar *lektuur* aan deze boeken. Tijdschriften las hij niet; slechts eene *courant*, gedurende een gedeelte des jaars; de *pope* deed alzoo wel niet aan 't *politiseren*.

Na afscheid van den gastvrijen geestelijke en vriendelijke dochters te hebben genomen, kwamen wij met de bedienden, door den *direkteur* gezonden, zonder ongeval langs de planken over het ijs. In 't slot werd eerst morgenwijn aangeboden; de graaf bedankte den *direkteur*, deze wenkte nu een' bediende; de *portes brisées* werden geopend, en in eene ruime zaal was de tafel gedekt, alwaar de *direkteur* mede aanzat. — Na het *diner* deden wij met den *direkteur* een toertje in den omtrek. Het weder was helder; het zonnelicht verruimde 't uitzigt over het heuvelachtige terrein. 't Was een fraai vergezigt; *hier* met geboomte bezaaid, getooid in 't sneeuwkleed, door de zonnestralen verguld; *daar* de vlakte: stroohutten met dwarrelende rookkolommen waren de stoffaadje. De omstreken van 't *Waldai*-gebergte bieden vele afwisseling aan. Wegens deze gesteldheid zijn er in den omtrek eenige meren en bronnen van rivieren. De landstreek moge trotsch zijn, dat zij de wieg en bakermat is van *Europa's* grootsten vloed. De vorstelijke *Wolga* ontspringt in het *Waldai*-gebergte, of liever heuvelen, in het *Wolchonsky*-woud, op ongeveer 57° b. en bijna $50\frac{1}{2}$° l.

In het slot terug gekomen, bleef de *direkteur* den graaf gezelschap houden, terwijl ik mijne *Aanteekeningen* ten einde bragt. Des morgens om zeven uren kwam Petruschka ons wekken; de thee en 't ontbijt waren gereed, de graaf gelastte, dat de paarden met een uur moesten ingespannen zijn. Wij reisden met paarden van den generaal om acht uur van het landgoed af. De koetsier van den *direkteur* moest ons naar de eerste *poststation* van den grooten weg op *Moskou* brengen, een afstand van ongeveer 13 werst. De binnenwegen waren nog weinig bereden; voor een paar dagen door sneeuwjagt hier en daar tot eene manshoogte opgevuld, en alzoo zwaar *gebarrikadeerd*. De graaf *requireerde* een dozijn boeren van het landgoed, om de versperringen op te ruimen. De reis ging zeer langzaam voorwaarts; nu en dan zonk een paard tot aan den buik in de nog onvaste sneeuw. Vóór den grooten weg passeerden wij nog een dorp, met een fraai landhuis. Terwijl onze lieden bezig waren om een berg door te graven, kwam er eene slede, met vier paarden bespannen, van het nabijgelegene slot. Eene schoone jonge dame was in de slede gezeten; er waren vier boeren vóór de slede uitgezonden, die ruimbaan moesten maken; een voorzorg hier toen niet overtollig. Weldra bereikten wij een groot bosch; dáár begon de weg beter te worden, daar hij bereden, en alzoo doorgraven was. — Hier ziet men in de wouden meer den groven den; tusschen *Petersburg* en *Nowogorod* komen de fijne den en de berk meest voor. Deze omstreken leveren veel hout op; men treft er groote bosschen aan, die met beeren en wolven sterk bevolkt zijn. — Onze koetsier was een persoon van gewigt, en had den roem verworven van een onversaagd beerenjager te zijn. Van zijne jagtavonturen op beeren vertelde hij eenige, waarvan ik de belangrijkste hier laat volgen. Zij was zóó belangrijk geweest, dat hij er den naam aan ontleend had. Naar de vertolking, die de graaf de vriendelijkheid had, mij er van mede te deelen, luidde zij aldus: »Op eene dier jagtpartijen, die te voet ondernomen worden, kwamen de jagers een beer op spoor. Met lange messen, hartsvangers en geweren gewapend, werd de ruige gast omsingeld en steeds naauwer ingesloten. De boeren, die den beer moesten opsporen en opdrijven, zijn in den eersten aanval aan 't grootste gevaar blootgesteld. Daar de jagers, bij eene zoo *familière* kennismaking met mr. Pels dikwijls eene vechtpartij moeten opnemen; zoo hebben ze zeer zware handschoenen aan, die tot den elleboog reiken. Zij beschutten wel niet volkomen, maar breken toch de kracht van de vreesselijke kluivers, die in den wijd opgesperden muil vernieling dreigen. Een groote beer kwam brullend op den boer aanschieten. Hij was van 't gezelschap verwijderd; ontvlugten was onmogelijk en tevens in strijd met het eergevoel van een moedig jager; hij springt op het razende dier toe, alvorens het den tijd had, om zich op de achterpooten te rigten en zijn kampvechter een doodelijken slag toe te brengen, en duwt het dier het lange mes in den keel, dat ongelukkig op de tanden afstoot. De beer grijpt nu zijn arm, verbrijzelt dien, werpt hem onder voeten, en..... op 't zelfde oogenblik wordt hij gered, toen het dier gereed was, den verwonnen vijand zóó vaneen zou rijten. Alle jagers, die in de nabijheid waren, schoten toe, verlosten hem uit de klaauwen des beers en des doods, en maakten toen het dier af." Hij herstelde eerst na vier maanden tijds, want hij had meer kwetsuren bekomen. De heer schonk hem, tot belooning van zijne dapperheid, den pels van zijn gevaarlijken vijand. Van dezen vertoonde hij nog als zegeteeken een kleedingstuk. De gebroken arm, later hersteld, had hem aanleiding gegeven, om dit jagtavontuurtje der vergetelheid te ontrukken, want hij had den naam aangenomen van *Beergebrokenarm.* Dit vreemd klinkende *compositum* of liever *onding* was inderdaad zijn familie- of stamnaam, dien de lijfeigenen voor jaren, volgens keizerlijk bevel, hebben moeten aannemen. Onder deze vindt men allerzonderlingste en tevens belagchelijke namen, waarbij die der *Nederlanders* en *Duitschers*, schoon ook wel eens wat zonderling in klank, zamenstelling en beteekenis, nog verre achter staan.

Verlangende, om den prijs der levensmiddelen hier op het land te leeren kennen; gaf hij die aldus op, volgens de vertolking van den graaf: rundvleesch, het *Russische* pond, 12 *kopecken bco;* schapenvleesch, 10 *kop.*; varkensvleesch, 13 *kop.*; een tamelijke groote visch, — van 5 à 6 pond, zeide hij — 14 *kop.*; een haas, 20 à 22 *kop.*; hoendereijenen in de maand *Junij* 1 *kop.* het stuk; in den herfst en winter, 2 eijeren 3 *kop.*, en ook nog hooger. Tarwenmeel, het *pud* 1 roeb. 60 à 70 *kop.*; het roggenmeel was 15 à 20 *kop.* hooger. Deze onevendigheid van prijs tusschen het tarwen- en roggenmeel was veroorzaakt geworden door den mislukten oogst der rogge van 1839, en gedeeltelijk ook door dien van het vorige jaar. Aardappels, het *tschetwert* ongeveer 1 roeb. Dennenhout kostte het vadem 1 roeb. 20 *k.*; het berken nog iets minder, schoon deze soort hier minder voorkomt. In *Reval* had ik persoonlijk van een boer op de markt het dennenhout voor 8 roeb., 80 *kop.*; en eens voor 9 r. 20 *kop.* gekocht; in *Petersburg* was die prijs bijna het dubbel. Het verschil in den prijs van levensmiddelen is in de *Steppen* nog veel grooter, en verschilt, in dieper landwaarts gelegene gouvernementen, en inzonderheid in *Siberie* (westelijk deel), volgens opgaven in *Russische* Tijdschriften, nog meer. Uit een staatshuishoudkundig oogpunt beschouwd, is de *geprojecteerde* ijzerbaan, door 'tgeheele rijk, van een groot belang voor de Kroon en de grondbezitters tevens, wegens de verhoogde waarde der landelijke voortbrengselen, door dit versnelde vervoermiddel te verkrijgen, die in reden zal staan tot de tegenwoordige, als de mindere kosten van transport tot de meerdere. De verbeterde binnenlandsche vaart op de *Wolga*, door stoombooten, werkt hierop thans reeds gunstig.

Eindelijk kwamen wij dan toch op den straatweg aan, al duurde het ook wat lang; en wat de hoofdzaak is, wij kwamen er ook onverlet en zonder beerengevechten aan. De vette koetspaarden hadden tevens eene gezonde beweging gemaakt; 't was voor de dieren een genot, zulk een reisje. De *directeur* gebruikte andere paarden, en deze stonden er slechts om te *verstaan*, zoo als een geestig oudvaderlander dit uitdrukt. — Het posthuis was eene gewone boeren herberg, die met soldaten wel half was opgevuld, en er morsig genoeg uitzag, om er een kortstondig toeven te wenschen; nogtans kwamen wij in gevaar, om hier een langdurig oponthoud te moeten nemen. 't Was een *militairkoloniedorp*, zoo als de Lezer zal opgemerkt hebben. Wij waren zóó reisvaardig, toen er eene slede met afgematte paarden voor 't posthuis stil hield. De postillon riep, of hij goede of slechte paarden gereed had; „goede, beste", hernam de postmeester. — „Dan binnen vijf minuten ingespannen", riep een stem uit de slede, en metéén sprong er een officier uit. Hij beschouwde nu de paarden voor onze slede; de graaf, die het gevaar kende, dat onze reis bedreigde, sprong uit de slede, groette den op hoogen toon bevelenden officier vriendelijk, maakte zich bekend, en scheen hem in een beteren luim te brengen. De officier was een koerier, afgezonden van den bevelvoerenden generaal der *Kaukasische* armee aan het ministerie van oorlog; hij was belast met *depêches*, en had in zijne hoedanigheid het regt, om van elken reiziger, zonder onderscheid van persoon, de paarden te nemen, wanneer die de reis konden bespoedigen. Wij wisten dat er nog slechts één span overig was, en dat dit eerst voor een uur van de reis was gekomen. De algemeene achting, in welke de naam van Heiden bij de *Russen* staat, als van den overwinnaar van *Navarino*, scheen den officier tot inschikkelijkheid te bewegen, want, de paarden in den stal beschouwende, vergenoegde hij zich met dat gespan. *Koeriers, estafettes, ordonnans-officieren* en allen, van des Keizers legerhoofden of ministers afgezonden of daaraan bestemd, zijn geregtigd, om de paarden van elken reiziger, zelfs op den weg, voor zijn rijtuig te doen spannen, wanneer dit ter bespoediging van de reis kan dienen. De graaf wenschte den snel-reiziger een voorspoedige reis, en wij vervolgden die naar *Wischney-Wolotschok*. Na twee of drie wisselplaatsen aangedaan te hebben, kwamen wij zonder bijzondere ontmoetingen in dit stadje aan, toen de avond reeds was gedaald en het tintelende maan- en starrelicht op 't sneeuwtapijt het daglicht vergoedde.

Wischney-Wolotschok, in het gouvernement *Twer*, is een klein, maar bloeijend stadje, en hoogst belangrijk als middenpunt van den binnenlandschen kanaalhandel. Door dezen binnenlandsche *centraal*handel is het tot grooten bloei gekomen; vóór 50 jaren was het nog een dorpje zonder beteekenis.

Peter de Groote, *groot* op 't oorlogsveld, in 't vestigen van zijne *monarchie*, heeft zijn vaderland aan zich verpligt, door 't scheppen van bronnen voor de nijverheid. Beroemde staatshuishoudkundigen beschouwen voorzeker te regt de vermeerdering van binnenlandsche nijverheid door nieuwe of verbeterde handelswegen, te water en te land, als eene hoofdzaak voor den bloei van een land. Die hoofdzaak heeft de *Groote* Peter reeds voor meer dan eene eeuw behartigd, in deze kolonisatie verwezenlijkt, en dáárin den staatshoofden een voorbeeld gegeven, dat nog in onze verlichte eeuw wel meer navolging verdiende. Ter bevordering van de binnenlandsche vaart tusschen het *Kaspische*-meer en de *Oostzee*, deed Peter een kanaal graven, dat de *Wolchoff* met de *Newa* vereenigt. Deze arbeid, in 1719 begonnen, werd, wegens de gebrekkige uitvoering, eerst in 1732 voleindigd; in 1766 nog veel verbeterd, en van af dezen tijd is het dorpje tot eene stad opgebloeid. Het kanaal is 30 uren gaans lang; heeft 36 sluizen; 3 vaste bruggen, met draaibruggen voorzien, en 12 schipbruggen, op gelijke afstanden van elkander. Het kanaal is 70 voet breed, en van 7—10 voeten diep. In 1791 passeerden er 15,641 vaartuigen van verschillende grootte, die meerendeels door menschen getrokken worden. Mij is verzekerd geworden, dat dit getal thans ruim 17,000 moet bedragen. Deze vermeerdering is in een tijdvak van een halve eeuw al zeer gering, in vergelijking met de toenemende *industrie* in andere landen, door soortgelijke nieuwe bronnen in 't leven geroepen. De reden hiervan is voornamelijk, dat de landbouw er bijna geene vorderingen maakt, en de produkten der fabrieken met de vreemde niet kunnen mededingen. Door dit kanaal wordt de vaart over het *Ladogameer* uitgewonnen, om naar de *Newa* en *Petersburg* te komen, dewijl de *Wolchoff* zich in dat meer uitstort. De lijn is door dit kanaal bijna de helft verkort en 't gevaar, aan de vaart op het meer verbonden, daardoor weggenomen. — Een ander kanaal vereenigt de *Twerza* met de *Msta*; door deze verbinding wordt het *Il-*

menmeer afgesneden, en de lijn aanzienlijk verkort, want de *Twerza* valt in de *Wolga*, en de *Msta* in het *Ilmenmeer*. De groote verdienste van den *Tzar*, wegens dit kolossale werkstuk, zoo gewigtig in zijne gevolgen voor den geheelen omvang der binnenlandsche nijverheid, is dan ook door beroemde mannen teregt hoog geschat. De heer de Fontenelle heeft de verdienste des *Tzars* wegens dezen arbeid naar waarde geprezen in zijne: *Lofrede* op Peter, in de *Koninklijke Akademie van Wetenschappen* te *Parijs* gehouden; waarin hij van dit reuzenwerk onder anderen zegt: "La jonction du Wolga avec la Rivière de Volkova qui s'écoule à Petersbourg, — eigenlijk de *Newa* — est présentement finie, et on fait par eau à travers toute la Russie, un chemin de plus de 800 lieu's, depuis Petersbourg jusqu'à la mer Caspienne, ou en Perse!" (*).

In het behoorlijk ingerigte logement hadden wij eenige ververschingen genomen, en daarna de nachtreis vervolgd. Wij passeerden nu eenige *stations*, maar die weinig bijzonders opleverden, en arriveerden nog vóór den dageraad te *Torsjok* (†), alwaar wij tot het daglicht toefden. Dit stadje ligt regt bevallig aan den regteroever der *Twerza*, op een hellend terrein, schoon het kleinste gedeelte der stad op die zijde gelegen is. Op deze zijde lag ook het logement; hier werden ons allerlei handelsartikelen aangeboden, bestaande in fraai *Kasans* lederwerk. De graaf ging naar een lederwerker,

---

(*) *Eloge du Zar Pierre. Lu à l'Assemblée publique de l'Academie Royale de sciences de Paris, le 14 Nov.* 1725.

(†) Wij geven deze spelling, naar den aard der *Russische* taal, de voorkeur boven *Torjok*.

en kocht er eenige voorwerpen. Ik vernam hier, dat deze fraaije zaken niet meer van *Kasanschen* of *Tartaarschen* oorsprong waren, maar dat die ledersoort thans meest uit *Petersburg* herwaarts gezonden werd, alwaar men haar, op groote schaal aangebragt, beterkoop, dan dáár konde leveren. Men noemt dit leder *Tartaarsch*, omdat de bereiding van *Tartaarschen* oorsprong is. Deze lederarbeiders zijn zeer bekwaam in het maken van laarzen, pantoffels en *portefeuilles* van verschillende kleur, meestal groen, geel, rood of paarsch. Fraai zijn inzonderheid de veelverwige *portefeuilles*, met *ornamenten* sierlijk bewerkt, en een draagband van gemengde kleur, of met goud- of zilverdraadwerk doorvlochten, 't welk deze artikelen een *elegant* aanzien geeft. — Het stadje ziet er vrij wel uit; eenige goede huizen doen vermoeden, dat er welstand heerscht; dit vermoeden werd door den logementhouder bevestigd. Voor het grootste gedeelte moet het uit de genoemde lederarbeiders bestaan, wier produkten door het geheele rijk beroemd zijn en tot aan de verste grenzen verzonden worden. Ik heb deze artikelen later zelfs op de jaarmarkten aan de zee van *Azof* aangetroffen. Daarenboven heeft het stadje eenigen handel, met fabrieken en riviervaart-handel.

Bij *Torsjok* verlieten wij den grooten weg op *Twer* en *Moskou*, en sloegen links of noordwaards af, in de rigting op *Ribinsk*. 't Reizen heeft in dezen omtrek weinig bekoorlijks; daar de hoofdroute wordt gemist, ontbreken er tevens goede logementen. Wegens dit gemis moet men morsige kotten voor lief nemen, op slecht bereden wegen reizen, vindt in alles minder goede orde op de *stations*, en soms ook wel minder veiligheid, dan den reiziger lief en aangenaam is. — Van *Torsjok* begint de landstreek meer vlak te worden, en is minder sterk bewoond. Een paar keeren zag ik bij een landgoed de hoegrootheid van het goed, benevens het zielental, en den naam des eigenaars, op eene paal uitgedrukt. Dit moet in het gouvernement van *Twer* meer voorkomen, schoon ik mij niet herinner, dit elders te hebben opgemerkt. Het zijn *Bijdragen tot de Statistiek des lands*, wel wenschelijk, overal nagevolgd te worden. De boerenkroegen bieden er den reiziger geen overvloed aan; wanneer zoodanig logement voorzien is van koolsoep, slecht grof brood, koornbrandewijn, *kwasz*, — een soort van dun bier — benevens de zoo gewenschte *Samawár*, dan noemt men de herberg *van al het noodige voorzien*. De dorpen zien er maar sober uit; de eenvormige houten huizen, veelal met stroo gedekt, leveren weinig afwisseling op. — Op de vierde *station* aangekomen, was het reeds duister geworden; het logement was eene morsige kroeg. Het eene noodige, de *Samawár* was er in goede orde; wij hadden dus de gelegenheid om thee te drinken. — Het terrein begon nu wat heuvelachtig te worden; schoon dit meer afwisseling aanbood, werd de passage bemoeijelijkt. Wij moesten over eene rivier; de oevers waren zóó steil, dat de paarden er met de slede meerendeels moesten worden opgetrokken. Zes gespierde kerels waren ons daarin behulpzaam. Daar het ons in de herberg niet al te zeker toescheen, volgden wij de slede van nabij, in ieder hand een geladen pistool houdende, om bij de geringste poging tot overrompeling gereed te zijn. 'tLiep niet op vechten uit; ik denk, dat de boeren onze waakzaamheid en de geladene pistolen, dolken en hartsvanger in den donker zullen hebben opgemerkt, en alzoo geen aanval durven wagen.

Zonder ongeval arriveerden wij nog vóór het daglicht in het kleine stadje *Kaschin*, zoo ik meen. Wij toefden in de morsige herberg niet langer dan noodig was, om van paarden te verwisselen. Het stadje vertoonde zich in de breede straat, die wij doorreden, met zijne slechte, lage houten huizen juist niet bekoorlijk. — De dorpen liggen hier wat verwijderd, schijnen *oasen* in eene woestijn, door den reiziger in deze ijsgewesten misschien met hetzelfde verlangen verbeid, als in de verschroeijende vlakten der *Arabische* woestijnen. Na drie of vier wisselplaatsen, bereikten wij de *Wolga*. Deze vorst der *Europesche* stroomen, die uit eenige meren in 't *Waldai*-gebergte bij het dorp *Wolgino-Werckovie* ontspringt, is de hartader van den grooten reus van *Europa*, en voedt de hoofddeelen diens ligchaams. Zonder de *Wolga* toch, zou 't binnenland van *Rusland* slechts aan *Nomaden*-horden eene zwerfplaats bieden. De weg over dezen vloed was gemakkelijk, en nu waren wij in het stadje *Uglitsch*, in het gouvernement *Jaroslaw* aangekomen. Het stadje heeft breede straten en meestal houten huizen, met wat handel en scheepvaart. Het is bekend geworden als verbanningsoord van Demetrius Johannowitsch, en uit de daaruit gevolgde geschiedenis van den Pseudo-Demetrius. Na een paar uren toevens in het zeer middelmatige logement, vertrokken wij, om de vermaarde stad *Ribinsk* te bezoeken. Op de wisselplaatsen was 't verschil in de kleeding der vrouwen, met die van 't gouvernement *Twer*, zeer merkbaar, schoon minder fraai. Men treft bijna in elk gouvernement eenige verandering aan in 't hoofdtooisel der boerinnen. Deze nachtreis leverde niets bijzonders op, dan slechte kroegen, die wij reeds vroeger hadden aangetroffen en welke nu geene bijzonderheden meer waren.

Wij verlangden steeds, om het daglicht en met hetzelve *Ribinsk* te zien opdagen. Eindelijk zien wij ons verlangen bevredigd. Het nachtelijk floers werd allengskens doorschijnend, de dageraad naderde, en de nachtreis was ten einde. Uit een dennenwoud op een heuvel gekomen, lag *Ribinsk* vóór ons, door de eerste zonnestralen verguld.

» Daar pronkt de gloeûde schijf aan d'ongemeten top,
En spreidt van pool tot pool, met nooit verklearde trekken,
't Verguldsel op 't azuur, gezuiverd van zijn vlekken;
De ontboeide schepping juicht, op licht en luister stout,
En de aarde drenkt en laaft en loutert zich in 't goud!

zoo als onze meester-zanger, Tollens, dit natuurverschijnsel, in de taal der poëzij uitdrukt.

Ribinsk, aan de *Ribinka* gelegen, die zich hier in de *Wolga* uitstort, heeft aan deze rivier den naam ontleend. Het posthuis was een aanzienlijk logement; de waard een beschaafd *Russisch* lijfeigen, die zijne wereld wel verstond, de gezelschapszaal eene ruime, zindelijke en behoorlijk gemeubileerde bovenkamer. De gasten waren weinige; een paar officieren, die op vertrek stonden; ter zijde, in een hoek van het vertrek, zat een man in een bruine *kaftan*, die er welgedaan uitzag en zich aan de dampende thee te goed deed. De graaf sprak met hem, en verhaalde mij, dat de dikke koopman een boer (d. i. lijfeigen) was. Bij 't binnentreden van den graaf was hij opgestaan, om van zijne ondergeschiktheid te doen blijken. Bovenkamers treft men in de logementen overigens niet algemeen aan. Het uitzigt was voortreffelijk. Door de zijglazen rustte het oog met welgevallen op den majestueuzen *Wolga*-vloed; uit de vóórglazen zag men langs de hoofdstraat der stad. Heerlijk moet van hier uit in den zomer de aanblik zijn, wanneer de golven der *Wolga* zachtkens voortrollen, en ijzeren schepen met rookende schoorsteenen hare wateren ploegen, die, zeil en trekkers dervende, tot verbazing der oeverbewoners stroomopwaarts gaan. Dan krielt de vloed van lange vrachtschepen van *Astrakan*; in kleine scheepjes dobberen de visschers op hare plassen, tuk op den buit, den roem der *Russische* wateren, de kostelijke steur. Dit alles levert er in den zomer een aangenaam en bedrijvig tooneel op, verrassend voor den vreemdeling. *Ribinsk* is door geheel *Rusland* beroemd, als de bakermat dier beroemde vischsoort, waaruit de *kaviaar* bereid wordt. — Deze visch, en de bereiding der *kaviaar*, is te belangrijk, om er niet een oogenblik bij stil te staan. De graaf had hier eenige zaken te verrigten en wilde een der voornaamste vischpachters spreken, die tevens de beroemdste handelaar was in visch en *kaviaar*. Zijne berigten kwamen hoofdzakelijk overeen met hetgeen ik daarvan te *Petersburg* en *Reval* reeds vernomen had; echter vernam ik op dit punt nog eenige bijzonderheden van den zoon, die zich zoo tamelijk in 't *Hoogduitsch* kon uitdrukken en zijne mededeelingen met het vaderlijk gezag staafde. De steuren die hier gevangen worden, zijn van verschillende soort en waarde. Linnaeus, *Faun. Sued.*, noemt de steur in 't algemeen *Acipenser, ordinibus quinque, squam-*

marum ossarum, intermedio ossiculis quinquedecim. De beroemde *Russische* steur noemt hij *Acipenser, chirris quatuor, corpore nudo.* In 't *Duitsch* wordt deze soort *Sterlet*, in 't *Russisch Nelmo* genoemd.

Aan *Zweden* is deze steursoort niet eigen; Linnaeus merkt op, dat zij op last van koning Frederik I uit de *Wolga* in het *Maelarmeer* bij *Stokholm* is overgebragt, en er goed voortkomt. Deze wordt als de fijnste der steursoorten geroemd en inzonderheid in de nabijheid der stad *Ribinsk* gevangen; zij moet, dáár ter plaatse gevangen, fijner en smakelijker zijn dan elders; men schrijft dit vooral toe aan den aard van het water der *Ribinka*, 't welk hier in de *Wolga* vloeit. De gemiddelde zwaarte van deze steur wordt aan de *Wolga* op 2 à 2½ pud gerekend. De *Nelmo* kost op de plaats, waar zij gevangen wordt, doorgaans 8 à 10 *kopecken*, het *Russisch* pond; te *Moskou* 16 à 18 *k.*; te *Petersburg* en te *Riga* 22 à 25 *k.*, en 12 uren achter *Kursk*, op het landgoed van den generaal M. per expresse ontboden, kostte zij 34 à 35 *k.*; deze laatste prijs bedraagt per *Ned.* pond, ongeveer 34 à 35 cts., is derhalve in vergelijking van onze visch- en vleeschprijzen zeer laag. Er worden nog een paar andere soorten van steur in de *Wolga* gevangen, wel van mindere hoedanigheid, maar voor den handel mede van veel gewigt, en die in verwijderde streken wel voor de fijne soort verkocht wordt. Deze zijn de *Bjelugen* en *Sewrjugen*, welke niet zoo hoog in prijs zijn, maar veel *kaviaar* opleveren. Onder de steursoorten van de *Wolga* is er eene, die witachtig van kleur is en zelden voorkomt; deze is van alle soorten de fijnste, en levert de beste *kaviaar* op; zij wordt mede in den omtrek van *Ribinsk* gevangen. De visch, noch hare *kaviaar* komt in den handel voor; beide worden uitsluitend aan het Hof verzonden. — Het is bekend, dat deze vischsoort de zoo beroemde *Russische* lekkernij, de *kaviaar* oplevert, welke de kuit is, die van de wijfjes verkregen wordt.

De bereiding der *kaviaar* schijnt niet algemeen bekend, en sommige berigten, daarvan gegeven, moeten onjuist zijn, zoodat wij daarvan de hoofdpunten hier aanstippen. Even zoo als de vischsoort in hoedanigheid verschillend is waarvan de *kaviaar* gewonnen wordt, zoo is deze dit ook. De *Russen* onderscheiden drie soorten van *kaviaar*, naar den visch, die ze oplevert, en de verschillende wijze van bereiding. De eerste of de beste soort is van de *fijne* steur; de tweede soort van de *Sewrjugen*; de derde of slechtste soort levert de *Blejugen*-steur. De driëerlei manier van bereiding is deze: de eerste of beste *kaviaar*soort is de *gekleurde*; zij is bruinachtig van kleur, en heet, wegens de bereidingswijze, *gekleurde kaviaar* (*Mescheschnaja Ikra*). Deze soort is ligter in gewigt. De bereidingswijze is deze: lange smalle zakken, van sterk grof linnen, worden half gevuld met kuit, en de andere helft met pekel. Is de pekel nu doorgezegen, dan worden de zakken opgehangen en met de handen uitgedrukt; zóó laat men de *kaviaar* gedurende 10 à 12 uren in de zakken bedroogen, waarna ze in vaten getreden wordt. Van deze soort kost het *pud* ter plaatse 5 à 6 roeb.; die in *Petersburg* en *Riga* aangebragt wordt verdubbelt ruim in prijs; in het buitenland komt het *Ned.* pond op ruim één gulden. Men ziet hieruit, dat het vervoer van

Ribinsk naar *Riga*, (per slede,) ruim 200 uren gaans, op ongeveer 5 à 6 roeb. te staan komt; waaruit blijkt, dat de vrachtprijzen over land hier betrekkelijk zeer gering zijn. Naar dezen maatstaf zou een *Ned.* mud koren van de gemiddelde zwaarte van 3 *pud*, (bijna gelijk aan 49 *Ned.* ponden,) voor den genoemden afstand van 200 uren gaans, ongeveer 8 à 10 gulden bedraagt; 't welk voor den weg van *Groningen* naar *Amsterdam* (ruim 40 uren gaans), nog geene twee gulden zou bedragen, dus vijf cents per uur. — De *tweede* of middensoort, is de zoogenoemde *korrelige*, die zeer zout van smaak is; deze heet *Sennistaja Ikra*. De gezuiverde kuit wordt in lange smalle troggen met $\frac{1}{4}$ à $\frac{1}{5}$ deel zout van 't gewigt gezouten, en dan goed dooreengewerkt. Daarna wordt zij op zeven gelegd, opdat het water er doorzijge, en de *kaviaar* tot eene stevige massa bezinke. Deze kost het *pud* ter plaatse 3 roebel. — De *derde* of slechtste soort heet *Rajusnaja Ikra*. De kuit wordt slechts van de grofste vezelen gezuiverd, zoodat er veel slijm bijblijft. Er wordt $\frac{1}{10}$ deel van 't gewigt zout bijgevoegd; dan op matten uitgespreid, aan de zon blootgesteld, en daarna met de voeten getreden. Deze soort kost het *pud* $2\frac{1}{2}$ roeb., en daar beneden. Van die *kaviaar*, welke als een belangrijk handelsartikel door geheel *Europa* verzonden wordt, komt de *fijne* soort, doorgaans met mindere vermengd, voor. Eene *vierde* soort is de fijnste en smakelijkste van alle; het is die, welke de straks genoemde witachtige steursoort oplevert; zij wordt naar het Hof verzonden, en komt in den handel niet voor. — De *kaviaar* wordt dus niet gerookt, zoo als mij is verzekerd, schoon dit door vroegere schrijvers wel eens is berigt; welligt bij gebreke van onderzoek ter plaatse; of volgens 't uitwendige voorkomen van ééne *kaviaar*soort, daarin misleid. Van de zwemblaas wordt vischlijm bereid. De soort der vischlijm verschilt in hoedanigheid naar den visch, die ze oplevert, even zoo als 't vleesch en de *kaviaar* der steursoorten. De soort, in 't *Russisch Nelmo* geheeten, levert van alle de beste lijm op. — De mindere vischlijm kostte er van 25—30 roeb; de betere kwaliteit van 40—50 roeb. het *pud*. De hoedanigheid, die den prijs bepaalt, hangt meer af van den visch, waarvan zij afkomstig is, dan van de wijze van bereiding. Ook de huid van dezen visch is van een belangrijk nut en veelvuldig gebruik. Van de huid wordt allerlei paardentuig gemaakt, als trekzelen, leidzels, enz., die zeer sterk, lenig, inzonderheid tegen vochtigheid bestand, en in *Rusland* van een algemeen gebruik zijn. De steur, die ook in onze vaderlandsche rivieren dikwijls een aanmerkelijk gewigt bereikt, gedijt bij uitnemendheid in de *Wolga*, en is er soms van eene kolossale zwaarte. De fijnere soorten moeten niet zoo zwaar worden; zij wegen doorgaans van $1\frac{1}{2}$, 2 à $2\frac{1}{2}$ *pud*; andere soorten wegen wel eens van 40—50 *pud*; de gemiddelde zwaarte bedraagt 20—25 à 30 *pud*. Volgens *Russische* schrijvers, is er in 1769 aan den oever van het *Kaspische*meer, eene steur gevangen van 45 *pud* gewigt, en 16 *arschinen* lengte = 10,67 N. ellen ruim. Daar dit als eene zeldzaamheid van buitengewone grootte wordt aangeteekend, zoo mogen opgaven van sommige schrijvers van steuren van 50 voeten lengte wel twijfelachtig schijnen.

De steurvisscherij op de *Wolga* is een zeer gewigtige tak van nijverheid. Verschillende volken, als *Kozakken*stammen, enz., trekken dan naar de *Wolga*, vereenigen zich met de oeverbewoners, of visschen voor eigene rekening, voor zoo ver ze daartoe geregtigd zijn. De voornaamste vischtijd is in de maanden November en December, wanneer de rivieren, door de herfstregens gezwollen, sterk afstroomen; dan loopt de visch stroomopwaarts, en de vangst is nu het voordeeligst. Ook in het voorjaar is de visscherij levendig, wanneer de rivieren, van de ijskorst ontboeid, de wateren afvoeren. De gewone manier is het gebruik van netten, die, van sterk touw gevlochten, met strikken verbonden zijn; aan de strikken zijn vischjes aan angelhaken gehecht. Men heeft mij nog vele bijzonderheden verhaald van de wijze, hoe de *Kozakken* aan den beneden-*Wolga* visschen met lansen enz., enz.; hetwelk ik hier maar zal overstappen, om, in den ijver van de visscherij, de sledevaart niet te vergeten. — De visscherij behoort, zoo als in dit land bijna alles, aan de Kroon, en wordt verpacht. De *Kozakken* van den *Ural* echter bezitten het regt, om op dezen vloed te visschen, als een *privilegie*, waarop ze zeer naijverig zijn. Zij betalen voor deze gunst een aandeel aan de Kroon. Op de *Wolga* en elders wordt dit regt algemeen verpacht. Wanneer de tijd van visschen gekomen is, rigten de pachters kleine afdeelingen van de groote visschersvereeniging op, die uit 50—100 man bestaan. Deze zijn alle deelgenooten in de visscherij-pacht, en hebben aandeel in de vangst. De inwoners van de *Wolga*-gewesten stellen zeer veel prijs op de deelgenootschap der visscherij, en staan het *risico* niet ligt voor een vast geld of loon af. De in den herfst gevangene steuren moeten in afgepaalde inhammen van de rivier bewaard worden, tot dat de winter is ingevallen, wanneer ze ingepakt en verzonden worden. Te *Petersburg* aangekomen, zijn ze van eene dikke korst sneeuw en ijs omgeven, en bezitten in dit omkleedsel een zeker schild tegen bederf. Vele van de sleden, die men op de sneeuwbaan in zoo groote menigte ontmoet, zijn met deze *Wolga*-steur of *kaviaar* bevracht.

Wij kunnen *Ribinsk* toch niet verlaten, zonder aan onze landgenooten te denken en van de *Nederlandsche* stoombooten ter loops gewag te maken, die dampende en kleppende den *Grootvorst* van *Europa's* stroomen ploegen. *Nederland*, door handel en zeevaart groot geworden, had reeds vóór eeuwen den zeldzamen roem verworven, dat het, schoon klein van staat, rijk, magtig, ja, ontzaggelijk was geworden voor alle staten van *Europa*. Op het toppunt van zijne grootheid, onderwierp het den magtigsten zeestaat; en de groote monarchen vleiden het om zijne vriendschap. Deze roem in 't zeewezen lokte den grooten *Tzar* uit het verre *Rusland*, om zich in ons Vaderland die kennis te verwerven, door welke hij zijn volk tot den trap van een bedreven zee- en handelsnatie wilde verheffen. Schoon in 't fabriekwezen steeds achterlijk, heeft onze natie in de laatste jaren in enkele takken van 't fabriekwezen reuzenschreden gedaan en kan daarin thans met andere volken van *Europa* mededingen; wij bedoelen de stoombootfabriekaadje. Thans opent *Nederlandsche* nijverheid hierin een bron van welvaart in het hart van *Rusland*, en vaderlandsche stoombooten bevorderen den binnenlandschen handel op de *Wolga*. De heer RONTGEN, *direkteur* der stoomboot-fabriek te *Fijenoord*, heeft in het jaar 1846, naar een bijzonder model van zijne vinding, voor rekening der stoombootvaart-maatschappij op de *Wolga*, een ijzeren stoomboot gebouwd, van 250 paardenkracht, die de beladene *Wolga*-schepen den stroom opsleept (*). In $16\frac{1}{2}$ dagen sleepte deze boot, de *Wolga* geheeten, twee schepen, elk van 400 voet lengte, 5 voet diepgang en met 2500 tonnen gewigts beladen, de rivier van *Samôra* tot *Ribinsk* (een afstand van 1400 werst) stroomopwaarts. Zij legde dezen weg in $3\frac{1}{2}$ dag minder af, dan de gestelde termijn toeliet. In het volgende jaar zijn er nog drie scheepsladingen met stoomwerktuigen en stoombooten uit hetzelfde *etablissement* naar de *Wolga* overgebragt, waarvan de eerste lading voor de aanzienlijke en, als uitvoerlading, zeldzame som van een half millioen gulden uitvoerde. Behalve die lading, heeft dezelfde bodem tevens een aantal, van bijna uitsluitend *Hollandsche* (of *Nederlandsche?*) werklieden naar de *Wolga* overgevoerd. Deze lieden zullen er eene werf oprigten, ter aanbouw van ijzeren stoomvaartuigen en houten ligterschepen. Daar deze werklieden van hunne familiën vergezeld zijn (†), zal aan den oever der *Wolga* weldra de *Nederlandsche* nijverheid bloeijen, en zullen er de *Vaderlandsche* klanken zich mengen in de galmen der oude *Sarmaten*. Dat is wereldburgerschap, die, vreemd genoeg, zich zelfs onder onze natie begint te vertoonen: zij is de weldadige bestemming van den mensch, dien de Natuur heeft toegerust, om over de geheele aarde in de meest verschillende hemelstreken te kunnen

---

(*) *Journal de la Haye*, 15 Sept., 1846.
(†) Zie *Gron. Cour.* no. 62, 1847.

leven. 't Verwisselen van vaderland schijnt voor velen eene spookgestalte te zijn; de tijd zal die nogthans in een' reddenden engel herscheppen, wanneer de steeds klimmende nood van die dwaze vooroordeelen zal hebben genezen. 't Is eene kleingeestige en den mensch vernederende gedachte, te wanen, dat de plaats van zijne wieg en bakermat het plekje is, 't welk hij niet mag verlaten, als ware hij zoo vast aan de plaats gebonden als de plant. Wanneer de mensch, bij bekwaamheid en goeden wil, op vaderlandschen grond zijn onderhoud niet meer kan verdienen, dan eischt zelfbehoud om een nieuw vaderland op te zoeken. 't Redelooze dier gaat hem hier in vóór, zelfs met het doorbreken der omheining, die zijn grenzen beperkt, om aan den hongerdood te ontworstelen!

Voor den *Nederlandschen* reiziger moet het verrassend zijn, wanneer hij eens deze streken bezoekt, in de stad *Ribinsk* de vaderlandsche taal hoort spreken, er vaderlandsche *physiognomiën* en zeden in 't hart van *Rusland* weder te vinden.

De vriendelijke koopman, bij wien de Lezer nu al lang vertoefd, maar nog weinig van vernomen heeft, onthaalde ons op ontbijt, met *Donschen* wijn, die vrij goed was, maar dien hij toch door den vurigen *Champagner* deed opvolgen. — *Ribinsk* heeft eenige fabrieken, benevens linnenweverijen, talksmelterijen, een niet onbelangrijken handel, veel scheepvaart, enz. Van hoeveel belang de binnenvaart van vrachtschepen is, die hier passeren, kan men daaruit afleiden, dat er, volgens de Nieuwsbladen, in Januarij 1848 niet minder dan 427 vaartuigen hebben moeten overwinteren, die door 't ijs verhinderd waren om *Petersburg*, als de plaats der bestemming, te bereiken. Deze schepen waren met 300,000 *tschetwert* meel; 200,000 *tschetw.* tarwe, en 228,000 *tschetw.* rogge beladen (*). De hoeveelheid van het getal inwoners wordt van *Ribinsk*, zoo als van de *kreissteden* in het algemeen, verschillend opgegeven. De *Russische* koopman verzekerde mij, dat het ongeveer 10 à 11,000 zou bedragen, 'twelk voor den omvang der stad nogtans ruim schijnt gesteld te zijn.

Aan de tegenzijde der *Wolga* is het gebied, zoo als men mij verzekerde, van de zeer aanzienlijke en schatrijke familie Románoff, die thans in de mannelijke linie moet uitgestorven zijn. Zoo als bekend is, stamt het thans heerschende keizerlijke huis van de vrouwelijke linie uit dit huis af. Het was een der aanzienlijkste *Bojaren*-geslachten. Van 1613—1730 regeerde het keizerlijke huis uit dit geslacht, van de mannelijke; sedert dat jaar tot heden in de vrouwelijke linie.

In dezen omtrek, vooral, zoo als men zegt, aan de overzijde der *Wolga*, treft men vele ketters van de *Grieksch-Russische* kerk aan; want ook deze regtgelooyige kerk heeft hare afwijkende *sekten*. Zij worden *Raskolniken* genoemd. Het woord *Raskol* beteekent in 't *Russisch sekte*; *Raskolniken* alzoo *sekte*-leden, die tot eene *sekte* behooren; schoon *deze* vereeniging, bij uitzondering van andere afvalligen der kerk, *sekte* genoemd wordt. Waarschijnlijk heeft de heerschende kerk haar door dezen naam, die in geen goeden reuk staat, gebrandmerkt tot een afschrikkend voorbeeld voor volgende nieuwlichters, want zij schijnt de oudste *sekte* te zijn. Zij zelve noemen zich eenvoudig

---

(*) *Gron. Cour.* no. 0, 1848.

Stárowertzi ; = oudgeloovigen, of ook, wat minder nederig, *Isbraniki*, = uitverkorenen. Tot deze *sekte* behooren vele *Kozakken*-stammen. Hun aantal wordt geschat op 300,000 zielen. Behalve eenige andere gebruiken, als het snijden van 't hoofdhaar. enz., is ook het zelfkwellen bij hen in gebruik. Mij werd verhaald, dat men bij iemand van deze lieden, na zijn' dood, eene ijzeren keten had ontdekt, die in 't ligchaam gegroeid was. Er wordt al veel door de geloovigen gedaan en nagelaten, om *vroom*, of misschien wel *heilig* te zijn, althans er voor gehouden te worden! Over de meeningen valt trouwens niet te oordeelen. 't Lot schijnt deze gehate ketters in hun slaventoestand nog al gunstig te hebben bedeeld. Onder Peter *den Groote* leden ze zware vervolgingen; Katharina II gaf hun vrijheid van godsdienstoefening. De godsvereering is eene zaak, waarover te beschikken, of hare uitoefening te verhinderen, het geen sterveling vrij staat, voor zoo ver die overigens geene maatschappelijke regten schaadt. Echter doet de magtige gaarne wat meer.

In het logement teruggekomen, werden de paarden ingespannen, en de reis nog vóór elf uren vervolgd. Wij passeerden vóór *Jaroslaw* nog een stadje, zoo ik meen *Borisoglebs* geheeten, met linnenweverijen. Aan de andere zijde der *Wolga* is de stad *Romanoff* gelegen, die aan 't geslacht van dien naam toebehoort. Op een der dorpen, welke wij passeerden, zat een aantal lieden in de frissche buitenlucht, op een stuk van een bank. Er werd in het huis bruiloft gevierd; de buitenlieden hadden zich aan de *wodka* wat te goed gedaan, waren dubbel verwarmd, en vonden alzoo eene koele lafenis in de temperatuur van 24°. Na eenige wisselingen van paarden op dezen weg, aan den regteroever der *Wolga*, die meestal in zijne kronkelingen op geruimen afstand van den weg verwijderd blijft, kregen wij nog bij het daglicht *Jaroslaw* in het gezigt. De menigte torens, kloosters en groote huizen deden eene knappe stad vermoeden, die zij ook werkelijk is. De poort binnenrijdende, kwamen wij spoedig op de breede marktplaats, sloegen eene straat af naar de *Wolga*, alwaar de koetsier de poort van een huisplein binnendraafde, 't poortier opende, en wij een fraai huis, bij den *apotheker* Z......, binnentraden.

VIERDE HOOFDSTUK.

Onze gastheer. — Jaroslaw. — Het marktplein.— Bezigtiging van eene groote fabriek. — Het kerkbezoek; de groote wijnkelder. — Gezelschap bij den heer Z. — De avontuurlijke nachtreis: de sneeuwjagt; het woud; 't gevecht met wolven; het huisgezin van menschen en dieren; de boer in den oven. — Aankomst op het dorp; de huldiging van den Dorpsheer. De inspectie van het landgoed. De stervende oude lijfeigen. — Terugreis — Jaroslaw.

De heer Z. was van *Duitsche* familie, geboortig uit *Reval*, alwaar zijn vader woonde, die bij den admiraal bekend was. Hij had in *Moskou* gestudeerd en er de dochter van een *professor*, zijn leeraar, tot vrouw verkregen. Het huis was aangenaam gelegen aan het marktplein, had twee verdiepingen met zes woonvertrekken, en was met smaak gemeubileerd. De jeugdige gade had eene beschaafde opvoeding genoten, en was in den omgangstoon der hoogere kringen niet onbedreven. De heer Z. had de *apotheek* in huur; hij betaalde voor het regt der uitoefening 800, en voor huishuur 1000 roebel jaarlijks. Behalve een *provisor* en twee bedienden hield hij er twee paarden met een' koetsier op na. Het eene paard was bij uitstek schoon; er was hem

700 roebel voor geboden. De heer Z. schatte de jaarlijksche kosten der huishouding op ongeveer 4000 roebel; men kan hieruit afleiden, dat deze *affaire* er vrij winstgevend zijn moet, want hij had buitendien ook nog twee mannelijke en twee vrouwelijke bedienden. De bedienden zijn hier goedkoop; daar ze slechts als zaken beschouwd worden en in overvloed voorhanden zijn, zoo wordt er weinig voor betaald; daarenboven is er geene belasting op dienstboden, paarden of rijtuigen. De *apothekers* hebben er geene mededinging te duchten, daar 't getal van dit, en vele andere bedrijven, zonder verlof der regering niet mag vermeerderd worden. Wegens deze zekerheid, wordt er ook eene betrekkelijk aanzienlijke som voor het regt van *privilegie* betaald. Door dit schild gedekt, is de bevoorregte beveiligd tegen de *concurrentie*, zoo gehaat en gebrandmerkt in onze dagen van hooge verlichting; nog meer, hij heeft nu tevens het *privilegie;* om, — in overeenkomst met zijne medebevoorregten — de beursen te snijden van de geëerde begunstigers. Die over *concurrentie* klagen, bedenken niet, dat zonder eene vrije uitoefening de ontwikkeling der nijverheid aan banden wordt gelegd, en er eene inbreuk gemaakt wordt op het natuurlijkste regt, 't welk de mensch bezit, om namelijk met een eerlijk bedrijf den kost te winnen, en de maatschappij te dienen. Door 't opheffen der gilderegten vervalt tevens het *privilegie*, 't welk de begunstigde in de gelegenheid stelde, om spoedig op zijn gemak zijne *schaapjes op 't drooge te brengen*, en dan *met goede gunst en voorspraak* de zaak aan zoon of schoonzoon over te doen. Dat is heel fraai voor den bezitter, maar heel onregtvaardig voor

andere beoefenaren van 't zelfde bedrijf. 't Heeft veel van de langwijlige processen uit de dagen van *Olim*, toen vader 't begonnen, maar sinds vele jaren slepende proces nog even winstgevend aan zoon, als een goed erfdeel achterliet. Wanneer de *concurrentie* te groot is, en die veelvuldige aanleiding geeft tot bedriegelijke handelingen — waarvan men, om zich er wat voor in acht te nemen, in onze dagen zelfs hand- en woordenboeken schrijft — dan is dit een bewijs, dat er *hoofdbronnen* moeten geopend worden, in evenredigheid tot de toenemende bevolking, en geenszins van het nadeelige der mededinging zelve, en dit is eene staatshuishoudkundige kwestie. De staatshoofden zullen dit verbroken evenwigt immers wel herstellen, wanneer ze dit, òf vrijwillig zullen *verkiezen*, òf het zullen *moeten*: 't eerste gaat doorgaans gemakkelijker, maar duurt wel eens wat lang; 't laatste kan onverwachts ontstaan en werkt krachtig, maar veelal met schokken. Zonder *concurrentie* zijn er slechts eenige begunstigden, die eigendunkelijk den prijs bepalen; over de beurs van anderen wat onbescheiden beschikken, en sommigen onregtvaardig uitsluiten: zij leggen den vooruitgang een' slagboom in den weg. Wat in de middeleeuwen goed geweest is, en dit in sommige landen nog kan zijn, dat is het daarom niet *altoos* en *overal*. Het bloeijen van sommige takken van nijverheid, door *uitsluiting*, is het bevorderen van eigen belang en eigen voordeel op kosten van anderen. Hoe bekoorlijk dit ook voor den bevoorregte zijn moge, zoo wordt dat *partieële* belang op kosten van het *algemeene* te duur gekocht, of liever onregtvaardig bemagtigd.

Wij zijn door deze uitweiding afgedwaald, en

hebben onzen vriendelijken gastheer reeds verloren. Na de eerste kennismaking kunnen we nu de stad wel eens wat door zien, want onzen gastheer zullen wij later toch weer ontmoeten. — De stad *Jaroslaw* is de hoofdstad van het gouvernement van dien naam; zij ligt op 57° 40' b. en 57° 48' l., aan den regter oever, of zuidwest-zijde van de *Wolga*, en heeft ruim 28,000 inwoners. Het gouvernement heeft 609 ☐ mijlen in omvang, met 880,000 inw. en 10 steden. *Jaroslaw* heeft ongeveer eene gemiddelde bevolking, voor de gouvernementen van *Groot-Rusland*.

Den volgenden dag deed ik met den graaf een toertje door de stad. De straten vertoonden ook hier het karakter der *Russische* steden; zij zijn namelijk breed en meestal regt; in het laatste opzigt is de stad regelmatiger dan sommige van hare landszusteren. Er zijn groote pleinen, die echter niet alle geplaveid, of wel met plantsoen gestoffeerd zijn. De omtrek der stad is groot, en biedt voorzeker wel de ruimte aan voor een viermaal grootere bevolking. In dit opzigt verschilt de bouw der steden in *Rusland* met die in de meeste andere landen; de straten zijn doorgaans breed, met vele pleinen; de huizen zijn groot, maar niet zoo hoog gebouwd als elders, en bovendien met ruime plaatsen voorzien, ofschoon er in de groote huizen een zeer aanzienlijk getal menschen woont. Men ziet het op 't land, dat de grond er niet duur is; men is in dit opzigt dus ook niet karig, en de maatstaf van ruimte, die in het groote land met weinige bewoners overal toegepast wordt, geldt ook in 't algemeen voor de steden. — 't Aantal kerken is in deze stad aanmerkelijk, want men ziet er aan alle kanten de torentjes zich boven de huizen verheffen. De kerktorens hebben, zoo als in geheel *Rusland*, den *Griekschen* vorm met de kerken gemeen. Het zijn kleine koepels, met het kruis versierd. In het algemeen staat op elken hoek van 't vierkante muurwerk een klein koepeltje, en een grooter in het midden. Aan het kruis van den grooten toren, en soms ook aan de kleinen, ziet men dikwerf fraaije kettingen, die aan de armen van het kruis verbonden zijn. Ik zag hier eene kerk met 13 torentjes prijken; zij waren in drie groepen, steeds vier in het vierkant, en daar een boven gebouwd, die als de spits van het middenpunt wat hooger en zwaarder was. Altoos ziet men een oneven getal koepels, meestal vijf. Ook hier waren vele kruisen en koepels verguld. Deze bouworde levert een fraai gezigt op, vooral wanneer de zon die vergulde groepjes met haren glans bestraalt. Van kloosters is de stad mede ruim voorzien; volgens de verzekering van mijn zegsman, moet zij er ruim veertig tellen. Het ruime marktplein is met fraaije huizen omzoomd; op hetzelve staat een metalen gedenkteeken, opgerigt ter eere van den verdienstelijken graaf Demidoff, den stichter van het *Lyceum*. Het paleis van den gouverneur is een prachtig gebouw, het fraaiste van de stad, en 't *Lyceum* een der beroemdste van geheel *Rusland*. Het heeft eenige vermaarde kerkleeraars opgeleverd; men heeft het wel eens onjuist *akademie* genoemd, wegens den toevloed van kweekelingen; schoon het als zoodanig niet in rang staat. — De beweging van boeren in sleedjes en te voet, met lange puntstokken tegen honden gewapend, die werk gingen zoeken, van prachtige *equipagies*, schitterende *uniformen*, van half naakte bedelaars, benevens burgers en kooplieden, leverde op de pleinen veel afwisseling op. Onder deze wereldsche lieden zweefden ook geestelijke persönen, monniken en *popen*, in lange kleederen, met afgemeten tred, in vrome overpeinzing, zoo 't scheen. — Na de bezigtiging van eenige pleinen en hoofdstraten, ging 't op het *Wolga*-kwartier aan. Dit is voorzeker een der fraaiste stadsdeelen; de voornaamste huizen zijn er, zoo als ook elders in de stad, meestal van steen. Sommige huizen zijn fraai, en naar den nieuweren smaak gebouwd. Inzonderheid is de stand der huizen, aan den breeden *Wolga*-stroom, voortreffelijk. De oever der rivier, met wandelingen versierd, de veelvuldige beweging op den vloed, gedurende 't zomersaizoen, het ruime uitzigt over den stroom, en de fraaije huizen langs den zoom: dit alles moet een bevalligen aanblik opleveren. De oevers zijn hier niet hoog, ze waren thans ongeveer twaalf voeten boven den waterspiegel verheven. De breedte van den stroom scheen ons toe, ongeveer 400 schreden te bedragen. Het is vreemd, dat hier eene haven ontbreekt.

In de *restauration* aan het marktplein, die wij nu bezochten, waren ongeveer een dozijn officieren, benevens een paar goedsbezitters. Burgers waren hier niet onder de adelijken vermengd. Uit het grofspelen, dat hier zelfs op den middag tusschen twee officieren plaats vond, kan men besluiten, dat iemand in *Rusland* van het geringe traktement geen officier kan spelen. Met de bezoldiging is 't in *Rusland* juist het omgekeerde van dat in sommige andere landen van *Europa*, alwaar elke bediening, naar mate van den stand, in 't algemeen een bestaan oplevert, en vele er winstgevende postjes zijn; men maakt er goede sier op kosten der nijvere klasse, die de ambtenaren zoo wel als de *militairen* moet loonen. In *Rusland* is de staats- en *militaire* dienst een pligt, welken de edelman voor zijnen Keizer vervullen moet, en wel met opoffering van eigene middelen. Die dezen pligt verzuimt, verliest den adeldom. In vele opzigten werkt deze inrigting nadeelig. Wanneer toch een ambtenaar geene middelen bezit, dan pleegt hij allerlei afzetterij, die, wel is waar, strijdig is met de wet; maar de wet zwijgt ook hier, als er geen klager is, en een aanklagte in te leveren, is met vele zwarigheden verbonden; liever gaat de *patient* maar tot eene *transactie* over, dan houdt hij vrede en vriendschap met den ambtenaar. Bij het *viseren* van passen, b. v., getuigen de ambtenaren de noodzakelijkheid, van eenen kleinen steekpenning te moeten *declareren*, den reiziger soms openhartig, en hij doet verstandig, zich met de lieden te verstaan; dat is althans de voordeeligste manier en die wordt toch doorgaans gezocht. Onder 't gezelschap bevond zich een 2de luitenant, en die gaf soms een bal aan de *noblesse* der stad, 't welk wel eens 5000 roebels kostte. Hij deed ook den armen wel, want in dezen winter had hij reeds 1000 roebel aan de lijdende menschheid geschonken. Het was de vorst G., die, zoo als men mij verzekerde, een jaarlijksch inkomen bezat van 180,000 roebel; een vermogen, wel groot, maar in *Rusland* toch niet zoo vreemd.

Na het toeven in een aangenaam gezelschap, waar gulle vriendschap heerschte, ook jegens mij, als nietig vreemdeling —, en een glas morgenwijn met ontbijt, waren wij van de koude bekomen, en bezochten nu de groote fabriek der stad. Zij is even buiten de stad gelegen, en van eene groote uitgebreidheid ; er worden allerlei soort van broekstoffen , tafellinnen enz. vervaardigt. De kiem van 't fabriekwezen is in *Rusland* reeds door Peter *den Groote* te voorschijn gebragt. Ook in deze stad heeft die verdienstelijke vorst eene fabriek doen oprigten , welke aan de tegenwoordige den oorsprong gegeven heeft. Latere verbeteringen , in overeenstemming met de toepassing der wetenschap op 't fabriekwezen, hebben ook deze werkplaats op den hoogsten trap der vorderingen geplaatst. In 1833 is de fabriek door *Engelsche* werktuigkundigen naar de laatste verbeteringen gewijzigd en onder de leiding van *Engelsche* bestuurders ingerigt geworden. *Engelschen* hebben zich dikwijls verrast gevoeld , wanneer ze in 't binnenland van *Rusland* verbeteringen , in 't fabriekwezen aangebragt, opmerkten , die korten tijd te voren in hun land eerst tot stand gekomen waren; maar zij waren verbaasd , wanneer ze b. v. in *Petersburg* werktuigen in vollen gang aanschouwden, die zoo kersversch nieuw in *Engeland* uitgevonden , en pas in werking waren ; daarenboven *geoctroijeerd*, en de uitvoer er van op zware straf verboden was. Mij is een voorbeeld van dien aard medegedeeld, 't welk bewijst, hoeveel prijs de regering stelt op de vorderingen van 't fabriekwezen , omdat de *Russen* met de vreemde volkeren nog niet kunnen mededingen. Die lofwaardige belangstelling en ijver der regering had namelijk een in *Engeland* nieuw uitgevonden werktuig , van belangrijke verbeteringen , niettegenstaande het strenge verbod van en de bijzondere waakzaamheid tegen den uitvoer, bijna op 't zelfde oogenblik ook te *Petersburg* in gereedheid gebragt. Men ontving te *Petersburg* stuk voor stuk van de *machinerie*, en toen het werktuig in *Engeland* werd opgerigt en in werking gesteld, trad het tot verbazing der *Engelschen*, dertien dagen later even zoo in *Ruslands* hoofdstad te voorschijn. Na de ontvangst van 't laatste stuk te *Petersburg*, zette een *Engelsch* werktuigkundige het in drie dagen te zamen, en bragt het in volle werking. *Rusland* heeft overvloed aan roebels, 't zijn fraaije geldstukken, en in 't buitenland wel gewild. Een bewijs dat *Rusland* wat doen *wil* voor de bevordering van nijverheid en volkswelvaart. *Rusland* doet in dit opzigt veel; en dat geheel zonder *fraaije beloften*, die na jaren tijdsverloop vaak nog *beloften* zijn, maar dan is 't *fraaije* er af. — Dit uitstapje zou ons bijna 't gezelschap in het stof der werkplaats doen vergeten. Deze fabriek, op eene breede schaal aangelegd, was op *actiën* opgerigt geworden, werd beschermd door den Keizer, en heeft gedurende eenige jaren gunstige uitkomsten opgeleverd. Toen wij er waren, was de bloei sedert twee jaren afgenomen, wegens gebrek aan genoegzaam debiet. Een der medebestuurders verzekerde, dat de broodprijzen, wegens twee achtereenvolgende misgewassen te hoog en de prijs der fijnste stoffen in het algemeen ook te hoog gesteld waren, in vergelijking met de buitenlandsche fabriekaten; 't welk de reden van den tegenwoordig kwijnenden staat der fabriek oplevert. Volgens zijne verzekering, moeten twee jaren vroeger in deze fabriek nog 1300 mannen en 2100 vrouwen gearbeid hebben. Sedert de beide laatste jaren, had er nog niet de helft der arbeiders gewerkt. De tegenspoed van de fabriek deed zich door geheel de stad gevoelen. De arbeiders waren meerendeels gepacht van edellieden, zoodat deze dus ten laste der *actie*houders kwamen, tot den tijd van den afloop van 't *kontrakt*. Ook hier zag ik de waarheid bevestigd, dat de groote fabrieken het graf der zedelijkheid zijn. Bij veelvuldige latere bezoeken in fabrieken (*), ook op landgoederen, heb ik steeds opgemerkt, dat de zeden meer of minder bedorven zijn, naar den maatstaf van de hoegrootheid der werkplaats zelve. Dit neemt toe, naar mate er meer fabrieken in eene stad zijn, en klimt ten toppunt, wanneer eene geheele stad slechts fabriek is, zoo als in *Engeland*. Tot lof der *Russische industrieëlen* kan men zeggen, dat de lijfeigene fabriekarbeiders er nog al menschelijk behandeld worden; de grond hiervan moge al geene deugd, maar eigenbelang zijn, dit doet tot de zaak niets af, en kan den arbeider geheel onverschillig zijn. De lijfeigen in het barbaarsche *Rusland* — zoo als vreemden soms wat onbescheiden zeggen of schrijven — heeft als fabriekarbeider alzoo nog wat beter lot, dan zijn lotgenoot in 't verlichte *Engeland*. Hier heeft de winzucht, die geene perken kent, en dra de menschelijkheid voor 't goud ten offer brengt, den *vrijen* mensch tot dier verlaagd; dáár heeft het eigenbelang den *lijfeigen* gespaard, want hij vindt er zijn lot dragelijk. In *Engeland* is de jeugdige mensch, zonder ooit het genot eener bloeijende gezondheid gesmaakt te hebben, reeds vóór den krachtvollen leeftijd dier geworden; met dertig jaren is hij geen dier meer, maar slechts een werktuig; hij sterft op veertigjarigen leeftijd als een afgeleefde grijsaard, die een onnut meubel geworden is, om Natuur den tol te betalen, voor de misdaad van

---

(*) Op den toestand van het fabriekwezen in *Rusland*, zullen wij later meer bepaald terug komen.

te hebben bestaan! — De boeren in den omtrek hebben in de laatste jaren het weven van linnen en andere stoffen aangeleerd; de goedsbezitters hebben ze met wederkeerig voordeel aan dien arbeid doen gewennen. Als huiselijk bedrijf, of in kleine werkplaatsen aangewend, zoo als dit in den omtrek plaats heeft, werkt deze nijverheid zoowel voordeelig op de zedelijke, als stoffelijke voorwaarden; daar vele eigenaren den boeren tot aanmoediging voor dien arbeid een klein loon uitreiken. Bij mangel aan veld- of ander boerenwerk, heeft hij 't weefgetouw bij de hand, en kan dan nuttig werkzaam zijn; dat toch altoos beter is, dan op den oven of in de schaduw den tijd met slapen door te brengen. Overigens zijn er ook zijde-, leder-, linnen-, kaars- en zeepfabrieken. — Uit de fabriek teruggekeerd, wachtte ons een voortreffelijke maaltijd. De heer Z. en zijne vriendelijke gade hadden alles gedaan, om den hoogen gast naar zijn' stand te onthalen. Er spijsden mede twee officieren, welke den graaf daags te voren een bezoek gebragt hadden. Des avonds ging de graaf er een bezoek afleggen, en de gastheer verhaalde mij toen eenige bijzonderheden van de zeden der hoogere standen, die er eene afschaduwing zijn van de hoofdsteden.

Den volgenden dag was het Zondag, en nu ging de heer Z., op verzoek van den graaf, met mij een toertje door de stad doen. Het togtje in de opene slede, zoo als gewoonlijk — alleen de reis- en damessleden zijn met een kap of verstek voorzien was een koud togtje; de *temperatuur* was in de laatste dagen steeds toegenomen, en de thermometer teekende nu 26°. Wij bezochten eerst een paar kerken; ook hier was een volgepropt *auditorium*. Schoone jonge dames, morsige boeren en boerinnen, soldaten met lange knevelbaarden, officieren en hoofdofficieren in prachtige uniform, kooplieden, benevens aanzienlijke eigenaren met hunne *eigene* menschen, waren hier als *gelijken* in hetzelfde kerkgebouw niet alleen, maar in sommige groepen tamelijk vermengd godsdienstiglijk bijeen vergaderd. Allen knielden, kruisten, kusten het *krusifiks* en andere dierbare voorwerpen, zonder veel te letten op de vormen van 't onderscheid in rang en stand. 't Verschil van stand, overal, in de huizen, herbergen, logementen, op de openbare wegen, ja zelfs in de ruime vrije Natuur op het veld, zoo fatsoenlijk in acht genomen, valt — voorzeker vreemd genoeg — in de kerk bijna geheel weg. 't Is waar, de heer *staat* wel nader aan 't heilige afschutsel, 't *krusifiks*, de MOEDER GODS, den Bijbel en andere heilige zaken, dan zijn lijfeigen; maar dezen is het ook geoorloofd dáár te staan, en hij staat er ook wel; zelfs gaat hij wel verder, reikt den *pope* eenige *kopecken* en ontsteekt daarna een waskaars, als zoenoffer voor zijne zonden. De hoogere stand in *Rusland* heeft er in de kerk dus niet de *voorzitting* in een prachtig afgeschut en gekussend gestoelte, terwijl 't *plebs* in afgelegene hoeken op koude steenen *staat*, of wel gehurkt op drempels nederzit, om eenige galmen op te vangen, die hem misschien leeren, dat er bij God geene aanneming des persoons is; dat bij Hem alleen deugd als het merkteeken van onderscheiding geldt! — Van afbeeldingen, heiligen, benevens andere oude en nieuwe fraaijigheden, was er mede overvloed. Het heerlijke kerkgezang was ook hier voortreffelijk. Voor 't *aesthetisch* genot schenkt de *Grieksche*, zoo als ook de *R. K.* kerk oneindig meer dan de *Protestantsche*; eene voorname reden, dat sommige gevoelsmenschen, dorstende naar dit genot, de meer *verstandelijke* voor de meer *gevoelwekkende* kerkdienst verwisselen.

Uit de kerk in de kroeg! wel niet geheel, Lezer; dat zou ook al te *Russisch* zijn; maar toch naar een wijnkelder bragt mijn gastheer mij nu. Geen alledaagsche kelder; 't was een der beroemdste *Bacchus*-tempels, niet slechts van *Jaroslaw*, maar van geheel *Rusland*. Beroemd is deze kelder om twee redenen: zij is de grootste der stad, en bevat de keur der *Don*-wijnen. 't Verraste mij, hier in 't versteenende klimaat een zoo rijken voorraad van vele soorten van 't edele druivenbloed, 't produkt van zoele gewesten, te aanschouwen. 't Was hier in *Jaroslaw* de hoofdplaats van den *Dönschen* wijnhandel; van den vurige *Krim*-wijn was er mede voorraad. De grootste kelder was naar mijne meting, 75 schreden lang, 17 breed, en bevatte drie zulke afdeelingen; de vierde was met glaswerk opgevuld. De eigenaar had de kelders wel gevuld, en de voorraad van wijnen, die, volgens de verzekering van den opziener, op twee millioen roebels geschat werd, was ook reeds betaald. Ik zag hier wijnvaten, die de *Bremer* op zijde streven; het grootste vat was $9\frac{1}{2}$ voet hoog, en 35 lang, inhoudende 500 emmers, — maar welke emmers weet ik niet; die maat zal de cijfermeester wel kunnen bepalen. — Het kostte mijn gastheer eenige moeite, om den bediende te bewegen, ons van de beste soorten een paar staaltjes tot proeve te verkoopen, want dit was strijdig met zijne orders. Een kwart roebelstukje behaalde de overwinning op 't verbod; zoo verleidt de mensch zijn naasten om de geboden te overtreden! Hij tapt:

» Daar ruischt het edel druivennat,
Daar glinstert de bokaal;
En uit het pas ontstoken vat
Ontspringt een purperstraal."

zegt de dichter, schoon de straal hier niet geheel purperkleurig was. De *Donsche* wijn, dien wij dronken althans, schijnt wat geel, zoo als sommige *Grieksche*- en *Moldau*-wijnen, en is niet onaangenaam van smaak. Volgens 't oordeel van ervarene wijnbouwers, zou eene betere bereiding, en meer zorg, aan den stok besteed, dien nog aanmerkelijk kunnen verbeteren, ten aanzien van duurzaamheid en smaak (*). De wijnhandel is hier zeer belangrijk; de verzendingen van hier uit, gaan meestal naar de binnenlandsche steden van 't gouvernement en verder.

Behalve den belangrijken wijnhandel, is hier buitendien veel handel in koren, ijzer enz. Deze zonen van Merkuur doen er goede zaken; sommige kooplieden moeten zeer vermogend zijn; zoo noemde de heer Z. mij een handelaar in koren en ijzer, wiens vermogen geschat werd op 8 millioen roebel. Deze koopman was een lijfeigen, of het althans geweest. Hij verstond maar zeer weinig de kunst van schrijven, van lezen wat meer, van cijferen niets, maar rekenen, dat verstond hij op zijn *stschöti* of rekenmachine voorzeker even zoo goed en vlug, als de beste cijfermeester op de lei. De vaardigheid van rekenen op dit cijferbord is bij de

---

(*) Men zie de Verhandeling: *Etudes de la vigne et de la vinification, sur douze années de pratique et d'observations dans la vallée de Soudac, par une propriétaire vigneron*, voorkomende in het belangrijke *Tijdschrift voor Natuur- en Landhuishoudkundige Wetenschappen*. Jaarg. 1841, no. 4, pag. 211—222. Odessa, 1841.

Russen zóó groot, dat men niet zoo schielijk met cijfers kan klaar worden. Sommen van duizenden hebben ze in een oogenblik bijeen, met hunne balletjes van verschillende kleur, die zoo vlug over de koperdraden heen en weer vliegen, dat men er geen oog op houden kan.

Te huis gekomen, troffen wij er een talrijk gezelschap aan. 't Waren meest officieren, door den heer Z. verzocht, om den graaf gezelschap te bezorgen. Benevens dezen, waren er mede een paar jonge dames, die der vrouwe des huizes een bezoek bragten, zoo dat wij te zamen veertien personen waren. Ook hier heerschte fijne beschaving, schoon de *etiquette* er minder streng werd waargenomen, ten opzigte van 't verschil in rang — die vooraan gaat — en stand, dan in *Petersburg*. Er werd meer *Fransch* dan *Russisch* gesproken; met dames uitsluitend *Fransch*, schoon de heeren onderling zich ook wel van de moedertaal bedienden. Een van het gezelschap was een merkwaardig persoon; hij was een boer, d. i. lijfeigen geweest, en nu 1ste luitenant. 't Geluk was hem te beurt gevallen, dat zijn eigenaar hem de onverdiende genade bewezen had van hem eene betere opvoeding te doen bezorgen; een voorregt, dat zelden een lijfeigen te beurt valt. Hij was toen als soldaat in dienst getreden, en door bekwaamheid en goed oppassen tot den rang van officier opgeklommen; of eigenlijk meer om zijn' heer, een vorst, genoegen te doen, waartoe zijne bekwaamheid en goed gedrag gereedelijk den weg gebaand had. De lijfeigenschap eindigt reeds bij 't inlijven in keizerlijke dienst, 't zij deze van *militairen* of burgerlijken aard is, zoodat ieder soldaat al eenigermate den adelstand nadert. De soldaat is na voleindigden diensttijd, of om andere reden ontslagen, niet meer lijfeigen, en kan gaan wonen waar hij wil. — Naar *Duitsche* wijze werd, wegens den graaf, elken gast een kopje koffij aangeboden, en daarna likeuren. De bezoekers namen vóór het *diner* afscheid. De heer Z. *regaleerde* zijn' gast op eene wijze, die de tafel van een edelman evenaarde. In plaats van den landwijn van den *Don*, schonk onze gastheer den schuimenden *champagner;* zoodat wij 't in ons logement te *Jaroslaw*, bij een burgerman, zeer goed konden uithouden. De reiziger vindt het niet overal even goed; de hoop, dat er na een slechte kroeg, daar men 't met koolsoep en grof brood voor lief moet nemen, eindelijk wel weer een goed logement zal opdagen, bemoedigt en herinnert aan de wisselvalligheid des levens, waarin zonneschijn en betrokken lucht elkander afwisselen. Door deze afwisseling op 's menschen levenspad wordt het karakter tot standvastigheid gevormd, zoo zeer noodig bij 's wereld lotwisselingen, om zóó gelukkig te zijn, als hij dit *kan*.

„Gelukkig is een vast gemoed,
Dat in geen blijde weelde smilt,
En stuit, gelijk een taaije schild,
Den onvermijdbren tegenspoed!"

zoo als VONDEL teregt zegt.

Na den middag bragt de graaf een bezoek bij den gouverneur, die den vorigen dag van *Moskou* was teruggekeerd, en ik besteedde een paar uurtjes, om mijne *Aanteekeningen* bij te werken.

Er kwamen een paar heeren mét hunne dames op theebezoek, het waren burgerlijke ambtenaren. De gastvrouw deed thee voordienen, met amandelenmelk en stukjes broodsuiker, die in glazen werd aange-

9

boden. Thee en koffij wordt in *Rusland* altoos in glazen aangeboden; wanneer er mede kopjes met schoteltjes zijn, dan worden deze door de heeren genomen. De jonge gehuwde dames *bediscoureerden* natuurlijk eerst het *kapittel* van de mode, en daarna sprak men over de nieuwe romans van Sue, Paul de Kock, Dumas en andere der laatste *Fransche literatuur*. — Om zes uur kwam de graaf te huis, en een uur later verschenen er eenige officieren. Nu werd er *Boston* gespeeld, waaraan de dames ijverig deel namen. In *Rusland* wordt doorgaans *hazard* gespeeld; hier echter heette men bloot tot vermaak om een paar *kopecken* te spelen. 't Liep ook niet hoog, zoo als men er gewoon is te spelen; maar toch hoog genoeg, en ik denk dat het voor een der spelers zelfs nog te hoog liep. Het grootste verlies trof een kapitein; het bedroeg 27 zilverroebels. Hoe betrekkelijk nietig deze kleinigheid voor den gewonen speler hier ook zijn moge, zoo was zij toch groot genoeg, zoo 't scheen, om 't genoegen van een vrolijken avond te vergallen. Van achter het gekunstelde glimlachje blikte de nijd wangunstig op de blinkende nieuwe zilveren roebels neder. Ach! 't genot van een genoegelijk gezelschap, was 't hem niet met het geld ontvloden? Duur gekocht voorwaar, was dan de eer van 't bezoek, bij graaf H. gebragt. Geenszins veronderstelde ik een zóó kleingeestig karakter in den mij geheel onbekenden officier, maar ik vernam na zijn vertrek, dat zijn vader een edelman was, wel van aanzienlijken adelstand, maar zonder vermogen, en alzoo buiten staat om zijn' zoon te ondersteunen; deze moest derhalve van het zeer karig traktement sober leven. De kleine speelrampen behoeven er niet talrijk te zijn, om den door fortuin min begunstigde in verlegenheid te brengen, want ook hier ontvangt men liever zilver roebels, al zijn ze ook wat minder fraai, dan de fraaiste beloften, hoe welgemeend die ook zijn mogen, en daar is zelfs geen edelman van uitgezonderd.

De graaf bezat in deze streek een klein landgoed, 't welk hij nog niet gezien had. Dit goed thans eens op te nemen, was het doel geweest van de reis naar *Jaroslaw*. — Den vorigen dag was er order naar toegezonden, dat de eigenaar het goed zoude komen *inspecteren*, dat er inzage van de *administratie*, telling van het zielental, zoude plaats hebben, enz. en bevolen, dat alles daartoe in orde moest zijn.

De koude was in de beide laatste dagen aanmerkelijk toegenomen, en wees nu op de schaal 28½° aan. Om elf uren des avonds reisden wij af; de afstand was ongeveer 70 wersten, en de rigting ten zuidoosten van de stad. — Was dit nachttogtje koud, het was niet minder avontuurlijk, zoo als de Lezer straks vernemen zal. Postpaarden bragten ons ongeveer 25 wersten ver; tot op dit punt was de weg goed bereden en effen, en niets bijzonders bejegende ons. Op deze eerste wisselplaats wachtte ons geen *elegant hôtel*, zelfs niet eens een gewone postherberg; in eene armzalige krot moesten wij geduld oefenen, om den tijd af te wachten, dat de paarden gereed waren. Hier begon reeds een heerleger van die kleine ellenden des reizenden levens ons te bestoken, welke op de binnenwegen van dit land den reiziger den verderen doortogt schijnen te betwisten. 't Was slechts een begin, om ons op grootere en meer gevaarlijke ontmoetingen voor te bereiden. De boeren in de kot lagen onbezorgd op den oven te ronken. Alles lag er onder ruige vellen door elkander, mannen, vrouwen en kinderen. De reten der hut waren met hennep en oude vodden digt gestopt, om den onvriendelijken gast daar buiten den toegang af te sluiten. Bij 't binnentreden van den graaf kwam er beweging op den oven; de boeren waren in één' sprong op den vloer, schoten hunne dierhuiden aan, bogen diep en verontschuldigden zich, omdat ze den genadigen heer eerst bij 't daglicht verwacht hadden: Drie kerels en twee vrouwen in ruige vellen, liepen als wilden door elkander. »*Loschadi, loschadi!*" paarden, paarden! schreeuwden de kerels; »Bog! Bog *s'nait, Grafo!*" God! God weet het, de graaf! — gilden de ontstelde vrouwen. De kinderen huilden als of ze door moordenaren waren overvallen. Bij al die ontsteltenis moest ik nogtans lagchen. Alles was bezig om de paarden in te spannen; wij dachten in een paar minuten gereed te zijn en de reis met vliegende haast te vervolgen, maar dat was buiten den waard gerekend. De tuigen moesten gezocht, en een paard door een beter verwisseld worden. Langer dan een half uur hadden wij verlof, om in de stinkende morsigheid neder te hurken, of in het kleine vertrek rond te stappen. Eindelijk berigt Petruschka, dat alles gereed is; weldra bleek het maar al te waar, dat juist alles in het ongereede was. De boerenpaarden waren slecht, mager en krachteloos. De rid begon, maar was spoedig weer geëindigd. Een der paarden stortte in een kuil; wij moesten nu een handje mede helpen, om het dier weer op de been te stellen, of er den nacht door te blijven staan. Hiermede was het nog niet gedaan, het ergste kwam eerst aan, want het bleek maar al te zeer, dat het dier zich bezeerd had en bijna niet kon gaan. De graaf was alles behalve gesticht door deze rampen; zij waren 't gevolg van gebrek aan orde en oplettendheid. De boer bereidde zich vóór om loon voor zijne onhandigheid te ontvangen. Nadat de graaf hem een paar duchtige oorvijgen had uitgereikt, deelde PETRUSCHKA, op zijns meesters last, den lomperd een tamelijk pak *Prügel* toe. Er bleef niet anders over, dan een ander paard in de plaats te stellen. Wij waren nog slechts een paar werst gevorderd, het dorp dus spoedig te bereiken; het eerstvolgende was nog 14 verwijderd. De boer ontspant het zwakke paard, en laat het dan aan zijn lot over; hij werpt zich nu op 't andere, waarmede hij in galop terug ijlt. Lang duurde zijn toeven niet, maar ons viel de tijd lang; een half kwartier uurs hadden wij in de sneeuw geworsteld, om 't paard er uit te slepen; niettegenstaande deze worsteling, had de koude de overhand behouden, en wij konden ons niet meer tegen hare grimmigheid beschutten. De boer, die zich nog de slagen herinnerde, of de naweeën er van voelde, was nu, zoo 't scheen, niet belust om de grafelijke karwats weer te proeven. Hij was binnen 't half uur met het paard terug, had in een ommezien ingespannen, en deed al het mogelijke om tijd te winnen. Dit mogelijke was vooreerst, om aan de paarden, die bij mangel aan een behoorlijk rantsoen haver zwak waren, eene ruime hoeveelheid *lange haver* toe te deelen, ten einde den ijver wat op te wekken. Dit werkte, want het belgeklingel deed ons weldra vernemen, dat het in vollen galop voorwaarts ging. Wij vleiden ons nu met de zoete hoop van met een groot uur op de volgende wisselplaats aan te komen, om er van de nog steeds toenemende afkoeling in een warm vertrek te bekomen. Geruimen tijd ging het er vlug door: dààr werpt zich weer op nieuw een hinderpaal in den weg. In het omzwenken van een draaipunt, werpt de boer de slede omver. Wij gleden van eene helling zacht neder; schoon de snelheid aanmerkelijk groot was, werd de schok door de sneeuw gebroken, die de diepte vulde. De slede lag het onderste boven; eene koffer was losgesprongen en den graaf op de borst gevallen. Ik kon die slechts ligten, maar niet wegruimen, daar mijn arm beklemd werd. Petruschka deed met den boer zijn best, om de slede weer op haar glijpunt te brengen; de goede jongen zonk bij deze worsteling tot aan de borst in de sneeuw, en werkte met de uiterste inspanning, om zijn heer uit den ongemakkelijken kerker te verlossen. Die werkt die wint, en zoo ging het hier ook; de slede werd weer omgekeerd. Wij waren blijde weer op vrije voeten, en er zonder kneuzingen afgekomen te zijn. Helaas! deze vreugde, hoe kort was zij van duur. In nachtelijk donker, met ligte sneeuwjagt, bij eene koude van meer dan 29° ruim een uur gaans van menschelijke hulp verwijderd, in een woest veld te staan, verstoken van hulp, omringd door levensgevaren, en 't voertuig gehavend in een afgrond gelegen; dit alles was wel in staat, om de vreugde over onze gave behoudenis wat te temperen. Het gelukte na inspanning, om de slede zóó ver te brengen, dat de paarden voorgespannen, en die er konden uittrekken. Nu waren wij gereed, en pakten ons zoo snel mogelijk weer in de slede. Wij konden het moeijelijk meer uithouden; de koude in de buitenlucht was door 't sneeuwstuiven nog gevoeliger geworden. De sneeuw was zoo scherpsnijdend, dat den bediende 't bloed uit de wang afdroop, want de arme jongen had zijn post steeds vóór op de slede, alzoo met den koetsier in de opene lucht. Om zooveel mogelijk de warmte te bevorderen, of liever de algeheel verstijvende koude te weren, namen wij soms een weinig *cognac*, hielden dien geruimen tijd in den mond, en spogen ze dan uit. In de buitenlucht hielden wij op de koudste dagen een doek voor den mond, op die plaats in *cognac* nat gemaakt. Deze wijze om de koude, — althans de fijnste lucht voor de inademing, — wat af te weren, is in *Rusland* op de winterreis meer in gebruik, en wordt door geneeskundigen aanbevolen. Wij gebruikten de *cognac* doorgaans op die wijze, welke door deskundigen, ter bevordering van warmte, of liever tot het langere behoud van warmte, beter geoordeeld wordt, dan het doorslikken. — Het sneeuwstuiven was niet sterk, nogtans verwekte het den graaf angstige bezorgdheid wegens 't gevaar van verdwalen. Wij hadden reeds het bosch bereikt, achter 'twelk de wisselplaats gelegen was, die wij als de behoudene haven zoo vurig verlangden binnen te loopen, en vleiden ons, die binnen een half uur te zullen bereiken, want de afstand was slechts drie wersten meer. Het scheen, dat er een booze geest in 't spel was, die ons den weg betwistte. De paarden hadden den galop spoedig vergeten; van draven kwam het tot stappen; de half uitgehongerde dieren werden nu nog slechts door felle zweepslagen in beweging gehouden. 't Was te voorzien, dat ze ons weldra in den steek zouden laten, en dit geschiedde ook; de slede bleef staan, en wij met haar. Nu was goede raad duur, en een kort besluit niet minder noodzakelijk, want het gevaar van dood te vriezen genaakte reeds, en 't gevaar van door wolven verscheurd te worden, dat naderde met rassche schreden. Wij hadden te *Jaroslaw* reeds van de stoutheid der wolven in deze streken, geruchten vernomen, die alles behalve geruststellend waren. Buiten het dorp, dat wij nu naderden, was een knaap door een wolf aangevallen en ter naauwernood van den dood gered. Daags voor onze aankomst in deze stad, was in een woud, op onzen weg gelegen, een boer in zijn sleedje door wolven bespongen, en slechts door een gelukkig toeval had hij het leven er afgered. De omstandigheden waren bedenkelijk, en wel vooral wegens de onzekerheid, of wij wel op den regten weg waren; dit denkbeeld maakte den toestand pijnlijk. De bediende meende, dat de boer op dit punt niet zeker was, schoon hij den moed niet had, om zijne twijfeling te openbaren. De zonderlinge gewoonte van den graaf, om steeds bij nacht te reizen, — schoon dit in *Rusland* overigens zoo vreemd niet is — bragt ons nu in groote *perikel*. Naar de hoegrootheid van 't gevaar, moet ook de moed en vastberadenheid zijn, en die moesten ons nu redden.

»Uit de slede! ieder neemt zijn geweer en wapens," beveelt de graaf, en met half verstijfde ledematen werkten wij ons er uit. 't Gevaar, dat ons bedreigde, bevrijdde den boer van een duchtige kastijding, die hij met regt verdiende en ook verwachtte, want hij smeekte om genade en geen regt. De paarden kwamen weer in beweging, en wij liepen behoedzaam nevens de slede, de geweren, met dubbele loopen en kogels geladen, steeds vaardig houdende. De dikke pelshandschoenen moesten uit, alleen de dnnne lederen vingerhandschoenen, met zwanendons gevoerd, konden wij wegens de behandeling der wapens aanhouden. Wij vorderden een paar honderd passen, zonder iets te vernemen; de zoete hoop van behouden aankomst in eene verwarmde boeren hut tooverde ons reeds de aanlokkelijke beelden voor den geest, die de gedachte aan vergoeding voor geledene ontberingen zoo bekoorlijk maalt. Lijden, wat men lijden kan, in de hoop op beterschap, dit is toch de grondzuil van 's menschen volharding, wanneer hij met het noodlot worstelt. Het scheen ons toe, dat we aan den zoom van het woud de opene lucht zagen doorschemeren. Dit hernieuwde den moed, en versterkte de hoop van 't dorp weldra te zullen bereiken. Op ééns hooren wij wolfsgehuil: wij luisteren; 't is regts van ons en niet ver verwijderd. »God! ja, heer graaf," roept Petro. »Zij naderen; daar regts zie ik in de verte vonkelende oogen." De graaf beveelt: »Boer, bliksemsnel de paarden met den kop naar de slede." Wij springen met half verlamde leden in de slede; de graaf reikt nu ook aan den koetsier een geweer, en wijst den bediende en den boer vóór op de slede hunnen post aan. Het portier der slede was met eene ijzeren ketting zóó vast gemaakt, dat er voor de loopen der geweren ruimte overbleef. Het gehuil houdt op; zij naderen; reeds hooren wij de struiken kraken. Hoeveel er zijn, dat kan men nog niet bepalen; 't is duister en bovendien verhinderen de boomen 't uitzigt. »Zoo er een troep is", zegt de graaf, »dan hebben we een kamp op leven en dood te wagen; zijn er slechts twee of drie, dan is de kans niet twijfelachtig." De boer roept, » Er zijn maar twee;" de bediende bevestigt het. Nu zien ook wij ze door de struiken schemeren. De arme paarden grinniken van angst, en dringen tegen elkander. De graaf had gelast, om niet vóór zijn *kommando* vuur te geven. Zij zijn nabij, één rigt zich naar de paarden. De graaf beveelt »Vuur!" Drie schoten vallen tegelijk. Een akelig geluid doet zich hooren, beide vijanden deinzen af; die op de paarden toeschoot is getroffen. De boer ziet geen wolf meer; de bediende zegt, dat op korten afstand de struiken ridselen. Een der wolven was buiten twijfel zwaar getroffen, maar waarschijnlijk niet doodgeschoten. Wij waren er alzoo nog met den schrik afgekomen, en de arme bevende paarden waren onbezeerd gebleven. — In troepen vereenigd, worden de wolven evenzoo min door wachtvuren als door schieten verdreven. Zij ontzien dan niets, een aanval, op eene slede of rijtuig ondernomen, eindigt meestal met den ondergang der ongelukkigen, die hij treft. Zij breken in het rijtuig, grijpen de paarden steeds bij den strot, ten gevolge waarvan het moedigste en sterkste hun zeker slagtoffer wordt. Wanneer de paarden los zijn, dan formeren ze een kring, staan met de koppen naar elkander toe, en keeren hunne hoeven als gevaarlijke wapens naar den vijand. Een enkele wolf daarentegen zal zelden of nooit een volwassen mensch aanvallen, ten zij in bijzonder gunstige omstandigheden; twee of drie echter ondernemen niet zelden een aanval, zelfs op een voertuig, zoo als ook wij dit hier ondervonden. Kinderen en knapen, b. v. van tien of twaalf jaren, worden meermalen door wolven aangevallen en verscheurd; dit heeft soms wel in den zomer plaats, wanneer kinderen in de bosschen beziën zoeken, en gebeurt somtijds in de nabijheid der moeder. — Wij waren met dit laatste avontuur toch ook ten einde van rampen gekomen, en dit werd ook tijd, want wij konden niet veel koude meer uithouden. 't Bleek weldra, dat wij toch gelukkig op den regten weg waren; in het tegenovergestelde geval zoude ons eene uiterst harde proef gewacht hebben; 't was nog nacht, licht alzoo nergens op te sporen; de herbergzaamheid in 't bosch, daarvan hadden wij reeds eene bittere proef gehad, en op het vlakke veld was de koude voor ons niet meer uit te houden; den nachtelijken weg doelloos te voet rond te dwalen, dat was voorzeker wat anders dan pleizierig. Zoo kan een zamenloop van op zich zelve geringe omstandigheden in moeijelijkheid wikkelen niet alleen, maar zelfs een afgrond van verderf openen; op diens rand waren wij hier geweest. De graaf had goede maatregelen genomen; in alles was voorzien, en toch die kleine wederwaardigheden in den beginne, en 't levensgevaar tot slot. De boer riep al spoedig, dat hij kenteekenen opmerkte, dat wij binnen weinige minuten 't lang gewenschte dorp zouden bereiken. Naauwelijks had hij het gezegd, of Petruschka roept, „dáár is licht!" Van achter een heuvel kwam het licht te voorschijn, en dat was oorzaak geweest, dat wij in 't bosch dit niet hadden kunnen zien. De schrik had op de arme paarden meer uitgewerkt, dan de knoet dit vermogt; ze liepen zelfs op een klein drafje door, tot dat het, zeker lang gewenschte *pastai!* halt gebood. De deur der stroohut opent zich, twee kerels schieten op de slede toe, en vragen van den graaf bevelen. 't Was de boer uit de kroeg, en een ander, die als koetsier moest *ageren;* de hut was die, waaruit het licht ons tegenscheen. Niettegenstaande de warme kleeding en de ondoordringbare pelsen, waren wij zoo koud geworden, dat we naauwelijks konden gaan. Maar hoe, vraagt gij, Lezer! hebben dan wel de bediende en de koetsier daar vóórop in de buitenlucht het uitgehouden; en ik vraag het met u. Ik weet niet hoe, maar kouder dan wij waren zij zeker niet. De boer was bevreesd, dat zijn linkerbeen bevrozen was; het beenbekleedsel, 't welk uit dikke grove wollen zwachtels bestaat, die ze voor kousen dragen, was losgegaan; verlof vragen, om wegens eene zóó nietige zaak stil te houden, dat waagde hij niet. Zoodra wij in huis waren, werd er *inspectie* gehouden, niet over 't huisgezin, maar over de ledematen, die aan 't gevaar van bevriezen waren blootgesteld geweest. Ik vreesde voor den wijsvinger der regter hand; deze moest gedurende de wolven-*bataille* steeds in de buitenlucht achter den aftrekker post houden. De graaf had een gevrozene plek aan de hand; hij onderwierp de hand aan de kuur van 't bekende *Russische* middel. De bediende had een duidelijk teeken van bevriezen op de wang; eene witte plek duidde aan, dat de vorst er was gezeteld; ook hij wreef het beleedigde deel vlijtig met sneeuw in. De boer had de paarden zoodra niet uitgespannen, of hij stak het been in de sneeuw; hem was ook de neus bevrozen; maar die was er aan gewoon, want het was reeds de derde maal, zoo als hij verzekerde. Een gevrozen lid ontdooit spoedig door het wrijven met sneeuw, wanneer de vorst nog niet ver doorgedrongen is. De *patient* behoort zich daarna eenige oogenblikken aan de warme kamertemperatuur te onttrekken; hier geldt dan het *similia similibus curantur*. Na de sneeuwkuur liep Petruschka met den kroeghouder naar 't landhuis, om de nu volstrekt onmisbare *samawàr* te bezorgen. 't Was omstreeks vijf uren; de bevolking van 't slot nog in diepe rust. De politie of nachtwachten hadden in een oogenblik een bediende in de weer, en deze voldeed aan des boodschappers verlangen. Gevrozen ledematen ontdooid, den uiten inwendigen mensch door thee wat opgewekt en dan ter ruste gelegd, een en ander was spoedig verrigt, en nog spoediger streek de koesterende slaap op de vermoeide en afgetobde reizigers neder, die zich op den vloer hadden nedergevlijd.

Petruschka wekte ons om acht uur. Wij ontwaakten na een verkwikkenden slaap frisch en gezond; het kokende water murmelde in de *samawàr* en noodigde op de wasemende thee. — De morgen was kalm, de sneeuwvlagen hadden opgehouden, maar de koude was nog niet afgenomen. Om half negen reisden wij af en kwamen om tien uren zonder tegenspoed en schrik in een klein stadje aan, 't welk in den vorigen zomer voor 't grootste gedeelte was afgebrand. Het logement was wel een tamelijk knap huis van steen gebouwd, maar mede uitgebrand. Er ontbrak niet minder dan ongeveer alles, zelfs was er geen warm vertrek te vinden, dan de morsige keuken. Wij namen die tot schuilplaats, zoo lang als 't verwisselen van paarden oponthoud noodig maakte; 't was er altoos nog begeerlijker, dan in de grimmige koude daar buiten. — Het derde rustpunt bereikten wij des avonds om vijf uren. Hier gelieve de geëerde Lezer een oogenblik met ons te verwijlen, niet om de pracht van 't *hôtel*, noch ook wegens de keur van verversching, want die zal hem niet doen watertanden: een *hôtel* was het niet, en pracht of weelde ver te zoeken. Het was een gewone boerenkroeg, gelijk de Lezer er op ons reisje al meer bezocht heeft; maar de wijze van huishouden was hier wat vreemd, zoo als wij die tot nu toe nog niet hadden aangetroffen. De buitendeur werd geopend, een hok met mestvloering neemt ons op; een gat in den wand was maar ten halve digt gestopt; door eenige reten floot de wind in afwisselende, maar geenszins liefelijke toonen. De graaf opent nu de deur van 't woonvertrek, en wat zien wij hier? Geen mensch, een klein wit paardje stond van achteren naar ons toe; 't verzette zich niet, maar ging rustig voort met van een klein bosje hooi te kaauwen; ter zijde stond een schaap en nam ter sluip zijn aandeel van de *fouragie*. De vetspaander wierp een helder fakkellicht door de krot, maar hij was bijna afgebrand, en wij zouden ons dan in duisternis onder dieren bevinden. Daar komt beweging op den oven. » *Tscho täm?*" (het *Duitsche werda!*) roept de graaf. Eene vrouw zakt van den oven af, ijlt naar een hoek, steekt een nieuwen spaander aan, en ziet nu met vrij wat beteuterdheid een edelman voor zich staan. Inmiddels ga ik een paar schreden voorwaarts, om het paard te ontwijken, 't welk door de rigting der ooren aanduidt, dat het niet heel goélijk is, ik stoot met het hoofd tegen een bundel of zak, waarin iets hangt. Daar stijgt van uit den zak een levenskreet op; 't is de stem van een schreijend kind. Een zak met een kind aan den balk gehangen, dit had ik zóó nog niet gezien. »Wat mag dat zijn?" vroeg ik den graaf." — »Ze hebben hier deze soort van inrigting in plaats van wieg," was 't antwoord. Bij 't heldere licht van den nieuw ontstoken spaander beschouw ik nu deze wieg, waarvan 't fatsoen mij nog niet was voorgekomen. Een vuile lap grof

zeildoek, op de vier hoeken met een touw aan een'
stok zamengebonden, en ziedaar de wieg! De lange
en buigzame stok was aan den balk vast gehecht,
zoodat de minste beweging van het kind eene op-
en neer gaande schommeling veroorzaakte, wel op
eene andere wijze, dan die van een wieg, maar toch
met hetzelfde gevolg. Later heb ik deze en andere
soorten van hangende vodden met kinderen dikwijls
gezien. De graaf vroeg haar, waarom zij 't paard
bij zich in 't vertrek hadden, en 't antwoord was:
» Omdat het paard den teenen wand had uitgetrapt
en het dier 't daar in de koude nu niet kon uithouden." 't Vertrek wat opnemende, liep ik voor den
oven, maar wat zie ik dáár? Al weer wat nieuws.
De boer zit in den oven, niet om zich te verwarmen, geenszins, 't is zijne badplaats. Uit een steenen pot werpt hij koud water op heete steenen, en
de damp maakt het warm genoeg. Hij nam op
deze wijze het warme bad, 't welk zijne armoede
hem niet vergunde, op de gewone wijze in te rigten, en voorzag dus op die eenvoudige manier, in
eene voor den *Rus* zoo onmisbare behoefte.

Ook deze nederige woning had mij eene kleine
bijdrage geleverd voor de kennis van de *Russische* wijze van leven onder den boerenstand, of
liever der lijfeigenen. De boer, die rijden moest,
was al gereed, vóór dat ik nog alles behoorlijk opgenomen had. Deze paarden waren goed, de koetsier zeer vlug, en de weg hem door en door bekend. Hij wilde met zijn leven boeten, wanneer
hij mogt misrijden. Deze kerel was indedaad een
voortreffelijk koetsier; hij had twee lange, sterke
touwen om het lijf gebonden, voor 't geval van breken van paardentuig. Hij had zelfs geweigerd, om

met een ander paard te rijden, 't welk hij terug gezonden en een beter geëischt had, om den heer graaf veilig en schielijk over te voeren. Wegens het gevaar van den vorigen dag ondervroeg de graaf dezen boer scherp ten opzigte van den weg; want de dag was al gedaald, en wij moesten weer een woud doortrekken. Niet alleen zonder ongeluk of tegenspoed, maar ook zeer spoedig werden wij ter bestemder plaatse overgevoerd; want de paarden galoppeerden 't grootste gedeelte van den weg voort. Om acht uur kwamen wij op het dorpje aan; hier waren paarden van des graven landgoed in gereedheid, benevens een koetsier en een boer te paard, om in geval van verdwalen hulp te kunnen inroepen. De beste paarden waren niet te goed, om den landheer naar zijne goederen over te voeren; de *direkteur* had daarvoor ook gezorgd: zonder ongeval legden wij dezen afstand van 18 werst in ruim $1\frac{1}{2}$ uur af, en arriveerden toen op het landgoed.

't Was feest in het dorp, de genadige heer zou verschijnen en *inspectie* houden over zijne menschen en beesten. Het kleine dorpje was in rep en roer; men liep met brandende spaanders buiten 't dorp, om te zien, of de genadige ook genaakte; al, wat beenen had en loopen kon, liep en draafde door de sneeuw. In 't dorp was het duister, eene *illuminatie* van brandende houtspaanders was wegens de stroohutten niet raadzaam en op zware straf verboden. De *direkteur* (een boer) en de *pope* verwelkomden den graaf, en begeleidden hem naar des eersten woning. De *pope* was van een ander dorp; aan zijne hoede was het kuddeke van dit dorpje mede toevertrouwd. De graaf had den *direkteur* gelast, dat de *pope* er ook present moest zijn. Dat de komst van den heer op een afgelegen nietig dorpje een feestelijk aanzien had, moet den Lezer niet bevreemden; het was hier de nieuwheid en het ongewone der eer van dit bezoek, 't welk den vergeten onderdanen nu te beurt viel. In een tijdvak van 68 jaren had geen der bezitters dit goed met zijne tegenwoordigheid vereerd; slechts twee grijsaards herinnerden zich nog een paar bijzonderheden van die onverdiende eer. De oudste, een 82jarige lijfeigen, vertelde van dat heugelijke feest nog een paar *anekdoten*, volgens 't geen de *direkteur* den graaf daarvan mededeelde; een derzelve was heel aardig, en getuigde van de nederigheid der genadige vrouw, die den gemaal vergezeld had, zij was deze: »de genadige vrouw had onder anderen met de vrouw van den *direkteur* van mond tot mond gesproken; de *direkteur* en zijne wederhelft waren toch niet uit adelijk bloed gesproten. Wijders had de genadige vrouw onderscheidene lijfeigene boerenwijven vriendelijk toegeknikt; verder had zij met haren gemaal uit een twaalftal der knapste meisjes in eigen persoon twee der schoonste uitgekozen, en de eer waardig gekeurd van een beschaafde opvoeding te ontvangen, ten einde als kamermeisjes haar en haren gemaal te dienen. Deze en dergelijke blijken van nederbuigende vriendelijkheid hadden aan de dorpelingen jaren lang stof tot onderhoud opgeleverd." Die heugelijke gebeurtenis leefde door overlevering thans nog onder de dorpelingen voort, en de jeugd werd er nu en dan eens op vergast. Voorts verhaalde de *direkteur* ook nog, dat de genadige heer toen met zijne boeren tevreden geweest was, en zelfs bevolen had, dat men op zijne en zijner gemalinne's gezondheid een goeden snaps *wodka* zou drinken; daartoe had de kroeghouder toen een groot vat vol als een bewijs van des heeren genadige tevredenheid ontvangen. De graaf giste of de *direkteur* dit verhaal misschien ook als eene inleiding aanvoerde, die zoo wat als een navolgenswaardig voorbeeld van onbekrompene milddadigheid gelden moest.

Wij komen aan 'thuis van den *direkteur*. (*) De woning is eene gewone boerenhut, zoo als ook hij een boer, d. i. lijfeigen is. Het ging een houten trap van negen sporten opwaarts; over dien trap steekt het dak uit; links is de deur van 't woonvertrek; regts is een soort van opene schuur voor 't vee. In den duister moest men dus wat voorzigtig zijn, om niet van den trap zonder leuning op ploegen, eggen, wagens of dieren neder te storten. De deur wordt geopend, de graaf treedt binnen, dan is 't mijn beurt; de *pope* volgt mij; daarna de *direkteur*, en Petruschka sluit de rij. Bij gebreke van meer vertrekken, en zelfs van een voorportaal, werd het Petro veroorloofd, om in 't aanschijn zijns heeren tegen over hem te staan. — De vrouw wierp zich met hare beide dochters, naar landsgebruik, voor haren eigenaar op de knieën neder. Zij herhaalden dit tot drie malen, en raakten telkens met het voorhoofd den vloer aan. De graaf plaatste zich nu aan de oude morsige tafel; de schrijver legde hem het staatboek voor, en gehoorzaamde toen aan 't bevel, om zich naast zijnen heer neder te zetten;

(*) Wij hebben dit *onduitsche* woord reeds meermalen gebezigd, men verkiest het immers boven de vertaling, *bestuurder*. Hij is niet alleen de *administrateur* der geldelijke aangelegenheden, maar tevens van den geheelen omvang der landhuishouding van het landgoed, dat in *Rusland* gewis wat meer beteekent dan in ons vaderland; dáárom verkiezen wij *direkteur* in plaats van *rentmeester*.

aan de tegenovergestelde zijde der tafel nam de *direkteur* plaats, tegenover den schrijver; ik tegenover den graaf, en de *pope* naast mij. De boeren *direkteur* verstond van de kunst om te lezen slechts zeer weinig, maar de nog moeijelijker schrijfkunst was hem zoo goed als onbekend gebleven; van dáár dat hij er een schrijver op nahouden moest. Voorzien van papier, pen en inkt, zou ik de opgaven onderzoeken, ten einde over de juistheid of onjuistheid der *administratie* te kunnen oordeelen. Om hierin met eenige zekerheid te werk te gaan, had ik te *Petersburg* eene lijst uitgewerkt, van de verhouding der *Russische* munten, maten en gewigten, tot de *Nederlandsche*. De graaf teekende de opbrengsten der oogsten, benevens het verbruik, het zaaikoren, enz. op, telde de hoeveelheid *desatinen* te zamen, vergeleek de verkoopprijzen met de marktprijzen van dit gouvernement voor de opgegevene jaren, en onderzocht dan de genoteerde sommen, als hoofdpunten van het onderzoek. Daarna werd de opgave van het zielental volgens het boek onderzocht, waarvan de juistheid bij de telling in *natura* moest worden bewezen. Op gelijke wijze werd de som der kroonsbelastingen onderzocht, de voorraad in de magazijnen zamengeteld, en de kolommen van den veestapel bijeengetrokken. Deze en andere hoofdpunten vertaalde de graaf mij in het *Duitsch*, en hoofdstuk voor hoofdstuk vervolgden wij het onderzoek, 't welk mij een drukken cijferarbeid opleverde. Na eene onafgebrokene bezigheid van vier uren, waren wij met de zaak in het gereede. Op twee van de drie gemaakte aanmerkingen ontving ik voldoende inlichtingen van den *direkteur*; een derde punt leverde meer bezwaar op, en kon eerst den volgende dag, door

onderzoek der magazijnen en de getuigenis van drie
boeren en een korenhandelaar van *Jaroslaw*, beslist
worden. — Dit tooneeltje was voorzeker al heel
droog, uitgezonderd voor den *pope*, die zich nu én
dan eens bediende van een teugje *wodka*, vooral,
zoo als ik opmerkte, wanneer de graaf in 't boek
iets met bijzondere oplettendheid nazag. De *direkteur*
en schrijvers zweetten, doch niet van de kamerwarmte
denk ik, maar van angst dat de *inspectie*
niet naar wensch mogt afloopen. Het opsporen van
bedriegerij zou deze lieden zwaar getroffen hebben.
Het verheugde mij, een twijfelachtige zaak later gunstig
te zien uitvallen, en dat men op goede gronden
de overtuiging erlangde, dat de *administratie
eerlijk* was gevoerd. In *Rusland* niet alleen, maar
ook elders is dit toch maar zelden het geval, vooral
wanneer het aanzienlijke sommen betreft en de gelegenheid
van verduisteren gunstig is, dan glijden
er zoo ligt wat van de gladde schijven in de verkeerde
beurs, *per abuis* namelijk! — Petro
schonk een kopje thee, die ons wel te stade kwam
en wat opbeurde bij die onaangename drooge bezigheid.
De graaf, die zeer ingespannen geweest en
nu met den goeden afloop tevreden was, oordeelde
dat wij een glas *champagner* verdiend hadden. Hij had
niet minder dan 76 *folio*-bladzijden nagezien, en de
hoofdsommen zamengeteld. Bijna zonder opzien
had ik met cijfers doorgewerkt; deelen, aftrekken,
optellen, soms ook om uit twee bekende zaken
eene onbekende op te sporen, nam geen einde,
zoodat verandering van tooneel mij welkom, en 't
einde van den arbeid aangenaam was. — 't Eerste
bedrijf is nu afgespeeld, en dit was wat eentoonig
en droog; het tweede biedt meer afwisseling aan.

Petro reikt zijnen heer de gestopte *Duitsche* pijp, en trekt er nog even vóór 't overreiken twee dikke rookwolken uit, zoo 't schijnen zal, om te toonen dat de pijp goed aangestoken en 't roer gezuiverd is, maar eigenlijk om te snoepen. Ook mij vergeet hij niet; den *pope* en *direkteur* veroorloofde de graaf niet, om bij deze plegtige gelegenheid te rooken. *Direkteur*, *pope* en schrijver drinken hunnen *wodka*-snaps met mate; ik deel met den graaf alleen in 't voorregt, om de bruisende *champagne*-bokaal te ledigen. Een boer berigt, dat het zielental buiten aan den trap van 't huis vereenigd is. De graaf zet zich op een stoel met het aangezigt naar de deur: wij rijzen allen op; ik plaats mij aan 's graven regterhand en leg de pijp neer; de *pope* aan zijn linker hand; *direkteur* en schrijver volgen dan; Petro staat achter zijn heer. De deurwachter ontvangt last om de namen op te roepen, die de schrijver hem van eene lijst afleest; 't zijn de namen van de familievaders of weduwen. Zij treden schroomvallig binnen, gevolgd door gade en kroost, zoo de eigenaar die in hen bezit. De man is in een schaapsvel gewikkeld, heeft de ruige muts onder den arm en buigt zich diep, biedt dan zijne geschenken aan, kust des graven regterhand, werpt zich nu aan de voeten van zijnen gebieder op de kniëen, en raakt met het voorhoofd den vloer aan: hij rigt zich weder op en herhaalt dit teeken van onderdanigheid nog twee keeren. Daarna gaat hij achteruit, en plaatst zich aan den wand. De beminde gade treedt nu voor; zij maakt alles na, wat de echtgenoot haar vóórgedaan heeft, en schaart zich dan naast haren man. Nu volgen de knapen, en daarna de meisjes; zij buigen zich diep ter neder; de kleine handjes bieden kleine geschenken aan, en verrigten dan in drie *tempo's* de knielingen, zoo goed en kwaad als ze vader en moeder die kunnen nabootsen. Ik zag sommige moeders de knapen en meisjes met den hand in den rug duwen, om ze tot het *kompliment* vóór te bereiden, want de goede lieden hier waren niet bijzonder vaardig in deze *honneurs;* er was geen enkele adelijke op het dorp, ze hadden dus weinig gelegenheid tot oefening gehad. Zóó volgde naar de lijst de een den ander, tot dat de rij van 17 hoofden van huisgezinnen verschenen was; met de familiën 93 zielen; zij schaarden zich dan naar volgorde langs de muren en door het vertrek. De vrouwen waren ook in wijde schapevachten gewikkeld, met een doek om het hoofd gewonden, vele met bastschoenen, andere met lompe stevels, zoo als de mannen. Deze opschik verleende de vrouwen geenszins een behagelijk voorkomen, en nog minder de morsigheid der dierenhuiden; ze hadden nogtans smaak, en waren zelfs op tooi gesteld. Sommige hadden een versiersel van kleine zamengeregene koralen achter aan 't hoofd vastgehecht; meest alle hadden 't hoofd versierd met bonte linten, vele waren met oorbelletjes van tin, blik of koper getooid, en pronkten met ringen van tin, lood, ijzer of koper aan de vingers. Men zegt, dat ze op dien tooi van alledaagsch allooi niet minder prat zijn, dan onze dames op hare juweelen. Bij geene der vrouwen, zelfs niet der meisjes, ontbrak een grof geschilderd beeldje van Bog, Moeder Gods, *Keizer* Nikolaas, of eenigen heilige; zelfs kleine kinderen hadden er een aan een bandje om den hals gehangen. Het nederige kruisje, naar *Grieksch* model, van tin of koper, dat ontbreekt bij den regtgeloovigen *Rus* zelden of nooit. Men zegt, dat de zorgvuldige moeders het kind spoedig na de geboorte reeds een bandje om den hals hangen, met het kleine kruisje, ten einde grooter kruizen af te weren, als daar zijn b. v., de kwellingen des D u i v e l s, die er vermaak in schept, zeggen de vrome moeders, om de arme kleinen te plagen; en zoo ook het betooveren, mede een groot kruis voor de kinderen, dat sommige oude vrouwen in *Rusland* nog niet verleerd moet zijn. — De maagdenrei was even zoo gekleed en getooid, uitgezonderd alleen het hoofdsieraad; de meisjes hebben het haar niet opgebonden, maar dragen dit sieraad der Natuur steeds in een vlecht, die langs den rug nederwaarts hangt, d. i. namelijk als zij gekleed zijn. — Deze plegtigheid was voor mij toen nog nieuw; men ziet er nog het *Oostersch* gebruik in doorstralen, zoo als zij dan ook van *Tartaarschen* oorsprong schijnt te zijn. De geschenken bestonden geheelenal uit landelijke voortbrengselen, zij werden ook niet in groote hoeveelheid aangeboden, b. v. een ei, een door *pope* gewijd broodje, eene hen, een vlokje gezuiverde wol; zelfs zag ik de kinderen eene korenaar aanbieden, enz. 't Is meer een *symbolum* van onderhoorigheid dan een geschenk; evenzoo is dit ook de handkus; beide zijn van *Oosterschen* oorsprong, en van dezelfde beteekenis. — Na afloop der telling werden de kinderen met de vrouwen naar huis gezonden; de graaf sprak zijne lieden nu een hartelijk woordje toe; betuigde hun zijne tevredenheid over hun gedrag en het bestuur van den *direkteur;* vermaande hen, om steeds op die wijze voort te gaan; beloofde hen om den volgenden dag de woningen in oogenschouw te zullen nemen, en last te geven tot het herstellen van bouwvallige huizen, enz. Hiermede waren nu de werkzaamheden voor dien dag afgeloopen; 't was reeds twaalf uren in den nacht, zoo dat wij ook naar rust verlangden. De vrouw van den *direkteur* met de beide meisjes echter *protesteerden* hier tegen; ons wachtte immers een maaltijd; een maaltijd door de drie gedienstige vrouwen ter eere van hunnen heer bereid. 't Was geene koolsoep noch gerstenpap; een eijerkoek en gebraden lamsvleesch werd voorgediend; *ingredienten* daartoe had de schrijver zelf uit *Jaroslaw* aangekocht, en een *recept* voor de kok medegebragt, 't welk haar voorschreef, hoe ze voor den hoogen gast den maaltijd bereiden moest. Het toeval had het gebak wel doen gelukken, de graaf prees nogtans de bekwaamheid der huismoeder, benevens hare oplettendheid. De *pope* spijsde met den *direkteur* en schrijver aan eene andere tafel. Na den maaltijd, die wij ons na een vasten van vele uren en ingespannen arbeid goed lieten smaken, bereidde Petro de thee: *direkteur*, *pope* en schrijver gebruikten die met ons. De graaf onderhield zich met den geestelijke; hij vernam van hem, dat zijne lieden vlijtig bij hem ter kerk kwamen, — want het dorpje behoorde tot zijn kerspel. — Hij sprak van een ouden boer van den graaf, dien hij den vorigen dag tot sterven had voorbereid.

Petruschka spreidde de dekkleeden van de slede op oude banken uit; 't leger was wel wat hard, maar de slaap liet zich niet lang nooden. 't Gezin had zich op den oven nedergevlijd; *pope* en schrijver op den vloer, en Petro aan de voeten zijnes heeren. De zon was nog pas opgegaan, toen Petro, op bevel zijnes heeren, den zoeten slaap kwam storen. Wij waren van de vermoeijenissen bekomen, en door den slaap verkwikt geworden. De dienstijverige jongen had alles weer in orde, en een aangenaam ontwaken voorbereid: vooreerst onthaalde hij zijnen gebieder op de vrolijk zachte muziek der *samawár;* het suizen, murmelen, borrelen en fluiten der kokende waterbelbeltjes, klinkt zoet in 't oor van den afgetobden reiziger, want het spiegelt hem 't genot van de verkwikkende thee voor de verbeelding. Als of dit nog niet genoeg ware, om bij 't ontwaken eene vrolijke stemming op te wekken, zoo wachtte de pas ontslotene oogen mede eene aangename verrassing; de oude morsige tafel was met fijn sneeuwwit linnen overdekt, en daarop noodigde het keurigste wittebrood dat de stad *Jaroslaw* opleverde, gebakken van het beroemde *Moskousche* meel, 't welk in fijn- en blankheid boven dat van alle landen geroemd wordt. Kleine bijomstandigheden, voorwaar geschikt om het opstaan wat te bespoedigen!

Na 't ontbijt bezochten wij de stallen, de magazijnen, de dorschschuren, den molen, de woningen der zieken, benevens de bouwvallige huizen, enz. Het vee en de jonge paarden waren in omheinde opene hokken; gehard tegen de koude, kunnen de dieren het op de mestlaag in de buitenlucht uithouden. Gewoonte wordt een tweede natuur; van jongs af zijn de dieren hieraan gewoon geworden, zoodat de koude hen niet schaadt. — In houten magazijnen wordt het koren, meel, zout, enz. bewaard. Ongedorscht koren en hooi blijft in *Rusland* overal in mijten buiten. Het onderzoek naar den voorraad, volgens aanduiding der kerfstokken, bewees de overeenstemming met het staatboek der *oekonomie*. — Er waren 29 paarden, 58 werkossen, benevens eenige melkkoeijen en jong vee; 186 schapen van 't landras; 54 stuks varkens, benevens eenige geiten, en het vedervee. — Wij moesten nu, om bijzondere reden, den omvang van het goed en de grondsoort nog bezigtigen. Volgens de kaart was de uitgestrektheid ongeveer 418 *desatinen;* de grondsoort meerendeels een ligt gekleurde leembodem; weinig moeras en woeste gronden, benevens een paar *desatinen* boschgrond.

Daarna namen wij eenige huizen en huisgezinnen in oogenschouw. Sommige woningen waren bouwvallig, de reten in de wanden openden den vrijen toegang voor de strenge koude; van anderen waren de daken haveloos. De graaf gelastte den *direkteur*, om die gebreken te doen herstellen. — Behalve twee zieken, bezochten wij ook den zesentachtigjarigen grijsaard, die door den geestelijke reeds tot den dood was voorbereid geworden. De morsige kot bood een slechte woning aan. De oude had in deze hut het eerste levenslicht aanschouwd, en Natuur stond thans gereed om hem er weer van te verlossen. Hij lag op den oven uitgestrekt, en had zijn bewustzijn volkomen. De last der jaren, gevoegd bij ontberingen, hadden de krachten des ligchaams gesloopt. Hij gevoelde zijn einde naderen:

"— — Als met verlamde rad'ren
   Het uurwerk de oude veerkracht mist,
Dan sluipt de dood u stil in de ad'ren,
   En moordt u, vóór gij 'tzelven gist.
Hij gaat van 't huis de vensters sluiten,
Hij doet de maalders d'arbeid stuiten,
   Hij buigt allengs den stam ter neêr.
Daar wagg'len de eens onwrikbre schoren.
De sterv'ling is voor de aard' verloren.
   Hij aamt voor 't laatst en is niet meer."

van Someren.

De oude was in de stulp met een paar oude vrouwen die niet meer konden werken en hem behulpzaam moesten zijn. Hij was weduwnaar zonder kinderen, en had altoos op dit dorpje en in deze hut gewoond. Zijn leven was alzoo eenzelvig afgeloopen; de wereld had hij niet leeren kennen. De *direkteur* verhaalde van hem, dat hij steeds een vlijtig werkman was geweest; dat hij tot zijn zevenenzeventigste jaar aan den arbeid deelgenomen had, schoon de wet hen vrijspreekt op den vollen ouderdom van zeventig jaren. Hij had zich ook altoos eerlijk en trouw gedragen, en maar zelden aan dronkenschap schuldig gemaakt. De *pope* verzekerde dat hij tot den dood voorbereid was, en dien ook niet vreesde; iets wat ook heel natuurlijk is, bijaldien namelijk priesterbedrog de kalme ziel door geene schrikgestalten heeft geschokt.

De graaf had mij het voorstel gedaan om dit goed van hem te huren, en dat was mede een reden van het naauwgezet onderzoek. Over den prijs waren wij eens geworden; het tijdvak van de huurjaren echter leverde reden op, die mij verhinderden om 't voorstel aan te nemen.

Ons werk was nu afgeloopen, en daarmede het doel der reis bereikt. Nu werd de terugreis aangenomen; 't was reeds nabij den middag, er was derhalve geen tijd te verliezen, om nog vóór 't vallen van den avond het gevreesde woud door te komen. De graaf had naar de beide naaste wisselplaatsen zijne eigene paarden gezonden, ten einde de reis te bespoedigen. — Met herinneringen van verschillenden aard verliet ik dit dorpske: de feestelijke plegtigheid; de gedachte aan de onderhandeling dat ik hier in 't hart van *Rusland*, als een kleine dwingeland den schepter zoude zwaaijen, over een honderdtal gebaarde en niet gebaarde *Russen* in dierhuiden gekleed, die dan mijne *cijns*-lijfeigenen moesten worden; dit een en ander verwekte bij een *Nederlander*, aan geheel andere zeden gewoon, al ligt wat stof tot nadenken. — Het weder was helder en stil, de koude iets minder, het spoor vaster geworden, en de paarden vlug; zoodat wij de eerste en tweede wisselplaats in korten tijd en zonder ongeval bereikten. De graaf gelastte zijnen koetsiers, om zoo snel mogelijk te rijden; deze deden hun best zoowel als de paarden, en nog vóór het vallen van den avond bereikten wij het gevreesde bosch. Ter plaatse, waar de wolven ons waren aangevallen, onderzochten wij de plek alwaar een der schrikdieren was gekwetst geworden; een bloedig spoor getuigde dat het beest ernstig getroffen was. Wij waren spoedig op de derde wisselplaats aangekomen, en hadden toen bijna de helft van den weg afgelegd. Hier bragten andere paarden ons verder, en de tegenspoeden van de heenreis herhaalden zich nu niet weder. De boer in den oven was met vrouw, gezin, 't paardje en 't schaap op den vloer, en hij vlug bij de hand, want met vijf minuten was er ingespannen. Zij waren op 's graven terugkomst vóórbereid, en een boer stond op den uitkijk. Om acht uur bereikten wij 't afgebrande stadje, van 't welk mij de naam ontschoten is. Een oogenblik ons in de keuken verwarmende, kondigde Petro aan dat de paarden waren ingespannen. De graaf beloofde den koetsier een ruime fooi, wanneer hij snel reed; dit werkte in den beginne gunstig, maar 't galopperen ging spoedig in den draf en deze in een drafje over, en dit, niettegenstaande de onophoudelijke werking van den ongenadigen knoet, daalde weldra tot den stapgang af. Eene goede fooi in haver, den paarden een uurtje vóór de afreis gegeven, zou welligt meer *effect* gedaan hebben, daar 't aan deze juist haperde. Nog vóór tien draafden wij met de laatste wisselpaarden *Jaroslaw* binnen, alwaar ons bij den heer Z. een heerlijk *souper* wachtte.

VIJFDE HOOFDSTUK.

't Afscheids-souper bij den heer Z. *Vertrek.* — *De nachtreis.* Rostow. *De logementhouder zoo als hij zijn moet. Thee- en* wodka-*drinkers. Merkwaardigheden van* Rostow. — *De heerlijke sledevaart.* — *De grenzen; verschil van zeden, kleeding, enz.* — Wladimir. — *'t Stadje* Pereslawl; Peter de Groote *op 't meer.* — *'t Kruis aan den weg.* — *De grenzen;* Moskou. — *De werstpalen. 't Plantsoen langs de wegen.* — *'t Klooster-vlek* Troitska. Troitska, *'t rijkste klooster van* Rusland*; zijne geschiedenis. Bezigtiging van het klooster.* — *Vertrek. Omstreken. De kluizenaarscel.* — *Voorteekenen van de nadering van* Moskou. — *Blik op* Moskou *door de avondzon verguld.* — *'t Paleis van het* Kadettencorps.

Om tien uren waren wij bij onzen vriendelijken *apotheker* weer te huis; niet alleen in veiligheid voor wolven, maar in een warm vertrek wachtte ons nog bovendien een keurig *soupé*, 't welk de heer Z. zijnen geëerden gast als afscheidsmaal had toegedacht. Er was geen bezoek; de gastheer en vrouw betoonden veel deelneming in ons koud en heet avontuurtje in 't bosch. De teedergevoelige dame herinnerde den graaf, dat men eene winternachtreis in die streken steeds voor gevaarlijk houdt. Zij had gelijk, de goede vrouw, zij zelve had met warmte de gevaren geschetst, die ons in den nacht bedreigden. In 't genot der gulle vriendschap, ver verwijderd van gevaren, bij een voortreffelijken maaltijd en een glas *Champagner*, vergeet men nogtans spoedig de gevaren, die nog voor weinige oogenblikken dreigden. De keur van *Wolga's* lekkernijen, de heerlijke *sterlet* ontbrak mede niet onder de geregten, en de beste soort van *kaviaar* werd op 't nagerecht aangeboden. De *sterlet* heeft wel iets van den zalmsmaak, en kan inderdaad op den roem van lekkernij aanspraak maken. De *kaviaar* is mede eene *delicatesse*, wanneer men daarvan namelijk de fijnste soort kan proeven; zij heeft wel iets van den smaak van *Hollandsche* haring. De zoute en zure spijzen worden door de *Russen* geschat, en schijnen voor dit klimaat gunstig te zijn; men bespeurt er tot die spijzen meer trek dan in een warmer luchtstreek. Behalve den *Champagner*, schonk de heer Z. nog twee fijne soorten voor den nasmaak. De inlandsche *Don*- of *Krim*wijnen echter mogten, als landskinderen van wat minder fatsoen, zich onder de voorname *Fransche* en *Rhijnlandsche* vreemden, pronkende in modischen tooi, geenszins vertoonen. — De graaf gelastte den bediende om bevel te geven voor 't inspannen van de paarden. De thermometer van den heer Z., in 't noorden in de buitenlucht hangende, teekende om 12 uren $27\frac{1}{2}°$; de koude was dus afgenomen, maar toch nog toereikend, om in de slede tegen zweten gewaarborgd te zijn. Voor deze nachtreis zouden wij een zakje met heet zand voor de onderdanen in de slede nemen; vroeger of later hebben wij van heet zand noch vuurstoven gebruik gemaakt. Wij namen van onzen gastheer en gastvrouw afscheid, met herinneringen, niet minder aangenaam en zielverkwikkend, dan het afscheidsmaal dit voor ligchaam en ziel beide was, en pakten ons ter dege in de slede, om het op de nachtreis te kunnen uithouden. ,,Een voortreffelijk logement en toch goedkoop, niet waar?" zei de graaf, toen wij de stad doorreden, en ik kon deze vraag uit volle overtuiging beantwoorden met een: lang leve de *Russische* gastvrijheid!

De stad *Jaroslaw* lag in diepe rust gedoken; de nachtelijke stilte werd slechts afgebroken door 't schelle belgeluid der paarden. De straten waren door kunst slecht verlicht, Natuur echter kwam dit gebrek te hulp; het starredak boven haar, flonkerde met duizende lichten; ook de zinkende maan strooide 't zachte licht in sommige begunstigde straten; aan anderen nogtans onttrok zij haren glans. — De weg was voortreffelijk, het gleed er als over een ijsbaan. Weinig was de bedrijvigheid, slechts een enkele slede was alles wat ons vóór de eerste *station* ontmoette. Hier troffen wij weder een fatsoenlijk logement aan, het eerste vóórteeken van meer gemakken op de groote wegen. Op de tweede wisselplaats verlangden wij naar de thee, en daarmede was Petro in een ommezien klaar. Na een half uur toevens begonnen frissche paarden de reis weer op nieuw, maar met geene groote snelheid. De goede postiljon had zooveel genegenheid voor zijne paardjes, dat hij ze ongaarne in den galop voortzweepte. De graaf ruimde dezen tegenzin voor 't snelle rijden nogtans uit den weg, door de belofte van een goede fooi. Wreed zijn de *Russen*

over de paarden in 't algemeen niet, ze zijn
dierlievend en behandelen de huisdieren zacht;
schoon ze ('t volk namelijk) niet veel genegenheid
voor de honden betoonen. Onze postiljon *prepareerde* zijne paardjes door vriendelijke gesprekken en verschoonende toespraak tot den galop, die
nu toch volgen moest. — De maan dook naar den
gezigteinder, onttrok den omtrek aan de beschouwing,
en liet de arme reizigers nu in het donker. De heldere
winternacht veroorloofde toch een blik op de dorpen;
zeer uitlokkend echter vertoonden ze zich niet, althans niet, denk ik, aan 't oog van den *Nederlander*,
want zij waren ook hier al van den gewonen stempel, dat is stroohoopjes met een paar kleine raampjes, gekroond met vier stokken, door een leemwand verbonden, dat den schoorsteen voorstelt.
Deze stroohoopen zijn huizen, waarin de boeren
wonen. Één huis echter ziet er beter en dikwijls
elegant uit, maar daarin woont een heer en geen
boer. Men merkt echter op, dat het hier wat meer
bevolkt is dan b. v. in *Nowogorod*.

Het begint meer licht te worden, en in de verte
vertoont zich iets, een dorp of een stad? Aurora
rolde den nachtelijken sluijer voor zich op, en nu
trad er een klooster van achter den voorhang te
voorschijn. Wij zouden nu ook spoedig een stad
zien opdagen, en die bleef niet lang verborgen;
in de verte vertoonden zich kerken en kloosters in
den glans der morgenzon; dat was *Rostow*.

In een knap huis vonden wij een goed logement, en een *Russischen* waard, die zijne wereld
verstond. Hij gaf daarvan een voldingend bewijs
in eene bijzondere oplettendheid, die hij den graaf
bewees, zoo als ik die nog nergens had opgemerkt. Na

vele beleefdheden en het nederige vragen naar bevelen, gaat hij uit de kamer en komt fluks terug, met . . . . met een komfoor met gloeijende kolen. Een dikke rookwolk stijgt op; dat was geen stinkende smook van onverbrande kolen, het was een wolkkolom van wierook. Dit brandoffer had hij ontstoken, om de lucht van het vertrek te zuiveren. Kort vóór onze aankomst hadden er een paar dikke, vette *Petersburgsche* kooplieden een uurtje getoefd, en die lieden rieken vaak wat naar uijen, *wodka*, vet, enz.; hij wist dat een alledaagsch edelman het op die geur niet gezet heeft, en dat een graaf daarvan zeer afkeerig is. Het was toch eene fijne gevatheid in den gebaarden logementhouder, om adelijke en niet adelijke geuren zoo juist te *klassificeren!* De logementhouder bezorgde een goed ontbijt, en vertelde aan den graaf nog eenige bijzonderheden bovendien. De merkwaardigste was deze: gedurende de druk bezochte jaarmarkt verkocht hij op één' dag wel eens een *poed* gezette thee; dus ruim 16 *Nederlandsche* ponden. Men kan hieruit tot de groote hoeveelheid thee besluiten, die in *Rusland* verbruikt wordt; dat is, in verhouding tot het zeer kleine aantal 't welk dagelijks thee drinkt. Bij gelegenheid van eene kermis, enz. is deze drank meer algemeen, schoon ze door de eigenlijke landlieden ook dan niet of zelden genuttigd wordt. Het theedrinken is door het gansche land algemeen in gebruik, maar bepaalt zich, wat de geringere klasse betreft, bij de steden alleen: op 't land drinkt alleen de heer, *direkteur* en schrijvers dezen zoo geliefkoosden drank. Voor de geringere klassen in de steden is dit gebruik van groot belang, zoowel ten aanzien van den stoffelijken als zedelijken welstand. Schoon het te veel theedrinken bij sommigen de maag verzwakt, zoo als een geneeskundige mij verzekerde, zoo is dit nadeel toch van weinige beteekenis, in vergelijking van dat, 't welk de *wodka*-drinkers zich veroorzaken. De jeneverdrinker toch ledigt het glaasje tot den graad van dronkenschap. Behalve de ligchamelijke nadeelen, die hieruit ontstaan en veel grooter en menigvuldiger zijn, vervoert deze toestand tevens tot misdaden, en vernietigt daardoor niet zelden met de stoffelijke welvaart, het zedelijke geluk tevens. De theedrinker verzwakt de maag; de *wodka*-drinker het geheele gestel: hij doet nog meer; met den welstand des ligchaams vernietigt hij ook dien des geestes; werpt zich daardoor van den hoogsten trap der schepping in 't slijk, en zinkt als de heer der Natuur beneden 't redelooze dier ter neder! Nog een ander voordeel levert het theedrinken voor *'t Russische* volk op; de ervaring heeft namelijk geleerd, dat er onder de theedrinkers in het algemeen veel minder buitensporige *wodka*-drinkers voorkomen: omgekeerd zijn de *wodka*-liefhebbers doorgaans ook geene theedrinkers. — De waard heeft ons met zijn verhaal van 't theedrinken wat van streek gebragt; wij moeten van *Rostow* nog wat meer weten, want de stad is nog al belangrijk. Zij is aan het meer *Nero* gelegen, heeft een bisschopszetel met een *theologisch seminarium* in het groote bisschoppelijke gebouw, dat vijf kerken in zich sluit. Er is veel handel en een beroemde jaarmakt, benevens vitriool- loodwit- okerfabrieken en linnenweverijen. Zij is beroemd wegens hare tuiniers, die er tuingewassen en zaden kweeken en droogen, en in 't land rondventen. Vele inwoners uit de stad

11 *

en omtrek reizen met tuinzaden het groote land door, en verzenden die zelfs naar het buitenland; ze zijn de wandelende zomer-en-winter (*). — Het warme vertrek te verlaten, om de stad al wandelende wat te bezigtigen, daartoe was de temperatuur mij te luchtig, de pelskleeding te zwaar en de stad te groot, zoodat ik mij vergenoegde met een vlugtig overzigt bij 't doorrijden. Eenige knappe huizen, omringd door vervallene vestingwerken, doen vermoeden dat men voor *Rostow* op geen vijand rekent. In het binnenste van *Rusland* zijn weinige steden bevestigd, en deze dagteekenen meestal uit het tijdvak, toen de *Bojaren*, republieken, of verschillende volksstammen elkander bestookten. Van binnen ziet zij er juist niet heel bevallig uit; fraaije huizen zijn er niet in menigte; haar middelpunt wordt door een *Kremlin* ingenomen, omringd door hooge muren, met torens en poorten voorzien. Binnen deze onvriendelijke scheidsmuren, in het hart van dit bolwerk tegen den vijand, staan ook tempels aan de vreedzame godsdienst gewijd. Voorts heeft de stad een aantal kerken en kloosters, telt ruim 6000 inwoners, en is de wieg en bakermat van Sergeï, een der meest vereerde heiligen des lands. Met de voorsteden beslaat de stad eene aanmerkelijke ruimte. Schoon ze op geene pracht kan bogen, moet zij naast *Nowogorod* en *Kioff* de oudste des lands zijn.

Na een paar uurtjes toevens, wachtte ons de ingespannen slede. De gezigteinder had zich ver-

---

(*) Men weet, dat de verkoopers van tuinzaden, die in het voorjaar in *Drenthe*, *Vriesland* en inzonderheid in de provincie *Groningen* rondreizen, onder dezen naam bekend zijn, en dat die meerendeels te *Vriesenveen* wonen.

ruimd, de wouden prijkten in 't winter-staatsiekleed; de rijm, door de zon beschenen, kaatste de paarskleurige verwen in zachten gloed terug. Deze tooi, de pracht van den *Russischen* winter, schonk een behoorlijken aanblik op de wouden, 't kunstpenseel van den schilder waard. Het klingen der klokjes en de hoefslag der galopperende paarden verving de natuurmuziek der zwijgende woudbewoners. Heerlijk was nu de sledevaart op de ijsgladde baan. Nederige opene boerensleedjes zweefden als zwarte vliegen, en prachtig versierde kapsleden zwierden als zoo vele kapellen over het onafzienbare sneeuwveld, en vertoonden leven en beweging in de schijnbaar doode Natuur. — Omstreeks één uur vonden wij een rustpunt op de wisselplaats van een groot dorp of vlek, ik meen dat dit *Petrowska* heette. Van de gelegenheid in 't logement om iets tot verversching te nemen, werd gebruik gemaakt, en dan weer ingespannen. De volgende *station* was bijzonder klein; een dorpje was met deze onderscheiding vereerd geworden; de graaf vereerde 't logement nogtans niet om van het aangebodene tarif iets te ontbieden. In het algemeen gebruikten wij om het tweede en soms ook eerst om het derde logement iets tot verversching, zoodat deze wijze van reizen nog al geld bij tijd uitspaart. Dit dorpje was de laatste wisselplaats in het gouvernement *Jaroslaw*, 't welk wij nu weldra zouden verlaten.

Een uur later passeerden wij de grenzen, en waren nu in dat van *Wladimir* aangekomen. 't Verschil in zeden, kleeding, bouw der huizen, enz. was hier weinig merkbaar. Men kan van de boeren in *Rusland* in 't algemeen zeggen, dat zij door het geheele rijk, zelfs in *Siberie*, met weinige uitzondering, naar dezelfde mode, en in dezelfde stof gekleed gaan. *Finland*, de *Oostzee*-provinciën, de *Tartaren*, *Kozakken* en eenige andere stammen hebben nogtans hunne eigene kleederdragt. Met de schoone sekse echter is dit geenszins het geval; ten aanzien van het hoofdtooisel is de mode der vrouwtjes bijna in ieder gouvernement verschillend. In de zeden en gebruiken der *Groot-Russen* merkt men doorgaans geen verschil op; maar wel tusschen deze en de *Klein-Russen*, die wij later zullen ontmoeten. In den bouw der huizen is mede weinig onderscheid; het bestaat voornamelijk daarin, dat in sommige gouvernementen vóór de boeren huizen veelal een houten trap naar 't woonvertrek geleidt, zoodat dit zich eenigermate als een bovenkamer vertoont. In andere gouvernementen daarentegen is de deur en woning gelijk vloers. In sommige streken zijn de huizen wit bepleisterd en beter gedekt; elders wijkt men daarin af. Nogtans is er in sommige dorpen een vrij groot verschil in den *toestand* der huizen, die hier zeer slechte, elders weder tamelijke woningen aanbieden. Dit onderscheid is gegrond in de verschillende behandeling, die den boeren van zijde der heeren of *direkteuren* te beurt valt, die tevens hunne armoede of welstand bepaalt. In de taal merkt men in *Groot-Rusland* geen verschil van eenige beteekenis op, maar dat is in 't oogvallend tusschen *Groot-* en *Klein-Rusland*, en beperkt zich niet slechts tot het *accent*, maar vertoont zich zelfs in een aantal woorden en sommige spraakvormen.

Wij waren nu in het gouvernement *Wladimir* gearriveerd om het spoedig weer te verlaten. *Wladimir* heeft 880 ☐ mijlen in omvang, met 13 steden en 991,000 inw. — De graaf had zich gevleid, dat we de eerste wisselplaats in dit gouvernement nog vóór den avond zouden bereiken; dat gelukte echter niet. Het was reeds avond en ongeveer zes uren, toen de bediende 't portier opende. Wij waren in de stad *Pereslawl* aangekomen en bevonden er 't logement in behoorlijke orde. 't Stadje wordt ook wel *Pereslawl Zaleskoi* (*) genoemd, d. i. aan gene zijde des wouds, of eigenlijk aan gene zijde van *dat* woud. Het is een open stadje; vroeger moet het vestingwerken gehad hebben, waarvan nog resten overig zijn, schoon ik ze niet gezien heb, maar de logementhouder verzekerde het. 't Heeft ruim 4000 inw., weinige goede huizen, en een aantal hutten met stroo gedekt. Er is eene groote linnenweverij, benevens laken- en zijdefabrieken. Hoe nietig dit stadje ook zijn moge, zoo boogt het toch met zijnen omtrek op een paar merkwaardigheden. Op het meer *Kletschino*, door 't welk de *Trubez* vloeit, heeft Peter *de Groote* in het jaar 1691 het eerste *Russische* smaldeel, of liever eenige scheepjes in 't aanzijn geroepen, van welke hier nog een boot moet bewaard worden (†). Tijdens de regentschap van zijne heerschzuchtige zuster Sophia, had Peter zich reeds als knaap in de oefeningen van het zeewezen op dit meer voorbereid. Men beschouwde dit toen nog slechts

---

(*) Zamengesteld uit *za:* aan, tot, over; *les:* woud, bosch; en 't pron. *koi, kai, koe;* welke, die, enz.

(†) Dit bootje zou dan eigenlijk wel de meeste aanspraak hebben op den eeretitel van: *de kleine Grootvader van vele groote*, met welken naam Pieterbaas het bootje gedoopt heeft, door hem eigenhandig te *Zaandam* gebouwd; 't welk met feestelijke praal den 23 Aug. 1723 van *Moskou* in *Petersburg* arriveerde, en bezongen is door den heer A. C. W. Staring, in: *De Grondlegging van Ruslands Zeemagt*, 2de uitg., bl. 11—15.

als kinderlijk speelwerk, en bevroedde niet, dat de jonge prins zich in 't zeewezen en *militaire* oefeningen bekwaamde, met het doel, om 't bestuur zijner zuster te ontnemen en het rijk tot een zeestaat te verheffen. Ware dit oogmerk der prinses bekend geworden, gewis, de *kleine* Peter zou wel nimmer *de Groote* geworden zijn! 't Nederige stadje is in een bevallig oord gelegen; gebouwd aan een verheven punt, wordt het door een meer bespoeld, is van kloosters omgeven en heeft een woud tot nabuur.

Het schemerlicht vergunde niet, om bij de afreis den omtrek behoorlijk op te nemen. Hoe bekoorlijk eene landstreek ook zijn moge, de nachtreiziger begluurt slechts met wangunstigen blik de ruwe omtrekken van het tafereel; in een gesloten slede gepakt, ziet hij soms al even weinig als de blinde. — Eenige wersten buiten de stad wees de graaf mij naar eene hoogte, waarop een kruis stond. In *Rusland* treft men overigens geene kruisen of kapellen met beelden van Christus, de Moeder Gods of heiligen bij de wegen aan, welke in sommige R. K. landen den reiziger zoo veelvuldig herinneren aan voorbeelden van een vroom leven, lijden, of uitgevoerde wonderdaden. Hier goldt het geen' heilige, noch eene vrome daad. Dit kruis herinnert de gedachtenis aan de bevalling der gemalin van Iwan IV Wassiljewitsch *den Gruwzame*, eersten *Tzar* en *Zelfheerscher* van geheel *Rusland*, die van 1534—1584 den schepter zwaaide. Zoo moeder of kind maar geene *gruwzame* geweest zij, moge de herinnering aan 't kruis het nageslacht dierbaar zijn!

Omstreeks middernacht kwamen wij op een dorp aan. Men was hier met de paarden zóó spoedig in gereedheid, dat wij na eenige minuten weder afreisden. Nog slechts ééne wisselplaats, en wij zouden het grondgebied van 't gouvernement *Moskou* bereiken. Deze wisselplaats was een klein stadje, met name *Dimitriw*, zoo ik wel heb. Het logement scheen beter voorkomen te hebben dan de kleine stad. Na een half uurtje toevens zochten wij weer onze plaatsen, spoedden vlug voorwaarts, bereikten weldra de grenzen van *Moskou*, en waren nu van onze reis van *Petersburg* in het vijfde gouvernement gearriveerd.

Tusschen de dorpen treft men zeer zelden een menschelijke woning aan, slechts werstpalen staan er als zoo vele reuzen op den afgemeten post. 'tIs gerijfelijk en geeft in de eenzame streken van dit land nog al eenige afwisseling, dat men op elke werst afstand een grooten vierkanten witgeverwden paal aantreft, voorzien met het dubbele nommer van 't aantal wersten. A. von Kotsebue telde er ook eene menigte op zijne bekende ballingschapsreis naar *Siberie*, maar zeker nog meer op de *vrije* terugreis. Hij heeft niet ongepast voorgesteld, om op de werstpalen dit vers van Herder, of 't volgende van Wieland te plaatsen:

» Wie der Schatten früh am Morgen
Ist die Freundschaft mit dem *Bösen:*
Stund auf Stunde *nimmt er ab.*
Aber Freundschaft mit dem *Guten*
Wächset wie der Abendschatten,
Bis des Lebens Sonne sinkt."

of:

» Die Hand, die uns durch dieses Dunkle führt,
Lässt uns dem Elend nicht zum Raube,
Und wenn die Hoffnung auch den Ankergrund verliert,
So lass uns fest an diesen Glauben halten:
Ein einz'ger Augenblick kann Alles umgestalten."

Zou niet menig reiziger staan blijven, deze regels in 't geheugen prenten, en een indruk op reis mede nemen, die hem welligt op de groote pelgrimsreize door dit leven van nut kan zijn?

In *Groot-Rusland* zijn de groote wegen doorgaans met boomen beplant. Wanneer men er dan geene voertuigen met levende wezens of wandelaars ontmoet, dat wel eens voorvalt, dan is de afwisseling al zeer eentoonig, want zij bepaalt zich dan bij palen en boomen alleen. Reeds op last van Katharina II is men begonnen, om boomen op regelmatige afstanden langs beide zijden der groote wegen te poten. Dit plantsoen is thans nog algemeen klein en kwijnend. Bij het poten wordt te weinig zorg besteed, de grond niet diep genoeg omgespit, en de boompjes worden niet vast gezet. Velen ziet men op zijde hangen, die door den storm zijn omgeworpen, en dit is wel de natuurlijke oorzaak van het slechte gedijen. De houtsoort is meestal eiken, soms dennen, en in eenige gouvernementen ook linden. 't Is merkwaardig, dat de Regering in de uitvoering der bevelen op dit punt zoo toegevend of achteloos is, daar dit overigens in geene deele hare zwakke zijde kan heeten. Pallas [*] heeft de gebrekkige uitvoering van dit bevel reeds gegispt; een bewijs, dat 't er in dit opzigt gedurende een halve eeuw nog weinig gevorderd is.

De bellen der paarden deden zich niet meer hooren, dit was het teeken van een pleisterplaats. Petro berigtte, dat wij te *Troitska* aangekomen waren. Deze naam, in geheel *Rusland* zoo beroemd

---

[*] Zie de *Tweede Reis*, gedaan in de jaren 1792—1794, S. 16.

als geëerd, wekte in hooge mate mijn verlangen op, om mij uit den kleinen kerker te werken en eens rond te kijken. Teleurstelling! de dageraad was nog niet aangebroken; het klooster met zijne kerken en torens lag in nachtelijk donker verscholen. Deze wisselplaats was het klooster-vlek *Troitska*, een der meest beroemde kloosters van geheel *Rusland*, niet minder vermaard door zijne rijkdommen, kunstschatten en heilige, dan geëerd wegens zijne *akademie*. De graaf had mijne nieuwsgierigheid in hooge mate opgewekt, door 't opnoemen van eenige zeldzame kunstschatten, welke dit klooster bezit. Hier was alzoo wat te bezigtigen, maar thans alles gesloten; wij moesten dus wat toeven, en dat kwam niet te onpas, na twee nachten te hebben doorgereisd. De graaf had mij reeds voor lang op de bezigtiging van dit klooster voorbereid, en wilde het nu in persoon met mij bezoeken. Het logement was in goede orde, wij gebruikten er eenige verversching en vlijden ons dan op zachte *sopha's* onder de reiskleederen neder.

De slaap was verkwikkend maar wat kort van duur geweest, toen Petro dien op bevel zijnes heeren om negen uren kwam storen. Drie uren rust onder 't genot van den slaap, door vermoeijenissen aangebragt, schenkt verdubbelde herstelling en stelt op nieuw tot inspanning in staat. Het ontbijt en de thee noodigden tot verdere verkwikking uit. Buiten was het een heerlijk frisch *Russisch* winterweertje; 25° temperatuur, met heldere lucht en zonneschijn op 't besneeuwde veld en bosch. Op de bovenkamer was 't ook heerlijk, maar wat minder frisch; de waard had gezorgd voor de gewone

Russische kamertemperatuur, en die is + 15°. Aan de ontbijttafel was het mede goed; de waard had in dezen aan redelijke eischen in ruime mate voldaan. Uit de kamer rustte 't oog met welgevallen op het trotsche klooster met zijne vergulde koepels. Zóó aan de theetafel gezeten, tegenover het klooster, kunnen we den geëerden Lezer wel een schets van de geschiedenis des kloosters mededeelen.

Er zijn in *Rusland* drie kloosters, die boven alle andere een hoogeren rang bekleeden; zij voeren den afzonderlijken eerenaam van *Lawra* (*). Het eerste in rang is dat van *Kioff*, het tweede dit, en het derde dat van Alexander Newsky, te *Petersburg*: dit is nogtans het rijkste *klooster* van geheel *Rusland. Troitska*-klooster; *Russisch, Troitzkaja Lawra* heet het, van *Troiza*, de Drieëenheid. Het wordt ook wel naar den stichter, *Sergeï Lawra* genoemd. Zoo als kleine zaken wel eens tot groote geworden zijn, gebeurde dat ook met dit klooster. De heilige Sergeï of Sergius, werd in 1315 te *Rostow* geboren, en is hier in 1383 overleden. Hij had zich aan het bedrijvige leven onttrokken, en in de afzondering aan vrome overpeinzing toegewijd. De plek, waar thans het klooster staat, was toen het middelpunt van een uitgestrekt woud. De roep van vroomheid, ook toen reeds in eerbiedig aandenken, deed andere lieden, begeerig om in die faam te deelen, zich in zijne nabijheid vestigen. Nu begon Sergeï met zijne kluizenaars eene nederige kapel

---

(*) *Lawra*, beteekent *het beste* of *voornaamste van iets*, en wordt, *eene* beteekenis uitgezonderd, bij uitsluiting voor deze drie kloosters gebezigd.

op te trekken, waar men later het trotsche klooster stichtte. Bij dit gezelschap van boschbewoners voegden zich allengskens meer beminnaren van afzondering, en zóó kwam eindelijk het klooster te voorschijn, waarop weldra een dorp en eindelijk het vlek volgde. — Aan deze geschiedenis van den oorsprong des kloosters sluit zich die van zijne lotgevallen. Zij zijn niet onbelangrijk; ze zijn zelfs van veel invloed geweest op de lotgevallen van het geheele rijk. In verschillende belegeringen, zoo door *Tartaren* als *Polen*, heeft dit klooster zich roem van dapperheid verworven. In 1393 werd het door de *Tartaren* verbrand, maar trad als een *feniks* uit zijne asch te voorschijn. In de belegering van 1609 door de *Polen*, verdedigden de monniken zich zóó kloekmoedig en gelukkig, dat het den moed van twee vaderlandslievende mannen ontvlamde, die 't waagstuk opvatten en gelukkig volvoerden, om 't juk van den overheerschenden vijand af te werpen. Mimin en Posharski verlosten het vaderland van de overheersching der *Polen*, en hebben het voor den ondergang behoed.

Na deze inleiding kunnen wij nu het klooster bezigtigen. De ligging is bevallig; op een verheven standpunt gebouwd, aan de achterzijde belommerd door een woud, is het voor 't front gestoffeerd met plantsoen, en bemanteld door een hoogen muur van groote uitgestrektheid, met wachttorens voorzien. Negen kerken en een *akademie*gebouw getuigen van den omvang des kloosters, en van de gelegenheid voor openbare godsdienstoefening en onderwijs. Het *Tzaren*paleis strekte eens aan Peter *den Groote* tot schutsoord tegen de woede der *Strelitzen*.

Vreemd genoeg voor een gebouw aan *Christelijke* overpeinzingen toegewijd, ziet men op de kerken en torens de halve maan prijken. Dit *Tartaarsche* en *Turksche symbolum* is nogtans onder het kruis geplaatst. Als teeken van *Christelijke* nederigheid, moge die rangschikking al niet gelukkig gekozen zijn, maar hier stelt het de overwinning door de wapens voor, schoon de *Tartaren* 'tklooster vermeesterd en afgebrand hebben. De hoogmoed en heerschzucht echter moeten wat speelruimte hebben! Trotsch vertoonde zich het rijke klooster; beschenen door de zon, praalde het in vollen luister met zijne torens. Het woud wierp van de tegenovergestelde zijde schaduwen op dit schitterend tafereel, en verhoogde 't bekoorlijke van den prachtvollen aanblik. Bedienden bewegen zich op het voorplein, een portier opent den toegang, en een gedienstige monnik biedt zich onder nederige buigingen als *Cicerone* aan. Den graaf vraagt hij naar den rang en naam; op de wedervraag of de gids in staat is, om de bijzondere merkwaardigheden uit te leggen, is het antwoord van den beleefden gids bevestigend.

Om al het merkwaardige hier te bekijken, daartoe was de voorraad te groot, en de tijd te kort; wij zouden derhalve alleen het meest belangrijke bezigtigen. — Eerst bragt de gids ons in de *Drieeenheidskerk*; zij is niet groot, maar de voornaamste van het negental, (*) want binnen hare muren

---

(*). Dit negental ontleend zijnen oorsprong aan het heilige *drietal*, met toespeling op de *Drieëenheid*, waaraan het klooster is toegewijd; men bouwde uit eerbied voor dit begrip *drie maal drie* godshuizen.

rust het gebeente van den heiligen Sergeï. De monnik bragt ons naar het graf van dezen heilige. Een zilveren verwulfsel (als het zinnebeeld van den hemel?) rust op vier zilveren zuilen, en overschaduwt het graf. De waarde van dit sieraad is aanzienlijk, de hoegrootheid, die de gids ook bepaalde, was zeer aanmerkelijk. Deze kostbare pracht, aan 't gebeente van een kluizenaar gewijd, stemt weinig overeen met de sobere leefwijze in het eenzame woud en grove kleeding door hem gedragen, waarvan hier nog een stuk bewaard wordt. Onder deze bezigtiging treedt een bloeijend jongeling binnen, met ravenzwarte haren en vurige bruine oogen. Hij werpt zich voor het graf neder, kruist zich en doet geknield in stilte zijn gebed; maakt weer het kruis, kust de *reliquiën* van den heilige, en verwijdert zich na deze huldiging. Hij was een der zonen van het *Russische-Citroenenland*, de *Krim*. — De wonderdoende schilderij van Sergeï wordt ons nu aangewezen, om die te bewonderen. Bewonderen moet men haar wegens den overvloed van edelgesteenten, waarmede deze afbeelding omzet is. Deze schilderij wordt door bedevaartgangers van heinde en ver bezocht en gehuldigd. De *Tzaren* voerden haar in oorlogen dikwijls als een *palladium* met zich. De monnik verzekerde, dat dit kleinood het vaderland meermalen gunstig geweest was in 't behalen van de zege op den vijand. Peter *de Groote* had het met zich gevoerd in den slag bij *Pultawa*, tegen Karel XII, en hij had overwonnen. De graaf vroeg den gids op mijn verzoek, of Peter 't *palladium* ook met zich gevoerd had, in den oorlog tegen de *Turken* aan de *Pruth*. »*Niesnaio*" (ik weet het niet) was 't antwoord. Dit wordt door zeker schrijver beweerd, en wanneer dit het geval geweest is, dan heeft de schilderij Peter daar in den steek gelaten, en Katharina, zijne gemalin, het wonder der verlossing verrigt, 't welk de heilige niet vermogt.

Na deze bezigtiging houdt de monnik met een ernstig voorkomen eene soort van voorbereidende toespraak tot den graaf, en zegt dat hij ons nu de schatkamer zal ontsluiten, met de bijvoeging, dat het de rijkste is van alle kloosterschatkamers in *Rusland*. Een korte maar krachtige inleiding, juist berekend om de begeerte tot de bezigtiging nog te verhoogen. Hij ontsluit het heiligdom van den Mammon; wij treden binnen, nu sluit hij de deur achter zich toe en zegt met zelfbehagen: »*jest rinitsa!*" (*) (dit is de schatkamer). Inderdaad eene schatkamer; 't was goud en edelgesteente wat er blonk. Het aantal voorwerpen, merkwaardig wegens innerlijke waarde of zeldzaamheid, was hier zóó groot, dat reeds eene bloote optelling een lange lijst zoude opleveren, zoodat wij slechts eenige der meest belangrijke zullen aanstippen. De gids vertoont ons de kroon van een *archimandriet* (†). De gouden kroon is met kostbare edelgesteenten overladen. Haar gloed verdooft met triumferenden luister den glans van alle kunstschatten, die haar als zoo vele mededingers omgeven. De monnik ver-

---

(*) *Rinitsa* beteekent het gezamentlijke kerkgereedschap, en ook zekere kerketooi; vandáár de schatkamer der kerk, van 't wortelwoord *Riza*, priestergewaad, beeldentooi, enz.

(†) Abt van een *Grieksch* klooster, die over meer kloosters het bestuur voert of toezigt heeft. Boven hem volgt de bisschop, boven dezen de aartsbisschop, dan de *metropoliet*, en aan 't hoofd der kerk staat de *Patriarch*.

verzekerde, dat de waarde der kroon op meer dan 200,000 roeb. geschat werd. — Nu geleidt hij ons naar een pronkjuweel van geheel andere beteekenis. Het is de duif, wijd en zijd vermaard wegens hare kostbaarheid. Zij is van massief goud van de fijnste soort. Aan drie gouden ketenen gehangen, schijnt zij daar met uitgespreide wieken in 't ruim te zweven. De monnik verzekert, dat een liefhebber van zeldzaamheden 120,000 roebels voor het duifje geboden had. Dit moge den Lezer bevreemden, want deze duif van massief goud en levensgrootte, naar de innerlijke waarde geschat, moet nog de helft van die som niet vertegenwoordigen; maar die bevreemding houdt op, wanneer hij weet, dat twee groote diamanten hare oogen voorstellen. De duif, als *Symbolum Spiritus Sancti*, in een klooster aan de Drieëenheid toegewijd, was hier niet ongepast eene eereplaats onder de kunstschatten ingeruimd. — De houten beker, waaruit Sergius den dorst met zuiver water leschte, verschuilt zich als 't ware in deze stapelplaats der weelde. Wanneer de kluizenaar in zijn grof gewaad dezen tempel, der pracht gewijd, eens binnen trad en zijn houten kelkje aanschouwde te midden van die pralende schatten, zou hij dan blozen, of van hoogmoed gloeijen? — Verder vertoonde de monnik ons een priesterstaf met gouden knop, door Peter *den Groote* geschonken; een gouden zoutvaatje door Katharina II gebruikt, benevens een aantal voorwerpen meer, die inzonderheid als *antiquiteiten* en zeldzaamheden belangrijk zijn. — Wij moesten nu nog andere fraaijigheden zien. Het was een groote voorraad van priestergewaden, *ornamenten*, enz. De pracht was inderdaad bewonderenswaardig, die de kunst aan deze gewijde kleeding liad ten koste gelegd; maar deze werd nog overtroffen door den rijkdom van paarlen en juweelen, die de pronkgewaden als bedekten. De waarde van sommige dezer kleederen werd op 50,000 roebel geschat. Voorts vertoonde hij mijters, met zilver, goud en edelgesteenten getooid. — Verder bood hij een aantal kruisen ter bezigtiging aan. Het waren gouden kruisen met diamanten bezet; een derzelve werd geschat op eene waarde van 1000 dukaten. — Nu volgde het kerkelijke vaatwerk: eene verbazende hoeveelheid; alles was van goud of zilver. Sommige gouden bekers waren kunstig gewerkt. — Een kleinood, van onschatbare waarde, zoo als de gids verzekerde, verdiende boven alles bezigtiging. 't Was een wonderbeeld van Jezus, niet door kunst, maar door Natuur gewrocht. Dit beeld is een agaatsteen, in welken men de afbeelding van Jezus aan het kruis aanschouwt, benevens een man, die er geknield voorzit. 't Is een van die kloosterkunstjes, uitgevonden om 't geloof door mirakelen gezag te verschaffen; op die manier 't domme gemeen de onfeilbaarheid der kerk te bewijzen en een onwankelbaar geloof te vestigen, verheven boven het standpunt van twijfelen en daardoor van afdwalen tevens. Het is bekend, dat deze afbeelding er door de hand des kunstenaars is ingewerkt, schoon het als kunststuk zeer geroemd wordt. Een *Duitsch* geleerde te *Moskou* heeft mij verzekerd, dat het beeld op dezen agaatsteen, door 't vergrootglas beschouwd, geen twijfel overlaat, dat het een meesterstuk des kunstenaars is. Vele kostbaarheden en kunstschatten zijn door *Tzaren*, keizers, keizerinnen, hooge geestelijken en eenige aanzienlijke adelijken uit *devotie* of ter bevordering van den luister des kloosters aan 't zelve geschonken. In de 17 eeuw werden in het klooster ruim 40 millioenen roebel zilver bewaard, en zijn vermogen bedroeg toen over de 200 millioen roebel: volgens andere schrijvers bezat het toen 600 mill. zilv. roeb., en 100,000 lijfeigene boeren. Katharina II echter heeft de overtollige en onnutte inkomsten wat ingekort, en aan 't klooster een deel der bezittingen onttrokken. De monnik verhaalde met een bedrukt schouderophalen aan den graaf het besnoeijen van eenige al te weelderige loten, op dezen overladen kerkelijken stamboom. Dit klooster of alleen maar de schatkamer een ongestoord bezoek te brengen, zou voor den kaper geene slechte *speculatie* zijn; 't kan dan ook niet vreemd schijnen, dat Napoleon, tijdens zijn oponthoud te *Moskou*, 't plan gehad heeft, zoo als verzekerd wordt, om in hoogst eigen persoon van die fraaije zaken schatbewaarder te worden. De keizer heeft de proef echter niet gewaagd.

De gids brengt ons nu in eene andere zaal, met schilderijen behangen. Zij waren bijna allen van *Russische* meesters, en stellen meest tafereelen voor uit *legenden* van heiligen, kloostervoogden en andere voorname kerkelijke personen. Een stuk vertoont eene belangrijke geschiedenis uit het leven van den heiligen Sergeī; zij is deze: » toen de vrome man hier nog als kluizenaar in het woeste bosch leefde, kwam een van die ruige en onvriendelijke woudbewoners hem in de cel bezoeken. De vredelievende man was niet gestemd, om met den ruigen beer een vechtpartij op te nemen. Hij komt er ook gemakkelijker af; zie hier wat hij doet:

het wreedaardige dier stelt zich op de achterpooten om den heiligen Sergeï met de vóórklaauwen dood te slaan; deze neemt .... geen dolk, maar een stuk grof brood, maakt er 't kruis over, en werpt het den beer toe. Het dier, in plaats van zich aan het vleesch van den vromen man te vergasten, neemt het brood en sluipt stilletjes weg." Deze geschiedenis is belangwekkend voorgesteld. De stukken worden wegens de gebeurtenissen die ze voorstellen, en de personen die ze betreffen, hoog geschat; op kunstwaarde moeten ze nogtans weinig aanspraak kunnen maken. De kostbare tooi van goud en edelgesteenten, waarmede sommige kerkelijke stukken omzet zijn, geven die echter eene belangrijke innerlijke waarde,

Na de *inspectie* van de schatten der weelde volgde die der geleerdheid. De boekerij is in het *akademie*gebouw en vrij uitgebreid. Zij bevat belangrijke werken over de kerkelijke geschiedenis van *Rusland*, benevens *H. S.*, meestal betrekkelijk de geschiedenis van het land, de kerk, en kloosters. De afdeeling voor de *Classici* was niet overvloedig voorzien, sommige der beste oude *Nederlandsche* en latere *Duitsche* uitgaven heb ik er te vergeefs gezocht. In de H. S. veroorlooft men aan vreemdelingen ongaarne inzage, en in vele gevallen in het geheel niet. Van *M. S.* van *Classici* in het *Slavonisch* moet het aantal gering, en dus veel kleiner zijn dan de *Russen* daarvan opgeven.

Wij werden nu naar de *Oespenski* (*Hemelvaarts*kerk) geleid. Zij is de fraaiste kerk, en bezit schatten in de kostbare schilderijen, met edelgesteenten versierd. Buiten de kerk wees de gids ons het graf van Boris Godunoff aan: het is een der merkwaardigste historische namen uit de *Russische* geschiedenis. Van 1584–98 leidde Boris de regering van den *Tzar* Feodor I Johannowitsch, die wegens zwakheid van verstand daartoe niet in staat was. Reeds in 1591 had Boris zich den weg tot den troon gebaand, door het uit den weg ruimen van slechts één hinderpaal, en die was Demetrius Johannowitsch. Eerst naar *Uglitsch* verbannen, werd hij in dat jaar vermoord, waarmede de mannelijke linie van Rurik uitstierf. Deze moord heeft aanleiding gegeven tot de zoo bekende geschiedenis met den Pseudo-Demetrius. Die rol werd op 't aansporen van eenige grooten door den gewezen monnik Grischka Otrépiew gespeeld. Dit kluchtspel echter veranderde weldra in een treurspel. De oorlogen en beroerten daardoor ontstaan stortten 't land van 1609—13 in volslagen *anarchie*, en vervulden het met tooneelen van verwoesting en moord; tot dat de *Russen*, eindelijk van dit treurspel verzadigd, zich in 't laatste jaar vereenigden, de *Polen* overwonnen en uit het land sloegen, (*) en nu een *Tzar* verkozen uit de vrouwelijke linie van Rurik, in den persoon van Michaël Feódorowitsch Románoff. Door de *Polen* in 't naauw gebragt, eindigde Boris zijn misdadig leven door vergif. De herinnering aan dit vorstelijk graf is derhalve niet zielverkwikkend, zoo als die bij de begraafplaats van een edelgezind mensch, al zwaaide hij dan ook geen schepter, zoo eigenaardig opgewekt wordt. Er zijn voorts nog een paar grafteekenen van vorstelijke personaadjes.

(*) Deze geschiedenis heeft beroemde schrijvers uit onderscheidene landen stof opgeleverd voor tooneelstukken, romans enz.; Bulgarin en Schiller o. a. zijn in dezen bekend.

De gids voert ons nu naar een kapel, in welke eene heilige bron wordt aangewezen. Hij bood den graaf en mij een glas van het water aan. Het was zonder kleur en smaak en vereenigde alzoo de eigenschappen van goed drinkwater. Hierin was de heiligheid dus niet gelegen, want *niet*-heilige bronnen bezitten die eigenschappen ook wel. In het jaar 1644 werd deze bron hier ontdekt, en het water uitnemend goed bevonden. Dit bragt de bron in roep, en de boeren uit den omtrek kwamen het water halen om te drinken. De neiging tot het wonderdadige, zoo eigen aan een min verlicht volk, voegde bij de gezondheid bevorderende eigenschappen van goed drinkwater ook die van vele geneeskrachten, en zóó kwam de bron in den reuk van heiligheid. De geestelijkheid trok van deze omstandigheid partij, om aan 't klooster den roem van een heilige bron toe te voegen; er werd eene kapel overgebouwd, en nu bezat men, benevens andere heilige zaken, ook een heilige bron.

De *akademie* is in het jaar 1814 gevestigd; vroeger was er een *seminarium*, 'twelk onder keizerin Elizabeth in 1749 werd opgerigt. Het heeft steeds in den roem gedeeld van een der beste *instituten* des lands te zijn voor de opleiding van geestelijken, zoo als ook thans nog de *akademie* dien roem met luister handhaaft. Een *obelisk* vermeldt er de merkwaardigste lotgevallen des kloosters, benevens zijne verdienste aan het vaderland bewezen. Dit gedenkteeken heeft *Ruslands* meest beroemde kanselredenaar en geleerde, de *metropoliet* Plato, in het jaar 1792 doen oprigten. Niet ongepast wordt de *obelisk* door kanonnen omringd, als getuigen van verdienste der monniken, door dapperheid in den strijd tegen den vijand verworven.

De geëerde Lezer heeft voorzeker wat lang in de kloosterlucht vertoefd, en zich welligt reeds lang verveeld; maar er was veel te bezien, en daartoe moet men wat tijd hebben; de monnik was ook wat breedvoerig in zijne verklaringen, en wij nu in 't verhalen. Het was echter het eerste klooster, 'twelk de Lezer met ons bezocht, en wegens rijkdommen het meest beroemde; dat moge dan 't langdurige rondslenteren binnen de sombere kloostermuren verschooning geven: in een armoedige krot zouden we hem zóó lang niet hebben opgesloten. Wij gaan nu naar 't logement terug, en dadelijk ingespannen, zullen we nog vóór 't vallen van den avond in 't groote *Moskou* arriveren.

De gids in de zalen der schatten versmaadde nogtans geene fooi, die de graaf hem reikte. — Buiten zouden we wat anders zien; 't was de keerzijde van 't klooster daar binnen. Verandering behaagt, zegt het spreekwoord, maar toch niet onbepaald elke verandering. Van het tafereel 'twelk zich aan onze beschouwing vertoonde, zullen we in een paar omtrekken den geëerden Lezer eene schets geven, zijne *fantasie* zal de ontbrekende stoffaadje wel aanvullen, en zijn schoonheidsgevoel 't licht en schaduw schakeren. Aan den drempel der poort lag een aantal bedelaars, met lompen half bedekt. Mannen in den levensbloei en vrouwen van middelbare jaren smeekten een aalmoes of spijs en drank, om een rampzalig leven nog verder voort te slepen. Een van hen boeide mijne opmerkzaamheid in hooge mate; de sneeuwwitte baard golfde met aartsvaderlijke deftigheid over de hijgende borst. De portier wees hem aan als den honderdjarigen bedelaar.

Gehurkt nedergezeten, met lompen slecht bedekt in eene temperatuur van ruim 26°, zoo was het klappertanden zeker geen bedelaarskunstje. De graaf drukte een zilverstuk in de bevende hand; de dankzeggingen en zegensprekingen hadden geen einde. De oude was ruim eene halve eeuw de kloosterbedelaar geweest, en had nu den eeuwcirkel bijna voleindigd. Welk eene bestemming, door afgebedeld brood, aan de poorten van het gesticht, der *Christelijke* weldadigheid gewijd, met onnoemelijke schatten opgevuld, een honderdjarig bestaan nog te verlengen, 't welk als misdaad toegerekend wordt! De aanblik van bedelaars met lompen bedekt, bevende van koude en hunkerende naar een weggeworpen bete broods, vóór 't rijkste klooster des lands in 't stof ter nedergeknield, 't verlengen van een afschuwelijk leven af te smeken, *schijnt* een *kontrast* te zijn met de schatten des kloosters; of 't inderdaad ook een *kontrast is*, dat hangt van het begrip van de bestemming van mensch en van schatten af. Eene heerlijke gelegenheid voor de oefening van weldadigheid, die als *Christen*deugd zoo zeer geroemd wordt! Van deze gunstige gelegenheid zullen de kloosterlingen welligt een dankbaar gebruik maken, om de uitwendig aangeleerde wetenschap der godsdienst aan het inwendige gevoel des harten te toetsen. De deugd van weldadigheid wordt grooten roem toegezwaaid; de Bijbel prijst haar als een der voortreffelijkste *Christen*deugden, met de belofte van rijke belooning in de eeuwigheid. Dit voorregt van de *Russische* kloosterlingen zou ligt benijdenswaardig schijnen, ware het niet, dat die gelegenheid zich den weldadigen rijken in ons vaderland ook aanbood, en dagelijks vermeerderde. — Nu volgen in mijn *Reisboek* acht vragen met de antwoorden, mij door den logementhouder ter opheldering van het *hoe* en *waarom*, deze materie betreffende, gegeven, welke vragen de graaf aan den waard en mij zijne antwoorden in ruil wel wilde vertolken. Ze kunnen den Lezer misschien min belangrijk zijn en de lezing welligt vervelen, zoodat wij die maar zullen laten rusten.

In het logement teruggekomen, was eene kleine verversching welkom. Wij waren hiermede nog niet gereed, toen Petro berigt kwam brengen, dat de paarden waren ingespannen, en nu ging het op *Moskou* aan. Dit dorp of vlek behoort aan het klooster, en heet als zoodanig *Pósed* (kloostergoed). Deze omstreken leveren een aangenaam gezigt op. Het kloosterdorp wordt meerendeels door bosch omringd, op een terrein, afgewisseld door helling en daling: de drukke beweging herinnert de nadering van *Moskou*. De eerste wisselplaats was een klein dorpje, maar leverde toch wat merkwaardigs op, schoon 't maar een nederige cel was. Een kluizenaar, 't gezellige leven vaarwel zeggende, heeft met taai geduld en moeijelijken arbeid deze cel in een rots uitgehouwen en er zich een woning van bereid. Een dorpeling verhaalde nog bijzonderheden van dien zonderlinge. 't Was geen kluizenaar uit de middeleeuwen, maar uit onze dagen; hij overleed in het jaar 1827, en heeft het bewijs opgeleverd, dat het kluizenaarsleven in *Rusland* ook nu nog liefhebbers vindt. De kleine afstand naar het volgende rustpunt was spoedig afgelegd; het was de laatste wisselplaats vóór *Moskou*, een knap kroonsdorp met eene lakenfabriek. Reeds van af het klooster merkt men op, dat *Moskou* aanmerkelijk meer bevolkt is, dan de overige gouvernementen van het rijk. — Wij zouden uit een andere streek te *Moskou* aankomen, dan van *Petersburg*. De lijn over *Ribinsk* en *Jaroslaw* maakte een omweg van omstreeks honderd uren gaans. — De beweging op weg nam toe; landgoederen en prachtige kasteelen vertoonden zich in de verte; het waren vóórteekens van de nabuurschap van het beroemde *Moskou*. Naar mate de nommers op de werstpalen daalden, klom mijn verlangen om nog vóór den ondergang der zon de stad te aanschouwen. Eindelijk daagt zij op, de trotsche *Tzaren*-zetel van 't oude *Moskovie*. Tallooze koepeltorens, kerken, kloosters en paleizen schitteren in den zachten gloed der avondzon. Indrukwekkend was deze aanblik bij den helderen hemel; onoverzienbaar de vlakte, met huizen, kerken en paleizen als bezaaid. Nader bij gekomen, verhief zich het magtige *Kremlin* met zijne wonderen van bouwkunst; het scheen met trotschheid van de hoogte op de stad neder te zien, gelijk de reus op den dwerg. — De graaf wees mij op eenigen afstand het paleis aan, in 'twelk Napoleon zijne gelukszon in *Moskou's* vlammen zag ondergaan. Op eenigen afstand ziet men ook het prachtige lustpaleis van den graaf Tsjeremetjew. Ter zijde van den weg staat het gebouw, waarin de stoommachines van *Moskou's* beroemde waterleiding werken. Ook deze tweede hoofdstad des rijks vertoonde zich reusachtig en prachtvol. — Het belgeluid verstomde; Petro opent het portier en wij troden het paleis van 't *kadettencorps* binnen.

ZESDE HOOFDSTUK.

Aankomst aan 't paleis van 't kadettencorps. — *De stad en 't gouvernement* Moskou. — *Geschiedenis der stad.* — *Vondelingenhuis.* — *De wagenstraat.* — Musea, enz. — *De restauration.* — *'t Exercitiehuis; de schouwburg.* — *De kapel. De Heilandspoort. Legende.* — *'t* Kremlin: *de* Groote Jan; Napoleon's *togt door de brandende straten; de groote klok.* — *Paleizen; kerken; 't gedenkteeken; de* bazar; *de waarzegster.* — *Het monsterkanon.* — *De waterleiding.* — *Terugkomst.*

Een aantal bedienden was er in de weer; kamers werden aangewezen, en dan boden die gedienstige geesten de hulpvaardige hand voor 't verkleeden. Na verversching aangeboden te hebben, verschijnt de hofmeester en berigt, dat de graaf mij aan Z. Excell. zal voorstellen. De generaal ontvangt mij vriendelijk, als den reisgenoot van zijn' neef. De generaal Miloradewitsch is *direkteur* van het *kadettencorps*, en de volle broeder van den generaal Miloradewitsch schoonvader van den graaf van Heiden. Er waren een paar hoofdofficieren op theebezoek. De generaal is ongehuwd, eene *dame-gouvernante* des huizes waren de ho-

neurs aanbevolen, terwijl eene ondergeschikte jonge dame de thee schonk, die door twee langs den muur staande bedienden in glazen werd aangeboden. De generaal deed mij onderscheidene vragen betreffende den *Tiendaagschen veldtogt*, sprak over Zijne Majesteit den Koning, toenmalig Veldmaarschalk; de Koningin, enz. en prees de *Nederlandsche* dapperheid en volharding. Met de hoofdofficieren weidde hij uit over het *operatieplan*, door 't *Nederlandsche* leger gevolgd. Na de thee werd gespeeld; en om tien uren namen de bezoekers afscheid. Het *souper* werd toen opgedragen, en daarna wees de hofmeester bedienden aan, die den graaf en mij de slaapvertrekken aanwezen. — Na een verkwikkenden slaap en keurig ontbijt maakte de graaf zich gereed, om met mij de stad te bezigtigen. — Werpen wij vooraf een vlugtigen blik op haren toestand en geschiedenis.

Moskou is gelegen op $55\frac{3}{4}°$ b. en $55\frac{1}{3}$ l.; zij is de hoofdstad van het gouvernement van dien naam, en heeft gemiddeld 320,000 inw.(*), welk getal in den winter ruim 20,000 grooter, en gedurende de zomer even zoo veel kleiner is; alzoo juist het omgekeerde van 't welk in groote zee- en koopsteden plaats heeft. Tot op de regering van Peter *den Groote* was *Moskou* de residentiestad der *Tzaren*, en heeft aan het land den naam (*Moskovië*) gegeven. Het gouvernement beslaat 480 ☐ mijlen, heeft 13 steden met 1,249,284 inw., is alzoo het kleinste, maar meest bevolkte gouvernement van *Groot-Rusland*. *Moskou* had vóór den brand van 1812,

---

(*) Vele opgaven verschillen; deze schijnt nogtans vertrouwen te verdienen, daar ze aan *statistieke* opgaven der stad ontleend is.

2600 huizen van steen en 6,600 van hout : van de eerste bleven van den brand 525 verschoond, en van de laatste 1797. Thans, in 1841, zijn er ruim 10,000 huizen, van welke ongeveer $\frac{1}{4}$ van steen zijn, zoodat er gemiddeld 32 inwoners op elk huis komen. Volgens opgaven van 1840 was de bevolking der stad aldus verdeeld: tot den adel behoorden 19,600; tot den geestelijken stand 62,000; het getal bedienden, (lijfeigenen van beide sexen) 57,000; lijfeigene boeren van den adel, die handwerkers, arbeiders enz. zijn, 63,000; *dito* kroonboeren en boerinnen 52,000, en 2000 vreemden. Tot de overige worden gerekend vast inwonende vreemden, vrije niet-adelijken, studenten, *seminaristen* enz.

De rivier de *Moskwa* doorkronkelt de stad, waaraan zij ook haren naam ontleent. Meerendeels is hare bedding vlak, de grond aan de rivier leemachtig; de verhevene plaatsen in de stad bestaan uit zandgrond. Zij wordt meerendeels door een heuvelachtig terrein omringd, 't welk voor een gedeelte de buitenpunten uitmaken van de bekende *Esplanade*. De omtrek der stad bedraagt 7 uren gaans. De stad wordt in 5 groote afdeelingen ingedeeld, als: het *Kremlin*, *Kitaigorod* (*), *Beligorod* (*Wittestad*, *Zemlänoigorod* (*Aardenstad*) en 30 *Sloboden* of voorsteden.

Moskou is voor 't *Russische* volk, wat eens *Jeruzalem* voor de *Israëliten* was, de heilige stad. Kerken, kloosters en klokken zijn den *Russen* eene soort van heilige zaken, en *Moskou* heeft daarvan

---

(*) *Kitaigorod* beteekent *Chinezenstad*, de *Chinezen* hebben daar hunne magasijnen, en niet *Middelstad*, zoo als sommigen het opgegeven hebben. *Kitái China*, en *Kitajets Chinees*.

niet alleen overvloed, maar van de grootste zeldzaamheid tevens, die zoo wel wegens bouworde en pracht, als reuzengrootte merkwaardig zijn. Daarenboven vereenigt zij in haren schoot kerkelijke hoogwaardigheden van den hoogsten rang, prijkende in hunne plegtgewaden met verblindenden glans, van een drom geestelijke *satelliten* omstuwd. Te midden van dit alles verheft het trotsche *Kremlin* zich in haar middenpunt. Een en ander verwekt ligt op het gemoed van den grooten mensch, in kindschen staat van beschaving nogtans klein, een afgodischen eerbied voor gewone zaken. Daarenboven was *Moskou* tot op Peter *den Groote* de zetel van den *Patriarch* en der *Tzaren*; alzoo redenen genoeg, die er toe hebben kunnen leiden, om *Moskou* als de heilige volksstad te vereeren. Zij kan eene stad van kerken en kloosters heeten; het getal is mij opgegeven te zijn: 7 hoofdkerken; 245 *Grieksche*; 2 R. K.; 3 *Protestantsche*, en 2 *Armenische* bedehuizen, benevens 1 *Turksche moské*, en buitendien nog 21 kloosters. Zoo als gezegd wordt, was het getal kerken vóór den brand 341. De stad is tevens in ruime mate voorzien van inrigtingen voor ligchaamskranken. Hospitalen en ziekenhuizen zijn er voor verschillende bestemmingen, waarvan sommige tot de prachtigste en grootste gebouwen der stad gerekend worden. Voorts bezit zij veel van 't geen men in een hoofd- en *universiteits*stad kan verwachten, schoon er door den brand veel is verloren gegaan, 't welk nog niet of slechts ten deele is hersteld geworden. De herstelling van sommige, b. v. van de kabinetten van zeldzaamheden, kan ook eerst door een tijdsverloop van vele jaren worden aangevuld, daar 't hier meer op eene gunstige gelegenheid, dan wel op 't aanbod van aanzienlijke sommen aankomt; waaraan het in *Rusland* echter niet ontbreekt, wanneer het instellingen tot nut of genoegen betreft. De bibliotheken, kabinetten en *musea*, die hier zoo belangrijk zijn, werden meerendeels door den brand verwoest. — Sommige der merkwaardigste gebouwen, enz. zullen wij bezoeken, en er den geëerden Lezer meer in het bijzonder mede bekend maken. Eerst echter willen wij hem een overzigt geven van den oorsprong en de ontwikkeling van *Moskou*, benevens hare voornaamste lotgevallen.

In oudheid staat *Moskou* bij sommige harer landszusteren achter; *Kioff*, *Nowogorod*, *Wladimir* en *Rostow* zijn van vroegeren oorsprong. Juri of Jurje Wladimirowitsch Dolgoruki was de stichter van *Moskou*, en van eenige andere steden. In het midden der twaalfde eeuw stichtte hij ook *Moskou*, en bevolkte die steden voor een groot gedeelte met kolonisten, die *Bulgaren* en *Hongaren* of *Magyaren* waren. Deze volksstammen waren in nijverheid en beschaving meer gevorderd dan de oorspronkelijke *Russen*. Van deze vreemdelingen vestigden zich velen in *Moskou*, en bragten haar spoedig tot bloei. Door de veelvuldige oorlogen, welke de republieken *Nowogorod* en *Kioff* voerden, benevens andere oorzaken, waren die staten uitgeput en magteloos geworden; omstandigheden, die voor de overmagt van de nieuwe stad, welke ook spoedig tot den zetel der *Tzaren* verheven werd, gunstig werkten. Reeds in de eerste helft der 14de eeuw vestigde de *Grootvorst* Georg Danilowitsch zijnen zetel te *Moskou*. Simeon Johannowitsch *de Trotsche* versierde in 't midden der 14de eeuw de kerken, en deed er de eerste klokken plaatsen. In 1343 had de eerste kerkvergadering te *Moskou* plaats, 't welk aanleiding gaf, dat zij weldra de zetel werd van de *Grieksch-Russische* kerk. Deze toenemende bloei maakte haar belangrijk genoeg, dat Demetrius IV Johannowitsch Donskoi haar in de laatste helft der 14de eeuw tegen vijandige overvallen verdedigde, door 't bouwen van het bewonderenswaardige *Kremlin*, die steenen wieg van eene reeks van *Tzaren*. In 1505 verbrak Iwan IV Wasiljewitsch het *Tartaarsche* juk, vernietigde de republiek *Nowogorod*, en voerde van dáár de groote stormklok, de eeuwige genoemd, die 't *palladium* der stad was, als zegeteeken naar *Moskou*. Deze Grootvorst lokte vele buitenlanders naar de hoofdstad, waardoor haar bloei aanmerkelijk toenam, want in dit tijdvak (het laatste der 15de en 't begin der 16de eeuw) werd te *Moskou* het eerste slaguurwerk geplaatst, kanonnen gegoten en geld gemunt. Iwan IV Wasiljéwitsch de *Gruwzame*, die van 1534—1584 regeerde, rigtte het eerst geregelde troepen op, onder den naam van *Strelzi*, (*Strelitzen* of scherpschutters,) en vestigde daardoor den grondslag der staande armee. Veelvuldige overwinningen, door dezen vorst behaald, breidden zijne magt met de grenzen des rijks belangrijk uit. Hij trok een aantal handwerkers, kunstenaren en geleerden uit *Duitschland* naar zijne staten (*). Nu zag ook *Moskou* spoedig die takken van nijverheid, kunsten en wetenschappen te voorschijn treden, die elders reeds jaar en

---

(†) Een merkwaardige brief aan keizer Karel V, is opgenomen in het belangrijk werk voor de *Geschiedenis van Rusland: Materialien zur Russischer Geschichte.* S. 431 ff. *Riga*, 1777.

dag de weldaden der beschaving hadden verspreid. Hij rigtte in het jaar 1563 de eerste boekdrukkerij te *Moskou* op. Door vele verfraaijingen verrijkt, werd zij in de 16de eeuw als de prachtige *Tzarenzetel* (burg der *Tzaren*) vermaard, tot dat ze door toenemenden bloei in de 17de eeuw het toppunt harer grootheid bereikte.

Zóó gunstig als 't lot haar bij de geboorte en het opwassen geweest is, zóó hard heeft het later de schoone stad geteisterd. Hare keerzijde vertoont gruwzame tooneelen van oorlogen en pestilentie. De pest, of zoogenoemde *Zwartedood*, uit *China* overgekomen, bezocht haar in 't midden der 14de eeuw reeds in het jeugdig opbloeijen, en in 1389 legden de *Tartaren* de pas gebouwde stad in asch. De gevolgen van den opstand, veroorzaakt door den *Valschen* Demetrius, waren voor de stad allernoodlottigst. De *Polen* legden bij die gelegenheid *Moskou* in het jaar 1610 in asch. Meermalen werd zij door de pest bezocht; de laatste maal in 1771. De magtige en gunstrijke hand der vorsten heelde nogtans die diep geslagene wonden. — In 1812 werd de groote stad voor bijna ¾ gedeelte in de asch gelegd; de brand woedde van 15—21 September. Vóór den brand waren er 9,200 huizen, van welke 6878 afbrandden. De schade, door dezen brand en oorlogstooneelen veroorzaakt, is door de kommissie van onderzoek berekend op 321 millioen roebel; (men mag vermoeden, dat hier naar zilverroebels gerekend is, omdat alle geldsommen door de Regering genoemd, of aan haar opgegeven, steeds in zilver roebels uitgedrukt worden.) Het is er echter ver af, dat deze opgave alle verliezen uitdrukt; vele aanzienlijken toch hebben de geledene schade niet opgegeven, omdat ze geene schadevergoeding verlangden, schoon deze partikuliere verliezen van sommigen nog al aanzienlijk waren; zoo bedroeg onder anderen de schade van de beide graven Razumowski, van den generaal Apraxin, van den letterlievenden graaf Butturlin, en des graven Rostopchin, (toenmaligen *militairen* gouverneur) meer dan 15 millioen roebel. Alleen de bibliotheek des graven Butturlin, die geheel verbrandde, had bij inkoop meer dan een millioen roebel gekost. De gouverneur Rostopchin verloor door dien brand twee paleizen met het geheele *ameublement*, benevens eenige huizen; deze schade beliep meer dan 5 millioen roebel. Overigens waren er nog velen, die de geledene schade niet hebben opgegeven; welke gezamenlijke som bij toenadering geraamd is op 27 millioen roebel, zoo dat de gezamenlijke schade van 1812 348 millioen roebel heeft bedragen. In 1834 is zij nogmaals door den brand beschadigd. Uit hare asch prachtiger herrezen, bloeit ze thans in toenemenden luister, heeft aan regelmatigheid gewonnen en vele steenen huizen, waarvoor de houten plaats gemaakt hebben, verleenen haar beter voorkomen. Hare bevolking moet in 1840 reeds zoo groot geweest zijn als in 1812, en die is nog steeds toenemende.

Gaan wij nu een vlugtig ridje door de stad doen, om eenige merkwaardigheden te bezigtigen. Ten aanzien van den kolossalen bouw, die zich in paleizen, hospitalen, *exercitie*huizen, schouwburg, enz. vertoont, heeft zij met *Petersburg* veel overeenkomst; zij draagt in alles echter meer den stempel van het onverbasterd *nationale* karakter. Groot is ook hier het aantal gebouwen, tot nut en vermaak gesticht: wij zullen slechts eenige der belangrijkste beschouwen. Om er alles te bezigtigen, daartoe is de hoeveelheid te groot en ons oponthoud te kort geweest; ook zouden wij met een bloote beschrijving slechts eene lange en dorre lijst van vele zaken geven, die door reizigers vóór ons welligt met meer naauwkeurigheid en kunstzin geschilderd zijn, en daardoor des geëerden Lezers geduld slechts misbruiken.

Het paleis wordt door een zeer groot plein van de stad afgescheiden, zoodat wij er als van buiten binnenreden. In een paar kleinere straten zag ik nog eenige half in puin liggende huizen, die men zegt, dat er tot blijvende gedenkteekens van de verwoesting in 1812 in dien toestand zullen blijven, tot dat de tand des tijds hun puin in stof zal opgelost, en de wind dat laatste overschot weggevaagd hebben. — De omstreken, die door de *Moskwa* worden bewaterd, zijn de fraaiste stadsdeelen en leveren een prachtig aanzien op, 't welk in den zomer regt bevallig moet zijn. De oevers zijn omzoomd met paleizen en lusthuizen, wier heerlijke tuinen door de rivier bespoeld worden. Verder is een keizerlijk lusthuis met een uitgestrekt park en bekoorlijke waterpartijen, 't welk als wandelplaats voor 't publiek openstaat. 's Zomers wiegen prachtige gondels op hare kabbelende golfjes; thans was er bedrijvigheid van voetgangers en sleden op den ijsrug der *Moskwa*. De grond van *Moskou*, en inzonderheid de oevers der *Moskwa* moeten rijk zijn aan versteende zeedieren en planten. »*Die ganze Lage ist einem natürlichen See-Grund vollkommen ähnlich*," zegt Pallas (*) De *Moskwa*, die in de

---

(*) P. S. Pallas; (de eerste Reis) *Th.* I, *S.* 14; *St. Petersburg*, 1771.

Wolga valt, is voor kleinere schepen bevaarbaar, en voor de stad alzoo van groot belang. — Verder de rivier op, staat een kolossaal gebouw, een der grootste van de stad; het moet 2228 vensters hebben. Dit is het vondelingenhuis, het weldadige *asylum* voor die verworpelingen, wier geboorte wegens standverschil der ouders hun tot misdaad wordt toegerekend; of, verstooten van zulke ouders, die de liefde tot het kroost, door Natuur zoo diep ingeplant, hebben uitgeroeid en daarin bewijzen, hoe ver ze beneden het redelooze dier gezonken zijn. Het is in 1820 gesticht, wordt voor 't best ingerigte in *Europa* gehouden en neemt jaarlijks een gemiddeld getal van 8600 tot 9000 verlatene kinderen in zijne hoede. Zij ontvangen er eene goede verzorging en opvoedig, en worden naar den verschillenden aanleg voor de beoefening der kunsten en wetenschappen, of 't aanleeren van handwerken, enz., bestemd. Het getal neemt hier, zoowel als in *Petersburg*, jaarlijks toe, en moet, volgens *Russische* schrijvers, over het geheele rijk van 29,000—30,000 bedragen. De vondelingen vallen der *Kroon* toe, zoodat het aantal kroonboeren ook door de vondelingen jaarlijks belangrijk toeneemt. Daar lijfeigenen hunne kinderen ook wel in de vondelingenhuizen bezorgen, zoo moeten de kroonkinderen van dit getal afgetrokken worden.

Van andere inrigtingen van weldadigheid is *Moskou* mede in ruime mate voorzien. In het algemeen kwijten de *Russen* zich gaarne van dien pligt der rijken, om 't lot der armen te verzachten; inzonderheid besteden eenigen aanzienlijke sommen voor den bouw, of de verbetering van hospitalen, gestichten voor oude arme lieden, en dergelijke meer.

De vorst Galitzin heeft buiten het stadsgewoel, zoo gunstig voor den kranken mensch, een groot hospitaal gebouwd, en aan hetzelve bovendien een kapitaal geschonken van 820,000 zilver-roebel, benevens twee landgoederen met ruim 1700 boeren. Dit kapitaal was nu aangegroeid tot de som van 1,200,800 zilv. roeb. — Het hospitaal *Tscheremetjew*, door den graaf van dien naam gesticht, is geen huis, maar een paleis gelijk. De stichter wees aan 't hospitaal een jaarlijksche som toe van 150,000 roebel. Soortgelijke inrigtingen, door partikuliere personen in 't aanzijn geroepen, treft men in de grootere steden door het geheele rijk aan. Tot lof der *Russen* kan men aanmerken, dat de inrigting van de hospitalen en ziekenhuizen er in 't algemeen voortreffelijk is, en volgens de getuigenis van sommige reizigers, moet die in geen land van *Europa* overtroffen worden. — Voorts worden er geroemd het groote keizerlijke hospitaal, een algemeen veldhospitaal en meer andere. Een *invaliden-huis* schenkt een toevlugtsoord aan arme oude mannen, die, afgeleefd en van alles ontbloot, er den laatsten dag zonder verschrikking kunnen verbeiden. In een dwarsstraat wees de graaf mij een prachtig huis aan, 't was een paleisje; daarin woonde geen graaf, zelfs geen adelijke, 't was een boer die hier als een vorstje zetelde, en meer dan een millioen roebel rijk was. Een boer, d. i. een lijfeigene van den bekenden, schatrijken graaf Tscheremetjew. Deze lijfeigene was koopman, had in den handel fortuin gemaakt, en was gelukkig genoeg van een redelijk mensch toe te behooren, die zijne boeren niet uitzuigt, maar ze zelfs tot welstand aandrijft. —
In een lange breede en regte straat werd halt ge-

maakt. Hier was de bedrijvigheid groot; boeren, kooplieden, edellieden en bedienden woelden er in een bont gewoel door elkander, en sluwe *Zigeuners*, met den *Aziatischen* blik, *speculeerden* er op buit. Het was de beroemde *Wagen-* of *Sledestraat*; bijna alle bewoners zijn er fabrikanten van rijtuigen, of vervaardigen wagens en sleden; de bezoekers, die er nu waren, bekeken, kochten of ruilden sleden, enz. Verbazend groote magazijnen met honderde sleden en rijtuigen treft men hier aan. De graaf kocht hier een reisslede, die men op raderen kan plaatsen, wanneer b. v. de sneeuw is weggedooid, want hij was bezorgd, dat we zijne goederen in het Zuiden niet vóór den invallenden dooi zouden bereiken. Er waren op het einde van deze straat ook kroegen, door *Zigeuners* gehouden; van deze lieden wonen er vele in *Moskou*, en nabij de stad is een geheel dorp, meestal door dit zwervend volk bewoond. Zij zijn in *Moskou* nog al van belang, wij zullen ze echter later op hun dorp bezoeken en ze dan meer van nabij leeren kennen, thans spoeden wij deze straat uit.

De bibliotheken, *musea* en kabinetten van zeldzaamheden, zoo openbare als *private* verzamelingen, waaraan *Moskou* zoo rijk was, zijn meest alle in den brand van 1812 verloren gegaan. In een kabinet van *Natuurlijke historie* waren nog een tijger uit *Siberie*, een hoogst zeldzaam voorwerp; het *Siberische* muskusdier, benevens een aantal van die altoos bewonderenswaardige beenderen uit de vóórwereld, welke den denkenden mensch zoo veel stof tot bespiegeling en een sterken prikkel tot nasporing in de groote werkplaats der Natuur oplevert. Voor de geleerde wereld en den beminnaar van zeldzaamheden is dit een bijna onherstelbaar verlies, daar 't hier nog meer op eene gunstige gelegenheid dan wel op geldsommen aankomt. *Moskou* toch bezat aan *Siberische* voortbrengselen alléén meer, dan alle kabinetten van *Europa* te zamen.

Na eenige uren in eene opene slede door de straten van *Moskou* te hebben getoerd, bij eene temperatuur van 25°, kwam eenige verversching in een warme zaal niet te onpas. De *Russische restauration* was in eene hoofdstraat, en 't gezelschap was er talrijk. 't Scheen voornamelijk de verzamelplaats te zijn van de zonen van Mars, die er de *affaire* deden bloeijen, zoo als 't mij voorkwam. De vertering, die hier door enkele personen soms gemaakt wordt, is zeer aanzienlijk. Nu en dan onthaalt een of ander officier, na eene *inspectie* of wapenoefening, alle officieren en hoofdofficieren van zijn *regement* op een ontbijt. Een luitenant had die vriendelijkheid hier eenige dagen te voren aan zijne spitsbroeders bewezen, en voor die eer 2,680 roebel betaald. Men sprak doorgaans *Fransch*, en las er, behalve de *Russische*, ook eenige *Fransche* dagbladen, natuurlijk van een goedgekeurden stempel. Het scheen, dat deze heeren, zoo prachtig gekleed en schitterende van goud, ook tevens alle *verdienstelijke* mannen waren, en dat wil toch nog wat meer zeggen, dan het dragen van een fraaijen rok. Bijna allen waren met ridderkruisen versierd, en sommigen hadden daarvan een half dozijn en meer aan een draagband op de borst hangen. Onwillekeurig wordt de eenvoudig burgerlijke mensch in zoodanig voornaam gezelschap door een gevoel van *respect* aangedaan, en die aandoening bleef ook bij mij niet achter. Toen ik het gezelschap wat beschouwd had, en het werpen met goudstukken op de tafels gadesloeg, scheen 't mij toe, dat het geld, elders zoo duur, hier geene goede waar moest zijn. Maar dit vreemde verschijnsel heldert zich op, wanneer men weet, dat het goud en zilver in *Rusland* gegraven wordt, en er sommige van die heeren eigenaren van goudwasscherijen waren. 't Is toch nergens volmaakt, hier scheen te veel, elders weer te weinig geld te zijn.

Wij reden een paar straten door, waarin zich ook een aantal kerken en paleizen vertoonde, en te midden van die pracht zwierven bedelaars rond met lompen bedekt, die juist de fraaiste stoffaadje niet opleverden. In de verte vertoonde zich het *exercitie*-gebouw, een *kolossus* van verbazenden omvang. Dit is het merkwaardigste gebouw niet alleen van *Moskou*, maar van geheel *Rusland* tevens, en welligt van gansch *Europa*. Het biedt de ruimte aan voor de gelijktijdige wapenoefening van 2000 man voetvolk en 1000 man paardevolk, en is dus nog veel grooter dan die te *Petersburg*. Volgens de mij medegedeelde opgave is het lang 776, breed 270, en hoog 54 voet. De *exercitie* van een *bataillon infanterie* verhinderde mij om den omvang af te treden. Het is niet alleen de omvang die dit gebouw zoo merkwaardig maakt, het is veel meer de bouworde. De geheele *kolossus* wordt door geene gebindten geschraagd, maar rust geheel alleen op zuilen.

De keizerlijke of groote schouwburg is een der prachtigste gebouwen der stad, het *front* rust op acht *Jonische* zuilen. Het heeft vijf rijen, ieder van 38 loges boven elkander, en kan aan 3000 menschen plaats geven. Wegens het uitgezochtste personeel heeft deze schouwburg met die van *Petersburg* een *Europische* vermaardheid verkregen. Het is bekend, dat in geen land en geene stad van *Europa*, de tooneelspelers en andere kunstenaren een zoo rijken goudoogst inzamelen, als in de beide *Russische* hoofdsteden; een natuurlijke reden, dat de *genien* in deze kunst *Rusland* niet vergeten te bezoeken.

Wij rigtten nu de koers op het *Kremlin*, bewonderenswaardig door zijn' bouw; vermaard als de steenen wieg en bakermat van eene reeks van *Grootvorsten* en *Tzaren*, van welke Peter den trein sloot; en vereerd als de bewaarplaats van tallooze heilige zaken. — Bij 't doorrijden der stad merkt men hier en daar nog al opene vakken op, in welke de afgebrande woningen niet weer opgebouwd zijn. De huizen zijn er zelden hooger dan van twee verdiepingen. — Het *Kremlin* kan men door vijf poorten genaken; wij reden de *Heilands*-poort (*spaskia woróga*) binnen, maar bezigtigden nabij deze poort eerst een kapel. Het was de beroemde kapel der *Basilius*-kerk, in welke de heilige begraven ligt, en zijne *reliquien* in een rijk versierde zilveren kist bewaard, godsdienstig vereerd en den geloovigen vertoond worden. Hier ontbrak het niet aan geloovigen, die geknield lagen, kruisen maakten, in stilte gebeden verrigtten en de *reliquien* kusten. Ik zag er oude knevelbaarden in versleten montering, arme lieden, onbeschaafde boeren met lange baarden, schoone jonge dames in een *elegant* kleed, hupsche kamermeisjes, deftige *matrones*, een paar officieren in rijke *uniform*, benevens eenige kooplieden van een welgedaan uiterlijk. Stand noch rang werden hier in acht genomen; de biddenden lagen in eene bonte schakering door elkander geknield.

Op een afstand van ongeveer honderd pas van de heilige poort nam de graaf zijne pelsmuts af, en zei mij, dat ik zijn voorbeeld volgen moest; ik deed dit werktuigelijk, zonder te weten waarvoor deze eerbetuiging werd vertoond; keizerlijke personaadjes waren er toch niet in de buurt. Het was voor het heiligenbeeld, dat deze pligtpleging moest verrigt worden, en 't is niemand geoorloofd, zelfs den keizer zoo min als den geringsten lijfeigen, om met gedekten hoofde, 't zij in het rijtuig, te voet of te paard, deze poort te passeren. Zie hier den oorsprong van dezen heilige. De *Sage*, of wilt gij liever *Legende?* luidt aldus: »Toen de *Tartaren* in 1389, of volgens anderen, de *Polen* in 1611 *Moskou* in de asch legden, bestormde de vijand de sterkte en dorstte naar wraak, om zijn moordlust in 't bloed der belegerden te koelen, die bij 't barnen der gevaren in de steenen vest lijfsbehoud zochten, en de schuilplaats met leeuwenmoed verdedigden. De moed en dapperheid schoten nogtans te kort bij de overmagt des vijands. Op de muren der veste maait de dood de dapperen bij rijen, en 't aantal verdedigers smelt van tijd tot tijd weg. Slechts weinigen zijn nog in staat om weerstand te bieden: zwakke vrouwen, vrome nonnen, staan den krijgsman ter zijde en bevechten den vijand met die vertwijfeling, welke alleen de wanhoop kent. Tusschen twee hebben ze te kiezen; óf eene roemvollen dood voor haardstede en altaren, óf de mishandeling van de heiligschennende hand des wraakdorstigen vijands. De teedere vrouwen strijden als oorlogshelden; de aanblik van bloedstroomen, die uit gapende wonden gudsen en den gewijden grond doorweeken, ontmoedigt haar niet, maar vuurt den moed tot leeuwenmoed aan. De nood klimt ten toppunt; de vrouw, zoo gevoelvol van ziel, die bij den aanblik van een bloeddroppel terug beeft, zij vergeet hare sekse, hare heilige wijding, beheerscht haar gevoel en staat gereed zich in de wapenen des vijands te werpen, om er den dood te vinden, dien ze in den strijd te vergeefs zoekt. — In dit veege oogenblik gilt de angstkreet door de lucht: »»*de vijand dringt binnen!* O God! Heiland! Moeder Gods! *Heiligen!* schenkt die genade, dat het zwaard des vijands ons het hart doorprieme en zijne schendende hand ons niet treffe!"" Zóó klimt de uitbarsting van vrouwelijke wanhoop ten hemel..... Genadige ontferming daalde van den hemel neder. In dit beslissend oogenblik lag een vrome geestelijke voor 't beeld van den *Heilige* geknield; te midden van het krijgsrumoer bad hij in stilte; hij bad met heete tranen om redding en.... zijn gebed werd verhoord. Het gebed des regtvaardigen vermag veel! Terwijl hij bad, ziet! een schrik verspreidt zich onder den vijand, dat er eene sterke magt tot ontzet der stad genaakt. Hij slaat verward op de vlugt; het *Kremlin* is gered en de dappere schaar behouden."

» Es wechseln die Geschlechter;
Die Sage bleibt sich treu."

zegt von Chamisso te regt.

Door de *Heilige* poort komt men op een reusachtig plein, door trotsche paleizen, prachtige kerken en een *bazar* omzoomd. Die aanblik verwekt indrukken van het stout-verhevene; alles is van reusachtige afmetingen en geheel vreemdsoortig.

Het *Kremlin* (*) is eene stad op zich zelve, omringd door een hoogen muur. Het is midden in de stad op eene hoogte gebouwd, wordt bespoeld door de *Moskwa*, en trotsch schijnt het daar van de verhevene standplaats op de stad neder te zien. De kerken en koepels prijken met sterk vergulde koperen daken. Op de Jwan Weliki (*Groote Jan*) schitterde het gouden kruis met majestueuzen luister in den zonnegloed. Hij werd gebouwd ter gedachtenis aan den hongersnood, die *Moskou* in 1600 benaauwde. 't Is de hoogste toren, en die prijkt met een gouden kruis van groote waarde. De verhalen, dat dit kruis door de *Franschen* zoude medegevoerd, wegens de groote zwaarte in de *Berezina* geworpen zijn, en dat er thans een verguld houten kruis op dezen hoofdtoren prijkt, schijnen onjuist te zijn. Ware 't kruis ook al medegevoerd geworden, dan immers zou de *Russische* volkstrots, gevoegd bij den onmetelijken rijkdom van een aantal inwoners, toch niet gedoogen

---

(*) *Kreml* heeten in 't *Russisch* de *inwendige* vestingen der oude *Russische* steden. Het woord schijnt van *Tartaarschen* oorsprong, en in 't *Russisch* verbasterd te zijn uit den wortel *Kremen* = *vuur-* of *keisteen*, e. a. b. *Kreml* wordt voor *soortgelijke inwendige steenen vestingen* gebezigd, waaruit blijkt dat het begrip van *steen* hier tot grondslag ligt, omdat eene gewone vesting of fort *Krèpost* heet, dat eigenlijk *sterkte* beteekent, van *Krèpkii*, *sterk*. De eerste vestingen waren ook in *Rusland* slechts *aarden wallen*; daarna, bij meer kennis en beschaving, bezigde men *natuur-steenen*, tot dat de meerdere ontwikkeling der wetenschappen in een later tijdvak dezelve uit *kunst-steenen* opbouwde: tigchelsteen heet, naar de verschillende wijze van bearbeiding, *Tscherepits*, of *Kirpits*. Zeker *Fransch* schrijver leidt *Kremlin* alzoo onjuist van *Krema* af, dat Peter moest beteekenen, maar 't woord zoekt men in de nieuwste woordenboeken te vergeefs. Misschien heeft hij 't *Grieksche Petra* bedoeld, zoo bekend als *theol.* twistpunt.

dat een houten kruis op den *Iwan Weliki* binnen de muren der heilige stad met klatergoud prijkte! Vóór dezen toren staat de groote klok, het wonder der stad, en misschien de grootste reus van zijne soort in de wijde wereld. Daar regt tegenover ziet men de prachtige *bazar;* aan de andere zijde de zonderlingste *Basilius*kerk, een zeldzaam gewrocht van het grillige; 'en midden op het groote plein prijkt een fraai gedenkteeken, op 't welk geheel *Rusland* met regt trotsch is; 't is dat van de vaderlandlievende helden Minin en Posharskij.

Vóór de groote klok stapten wij uit de slede. De graaf gelastte den koetsier, om twee uren later weer voor de groote klok te verschijnen. Wij beklommen het eerst den toren, om de menigte groote klokken te bezigtigen en het heerlijke uitzigt over de stad te genieten. Op verschillende verdiepingen hangen 32 klokken, van welke er een aantal zijn van zeer grooten omvang. De grootste van die 32 klokken heeft een middellijn van ruim 13 voet, is 16 duim dik, en weegt 3,551 *pud*, ruim 56,816 N. ponden (*). Deze klok is dus aanmerkelijk zwaarder dan die van *Erfurt*, wier gewigt bepaald wordt op 30,250 ponden, d. i. *Pruissisch* gewigt; 't geluid van deze klok wordt gezegd, zes mijlen ver te kunnen worden gehoord, schoon Busching (†) het teregt betwijfelt, omdat men haar geluid te *Jena* nooit gehoord heeft. De *Kremlin*klok wordt gezegd ook in gewigt het van hare zuster te *Peking* te winnen. Ik heb de gelegenheid niet gehad, van

---

(*) 't Vermoeden schijnt wel gegrond, dat deze klok de *Eeuwige* is, door Iwán III op 'teinde der 15de eeuw uit *Nowogorod* ontvoerd.

(†) *Nieuwe Geographie*, D. I, St. II, bl. 628.

haar te hooren luiden; het geluid moet als een verdoovend dof donderen de geheele stad vervullen, en eer een angstig gedruisch dan aangenaam geluid verwekken. Of ze ook 60 mijlen ver gehoord kan worden, zoo als dat verhaald wordt van den bazuin van Alexander *den Groote*, kan ik niet bepalen; echter zou 't niet bevreemden, dat eene zoodanige orkaan van geluid, als 't luiden van deze klok maakt, even goed een vijandelijk leger zou kunnen op de vlugt drijven, als de hoorn van wijlen Roeland. — De hemel was helder, en 't uitzigt bij zonneschijn over de groote stad prachtvol; zij lag in volle uitgestrektheid met den rijkdom en pracht van kerken en paleizen vóór ons uitgebreid. De gids wees ons een naburig staddeel aan; dáár was de brand op den 14 September 1812 des middags om twee uur het eerst ontstaan. Op dien zelfden dag beklom het *Fransche* leger den *Musschenberg* en aanschouwde vreugdedronken de heilige stad, als de plaats van alle vergoeding voor doorgestane vermoeijenissen. De graaf wees mij van den toren af de straat, door welke Napoleon van het *Kremlin* ter naauwernood het leven uit de vlammen heeft kunnen redden. Berthier had vele moeite om den Keizer te bewegen, het brandende *Kremlin* te verlaten:

    Ich weiche nicht! Moskau
    Ist mein! Die Hölle selbst soll mir es nicht
    Entreissen! Ja wenn auch die ganze Welt
    Zusammenstürzt, ich weiche nicht.

legt de dichter Napoleon in den mond (*). Aan

(*) Napoleon *in Moskau*, von Dr. Johan Hirt, Konstanz, 1838.

een gunstig toeval heeft de oorlogsheld zijn lijfsbehoud te danken gehad. Een officier berigt in allerijl, dat hij een uitgang gevonden heeft; 't was de poort van een' geheimen gang. Langs een smal pad verlaat de Keizer, door zijne maarschalken vergezeld, het *Kremlin*. De geheele stad van zeven uren gaans in omtrek, was slechts ééne vuurzee. Een enge straat, welke Napoleon passeren moet, is een gewelf van vlammen; stroomen kokend lood storten van de groote huizen, en verdelgen alles wat ze treffen; krakend en knetterend storten brandende gebindten neder en versperren de straat. Gelukkig ontkomt de Keizer uit dien vuurpoel. Napoleon had zijn leven gered en het magtige *Moskou* in vlammen zien ondergaan; maar dat was de *negative* zege; zijne armee, reeds belangrijk ingesmolten, wachtte nu verdelging, en de *groote Keizer* zag in deze vlammen zijne gelukster ondergaan. Huivering greep mij aan, bij de voorstelling van dien vuurpoel en hare gevolgen; van die duizenden strijders door 't vuur verteerd, door den vorst versteend, of door 't wraakzwaard van den razenden vijand gemarteld en gedood. Ook van mijne landsbroeders hadden hier gedwongen hun leven ten offer gebragt! Bijna een half millioen menschenlevens was het zoenoffer, 'twelk *Europa* aan de *Russische* natie bragt, voor de verwatenheid eens vreemden, die 't heilige *Moskou* durfde ontwijden! — Hoe heerlijk het toeven in warme zomerdagen daarboven ook zijn moge, wanneer de *Moskwa* met schepen bevracht langs de muren des *Kremlins* voortkronkelt; de bekoorlijke wandeldreven aan hare zomen met bloemtapijten prijken en de bonte menigte door die lustwaranden dartelt; thans veroorloofde de temperatuur daarboven van 26° geen langwijlig oponthoud. Bij 't afklimmen van den toren, telde ik 264 trappen; de loodregte hoogte is 225 voet, die dus niet zeer belangrijk is, zoodat de *Groote Jan* van *Moskou* bij *Groningen's* pronkstuk de *St. Maartens*toren, nog veel te kort schiet.

Vóór *'t Kremlin* staat de monsterklok op een steenen voetstuk, en omgeven van een ijzeren hek. Zij gelijkt wel een huisje te zijn, wanneer men er zoo vóórstaat en in de hoogte moet kijken om haar toppunt te aanschouwen (*). Er zullen wel weinige voorwerpen van merkwaardigheid bestaan, van welke zoo vele verschillende en tegenstrijdige berigten gegeven zijn, als van deze klok. De hoogte, dikte, omvang en zwaarte stemmen doorgaans niet met elkander overeen; maar allermeest loopen de beschrijvingen van haren oorsprong en lotgevallen uiteen. De afmetingen en het gewigt zijn mij dus opgegeven: hoog 22½ voet; dik 23 duim; zwaar 4,80,000 *Russische* ponden; hare innerlijke waarde aan metaal wordt op 1,200,000 roebels geschat, volgens eene andere opgave slechts 200,000 roeb. Dat deze laatste opgave veel te klein en dus geheel onjuist is, kan blijken uit de waarde van de gewone klokspetie, welke bijna de helft minder waarde heeft, dan die van deze klok, wegens de verbazend groote hoeveelheid goud en zilver, die met het metaal zamengesmolten is. Zij heeft een groote berst, of liever er is een stuk uitgeborsten; die opening laat wel één, maar geen twee menschen te gelijk door: het gat is met een stuk

---

(*) De *Russen* noemen haar dan ook teregt *Tzar Kólokol*, d. i. keizer of vorst der klokken, eigenlijk vorst-klok.

hout aangevuld, 't welk men er uitnemen kan, waardoor de dikte juist kan worden gemeten. Om alle afmetingen persoonlijk te verrigten, daartoe was de koude al te groot. Ruim eene eeuw is dit heiligdom der *Russen* voor het oog verborgen gebleven; de klok heeft van af het jaar 1733, (het jaar van hare waarschijnlijke herschepping) tot 1836 in den schoot der aarde gerust; een houten loods overdekte haren grafkuil. De beroemde *Fransche* bouwmeester, de heer Monferrand, op wiens meesterstukken de keizerstad boogt, heeft dezen reus uit den duisteren grafspelonk opgetrokken en hem vóór 't *Kremlin* in den zonneglans geplaatst. Dezen arbeid, die als meesterstuk in de werktuigkunde geroemd wordt, heeft de bouwmeester door den arbeid van 600 soldaten, op den 23 Julij 1836, in den tijd van 42 minuten ten uitvoer gebragt (*). Ten opzigte van den oorsprong en geschiedenis van deze klok luiden de verhalen vierledig, en die zijn deze: de klok zou in den *Grooten Jan* gehangen hebben, maar er bij een brand uitgevallen en toen geborsten zijn. Een ander verhaal zegt, dat de *Franschen* in 1812 de klok uit den toren hebben geworpen en dat zij toen geborsten is; dit is echter een buitenlandsch verhaal. Eene *Russische* overlevering zegt, dat zij onder Alexéi Micháilowitsch in het jaar 1653 gegoten werd. Dat er in deze geschiedenis veel onzekers heerscht, kan niet bevreemden, wanneer men bedenkt, hoe weinig men in dat verwijderde tijdvak in andere en meer beschaafde landen van *Europa* ten aanzien van de geschiedenis der kunst of nijverheid nog gewoon was aan te teekenen, en dat men

---

(*) Zie *St. Petersburg. Zeit.* 15 Aug. 1836.

dit van *Rusland* uit dat tijdvak nog veel minder kan verwachten. Een ander verhaal is dit: de klok werd onder de regering van keizerin Anna hoogst waarschijnlijk omgegoten en zeer veel vergroot. De kolossus was te zwaar om te kunnen worden opgehangen, en zóó is zij in de duisternis blijven liggen, tot dat er eindelijk meer licht op aarde zou verspreid zijn, en haar uit de duisternis te voorschijn brengen. Bij een brand in den toren van het *Kremlin* werd het lood vloeijend en stroomde door het houten afschutsel op de klok neder, die door deze hitte moet geborsten zijn. Zeker is het, dat zij nooit gehangen heeft. Deze klok wordt voor de grootste der aarde gehouden; schoon ik ergens van een klok in *Hindostan* gelezen heb, die gezegd wordt nog meer gewigt te hebben, kan men daaraan weinige waarde hechten, omdat er geene afmetingen van bekend zijn. Laatste opgave wordt door de geschiedenis gestaafd, en schijnt alzoo de eenige ware geschiedenis van de groote klok te *Moskou* te zijn. Het vrouwenbeeld, 't welk men op de klok ziet afgebeeld, bevestigd tevens, dat zij onder de regering eener keizerin gegoten of liever omgegoten werd; het moet de beeldtenis van de keizerin Anna voorstellen. — Deze klok is het *palladium* van *Moskou* niet alleen, maar van geheel *Rusland*. Even zoo als de *Nowogoroders* de laatste straal van hoop met het wegvoeren van den *Eeuwige* zagen verdwijnen, zoo zou ook, zegt men, het *Russische* volk gelooven, dat het rijk met de heilige klok noodwendig zou moeten te gronde gaan. Toen ik op den rand der klok mijn zakboekje nederlegde, en de afmetingen, volgens opgave van den gids aanteekende, lagen er een paar boerinnen voor 't heiligdom gekuield, en waren dapper in de weer met *Grieksche* kruisen te maken. Vele boeren, soldaten en ander volk passeerden de klok, groetten haar eerbiedig en maakten er 't kruis voor. Anderen plaatsen zich vóór haar, en verrigtten dan, in vrome aandacht verzonken, hunne *ceremoniën*. Van heinde en ver doet het volk zijne pelgrimsreize naar de groote klok, en vereert haar als een heilige. Het is niemand geoorloofd, om er het kleinste stukje af te breken, zoo dat deze mijne poging, ondersteund door een half roebelstuk, op de striktheid van den gids schipbreuk leed. — De beschouwing van de klok is wel wat lang uitgevallen, maar zij is ook zóó groot, dat men haar in een ommezien niet naauwkeurig kan opnemen. Gaan wij nu het overige wat vlugtiger bekijken.

De kolossàle gebouwen van het *Kremlin* zijn vooral merkwaardig wegens den vermengden stijl, die zich in sommige kerken en paleizen vertoont. Drie groote paleizen kan men als hoofdgebouwen onderscheiden. In het nieuwe tuighuis is de rijke schatkamer van *Moskou*. Zij bezit een aantal zeer merkwaardige voorwerpen, waaronder kostbare sieraden van verschillenden aard. De kroonen van onderscheidene landen, door vorige *Grootvorsten* en *Tzaren* veroverd, worden hier bewaard. Wegens het onderscheid in vorm en bewerking, van welke sommige eenvoudig, anderen met kostbaren tooi overladen zijn, onderscheiden zich die van *Kasan*, *Astrakan*, *Siberie*, *Georgie*, de rijke *Keizerskroon* en nog andere. Voorts kan de beminnaar van troonen hier ook een paar exemplaren van *Poolschen* smaak beschouwen. Zeer opmerkelijk als geschiedkundige herinneringen waren voor mij de draagstoel van

Karel XII, waarop hij in den slag van *Pultawa* gezeten en zich heeft kunnen overtuigen, dat zijne heerschzucht hem in 't verderf heeft gestort. Het zwaard van Posharski en de helm van Alexander Newsky zijn mede rijk aan herinneringen. Als historisch merkwaardig voor den *Nederlander*, kan die hier onderscheidene geschenken beschouwen, door zijne landslieden aan Peter *den Groote* vereerd, waaronder een fraaijen beker. Met minder aangename gewaarwordingen, denk ik, zal de *Pool* hier een fraai kistje aanschouwen, met goud overtogen, wanneer de gids hem namelijk verhaalt, dat de grondwet van *Polen*, door keizer Alexander hun geschonken, daarin *geweest is*, maar nu niet meer, want in 1831 is die er uitgenomen en daarmede de grondwet den *Polen* ontnomen. Een gouden schotel met een dito zoutvatje wordt er ook vertoond; het is als *symbolum* van *Russische* zeden merkwaardig. De handelstand van *Moskou* heeft daarop naar landsgebruik den Keizer bij de troonsbeklimming brood en zout aangeboden (*), als teeken van trouw en gehoorzaamheid. Wanneer dit den vreemdeling er wordt aangeboden, dan is het een onderpand van gastvrijheid, veiligheid en vriendschap, welke ook zelden geschonden wordt. Bij vele *Oostersche* volken was vroeger soortgelijk teeken in gebruik, zoo als bekend is, en vindt er thans nog wel plaats, alsmede ook bij sommige onbeschaafde of zelfs wilde volksstammen. Overigens is hier ook overvloed van velerlei andere prachtige zaken, enz.

(*) Het bekende *Glebsold*, dat *broodzout* beteekent, of eigenlijk wordt er *en* onder verstaan, = *brood en zout*.

Het hoekige paleis (*Granowitaja palata*), dus genoemd naar den uitwendigen bouwtrant, omdat het uit behouwene hoekige steenen is opgetrokken, verdient mede bezigtiging. Het is een zeer merkwaardig gewrocht der bouwkunst, die uit den *Oud-Russischen* en *Byzantijnschen* stijl bestaat, en thans in *Europa* zeer zelden meer voorkomt. De bogen der gewelven worden geschraagd door een enkelen kolom van reusachtigen omvang. De vergulde gewelven en bogen doen den verbaasden beschouwer denken, dat hij in een paleis van goud rondwandelt. Hier ziet men de keizerlijke troonzaal, die buitengemeen prachtig is. Ofschoon ik die met andere troonzalen uit eigene aanschouwing niet kan vergelijken, zoo schijnt het toch, dat deze in rijken tooi niet ligt zal worden overtroffen. — Een ander paleis, 't welk de graaf mij aanwees, is het oude *Tzaren*-paleis. Dit heeft mede een zonderling aanzien en ziet er tamelijk bont uit, is op verschillende punten in kleine vakjes rood, geel en groen geschilderd, en met galerijen omgeven, die op kolommen rusten.

Wat verder aan de *Moskwa* aanschouwt men nog een keizerlijk paleis; het boeit door pracht noch *antieken* vorm; nogtans wekt het in hooge mate de aandacht door eene geschiedkundige herinnering: het strekte eens ten verblijf aan keizer Napoleon bij diens noodlottige zege van *Moskou*. De overwinnaar werd, na weinige dagen rustens op duur gekochte lauweren, door de vlammen uit dezen zetel verdreven. — Het paleis van den *patriarch* heeft een grooten omvang en prachtig aanzien. Belangrijk is de *synodale* bibliotheek, die zeer zeldzame werken en *M. S.* bezit, en waarvan sommige afschriften vertoonen van gedeelten uit den Bijbel, door de hand van *Tzaren* en *Tzarinnen* of Grootvorstinnen geschreven. Zij herinneren aan het tijdvak, toen de *politiek* der vorsten nog weinig hoofdbrekens opleverde, en de vorstinnen, bij mangel aan nuttiger werkzaamheid, door *kopiëren* naar de kroon der heiligheid dongen. Zóó werden dan ook deze afschriften als eene soort van heilige zaken beschouwd. Een groot gedeelte der gedrukte werken en H. S. heeft betrekking tot de *Geschiedenis des lands* en der *Grieksch-Russ.* kerk, *Russische* heiligen, enz. De verzameling van kerkelijke prachtgewaden moet zeer groot zijn, en de kostbaarheden een hoogst aanzienlijke waarde hebben. Wij bezigtigden deze pronksieraden niet; 't zou slechts eene herhaling zijn van 't geen wij van dien aard in 't *Troiskoi*-klooster reeds bewonderd hadden. Daarenboven had de graaf in weinige uren tijds reeds 27 roebel aan fooijen voor 't bezigtigen van een en ander besteed, en dat was der nieuwsgierigheid al ruim geofferd. Het bekijken van die fraaije zaken laat men in *Rusland* ook fraai betalen; naar mate de voorwerpen zeldzamer of prachtiger zijn, stijgen ook de fooijen.

Men zal verwachten, dat de kerken en kloosters hier, in 't middenpunt der heilige stad, wel veel bijzonders zullen opleveren, en die verwachting wordt niet te leur gesteld. Niet slechts in pracht van kerksieraden, kostbaarheid van kleinooden, vermaardheid van wonderdoende zaken, en faam van heiligen-*reliquien*, maar ook in de bouw der kerken heeft men het bijzondere en ongewone aangebragt, en daardoor tot den roem der stad medegewerkt. De *Basilius*-kerk strekke daarvan ten bewijze. Deze kerk, bij de heilige poort, is voorzeker het zonderlingste gebouw, dat men ergens kan aanschouwen; een gewrocht van het grillige, 't welk een monster der bouwkunst schijnt te zijn. De menigte koepels zijn alle van verschillenden vorm en kleur, en prijken trotsch met het gouden kruis der geloovigen, boven de halve maan der ongeloovigen. Zonderling vreemd is de aanblik, dien deze kerk door die bonte verscheidenheid oplevert. Zij is gesticht door Iwán Wasiljwitsch IV *den Gruwzame* in het jaar 1554, als dankoffer voor de verovering van *Kasan*. Het strekke ten bewijze, dat de *gruwzame* ook dankbaar kan zijn. Die vrome vorstelijke dankbaarheid, aan den Heer der Heerscharen voor de genadige gunst, geschonken in de overwinning van den vijand, in 't stichten van kerken en kloosters bewezen, heeft een aantal van de prachtigste gebouwen van die soort in 't aanzijn geroepen; men herinnere zich slechts het onvergelijkelijke *Escuriaal*. — Zóó dankbaar als de *Gruwzame* zich jegens het Hoogste Wezen betoonde, zoo ondankbaar, ja zelfs barbaarsch, alleen den *Gruwzame* waard, heeft hij zich tegen den bouwmeester, (in het scheppen van de kerk het hoogste wezen), betoond. De *Sage* zegt, dat de vorst na volbragte taak zóó opgetogen was over het meesterstuk van zijne grilligheid, dat hij den bouwmeester met warmte omhelsde, en toen de oogen deed uitsteken!

Maria-Hemelvaarts-kerk (*Oespenski Sabor*) is de oudste, en de meest vereerde kerk der *Russen* tevens. In deze kerk worden de Keizers gekroond, en 't overschot der *Patriarchen* rust binnen hare muren. De groote vermaardheid als bedevaartskerk heeft zij nogtans verworven wegens het bezit van een schilderij, die een kunstgewrocht van 't penseel des *Evangelisten* Lukas is, zoo als den geloovigen geleerd wordt. Deze schilderij stelt de afbeelding der Moeder Gods *van Wladimir* voor; zij wordt zeer druk door bedevaartgangers bezocht, zelfs uit *Siberie*, zoo als men zegt. De aanblik van deze schilderij schenkt den geloovigen een krachtig werkend zielsgenot: armen, die op den langen pelgrimsweg van honderden uren gaans met een afgebedelde bete broods het heiligdom bereikten, keeren met den hemel in 't hart naar de stroohutten terug, en wachten er dan gerust het sterfuur af. Onder de *reliquien* wordt ook een nagel van het kruis van Christus vertoond.

De kerk van den aartsengel Michaël, (*Archangelski Sabor*), hier naast, is den volke dierbaar wegens de begraafplaatsen der *Tzaren*: die lijken zijn in gemetselde kisten boven den grond bijgezet. Voorts is zij merkwaardig wegens eene voorstelling van het *Laatste Oordeel*, in *fresco's*; eenige rijk versierde schilderijen, benevens afbeeldingen van eene rij van oude *Moskovische* vorsten.

Na de beschouwing van de merkwaardigste paleizen en kerken, liepen wij te voet over het groote plein, om een oogenblik te toeven bij het gedenkteeken. Het standbeeld is uit brons vervaardigd en wordt geroemd als een welgelukt kunstwerk; 't is in 1828 opgerigt, en staat op een voetstuk van graniet. Het standbeeld stelt een der belangrijkste tafereelen uit de *Russische* geschiedenis voor, het is de verlossing des lands van de heerschappij der *Polen*, door Minin en Posharski, in 1612. Minin, een koopman van *Nischnei-Nowogorod*, verontwaardigd over de tooneelen van verwoesting, door den vijand op 't vaderlandsche erf aangerigt, vuurt in krachtige taal vorst Posharski aan, om met hem alles te wagen, ten einde het Vaderland van den vijand te bevrijden. Zijne rede, gloeijende door 't vuur van vaderlandsliefde, blaast die smeulende vonk in de borst des vorsten tot eene lichte laaije vlam aan. In dien toestand zijn beide beelden voortreffelijk voorgesteld; de koopman staat in de houding van een redenaar vóór hem; zijn regterhand opgeheven, wijst hij met de linker op 'tzwaard van den vorst. Op het gedenkteeken leest men in 't *Russisch:* Minin *en den vorst* Posharski *het erkentelijke Rusland.* Te regt is deze gebeurtenis der natie dierbaar, en leeft ze zelfs bij overlevering in de boerenstulp van geslacht tot geslachte voort.

„Nie stirbt die grosse That! Sie wirket fort,
Und, durch die Kraft des Beispiels wecket sie
Auch nach Jahrtausenden das edle Herz zu grosser That."

Collin, in *Regulus.*

De *bazar* (*Gostinoi-dwor*) is regt tegenover 't *Kremlin;* 't is eene aaneenschakeling van verwulfde gangen, bestaande uit meer dan 6000 steenen winkels. Wegens de gestrengheid van den winter, was de temperatuur in deze steenen gewelven zonder vuur, met opene ingangen, alles behalve aangenaam. De gebaarde en gepelsde *Russen* klapten duchtig in hunne dikke handschoenen. Zij heeft ten aanzien der inrigting veel gelijkheid met die te *Petersburg*, met dat onderscheid nogtans, dat er veel is wat den *Aziatischen* stempel draagt, en men hier weinige vreemdelingen opmerkt, inzonderheid *Europeanen.* Zoowel in 't personeel van sommigen als in de handelsartikelen merkt men op, dat in *Moskou's bazar* meer de *Aziatische* weelde zetelt, dan in die van *Petersburg*. De *bazar*, zoo wel als geheel *Moskou*, herinnert den reiziger, dat hij te *Moskou* en niet te *Petersburg* is: hier vertoont alles de *Aziatische* tint en 't zuiver *Russische* volksleven; dáár de bonte kleur van alle *Europesche* volken. Men treft hier veelvuldig *Armeniers*, *Grieken*, *Turken* en *Joden* aan, die er, onder de landskinderen vermengd, mede druk in de weer zijn, om hunne *Oostersche* weeldeartikelen aan den man te brengen. Die produkten bestaan vooral in fijne specerijen, kostbare oliën, van welke de droppel met een roebel betaald wordt, grooten voorraad van edelgesteenten, geborduurde *Turksche* laarzen, viltmantels, enz. Soms vertoont de *Chinees* met zijn langen haarstaart en kegelmuts zich hier ook onder de *Russische* pelsmannen, schoon ik er dien sluwen handelaar niet opgemerkt heb. Groot was 't aantal geldwisselaars, die, wanneer een voornaam edelman ze maar aanziet, dadelijk twintig geldsoorten optellen, en tevens hunne goud- en zilverstapels mooi in gelederen schuiven, met de verzekering, dat onder dien voorraad, van misschien honderdduizend stuks, geen enkele valsche munt gevonden wordt. Deze lieden staan meestal in vertrekken, die aan de buitenzijde geheel open zijn, en sommige van wat minder rang, staan met hunne geldtafeltjes in de opene lucht. De graaf verwisselde eenige honderd roebel papier tegen klinkende munt. De vlugge wisselaar was met zijne *Stschöti* (*Rekenbord*) eer met de rekening in 't reine, dan wij met cijferen. — Buiten, in 't gewoel van 't volk, waren *Zigeunerinnen* druk in de weer, om 't ligt- en bijgeloovige boerenvolkje groote en prachtige luchtkasteelen voor kleine en onaanzienlijke *kopecken* in ruil te geven. Daar waren namelijk groepen, die de *Zigeunerinnen* omringden, en haar met eene soort van bewondering aangaapten, ten minste met genoegen aanhoorden. Deze *Zigeunerinnen* waren waarzegsters, die den lieden geluk voorspelden. En wie zou het ook wraken, dat de *Russische* boer, geboren in een morsig kot, opgegroeid met zwart brood, koolsoep en *augurken*, en tot versterking der spierkracht tusschenbeiden een duchtig pak *Prügel* (een middel, zoo als de *Russen* zeggen, dat *probatum* is tegen zenuwtoevallen) — dat een boer, onder zulke omstandigheden levende, wel eens veranderen wil, en dan ook zijn stinkend kot, grof brood en kastijdingen tegen een fraai heerenhuis, lekker eten en de magt, om een pak slagen uit te deelen, wil verruilen? Dit alles nu belooft de waarzegster der boerin, die soms, door de voorstelling van zoo veel geluk, zich alreeds werkelijk eene edelvrouw waant, tot dat ze door de roeden van dien waan genezen wordt, en misschien met geene mindere teleurstelling begrijpt, dat 't toch maar verbeelding was, dan het vrouwtje uit de fabel, met de korf met eijeren op 't hoofd, die in haar geluk over al dien rijkdom van vreugde opsprong en met het breken der eijeren ook 't luchtkasteel zag in duigen spatten.

Nabij de *bazar* is de *Kitai-górod*. In dit staddeel is den 14, of, volgens anderen, den 15 September 1812, het eerst de brand uitgeborsten. De poging der *Franschen*, om 't *Kremlin* te doen springen, is mislukt: wegens de vochtigheid van het kruid is slechts een der tuighuizen gesprongen en wat beschadigd, 't welk later weer hersteld is. Op den terugtogt passeerden wij het oude tuighuis. Dáár aanschouwt men met verbazing een monsterkanon, wegens den reuzenvorm niet minder merkwaardig dan de klok. Het is in 1694 gegoten en 't gewigt wordt geschat op 96,000 *Russ*. ponden. De lengte is 27 voet, de middellijn $4\frac{1}{2}$. Deze middellijn laat dus niet toe, dat er een volwassen mensch regt op in staan kan, zoo als zeker reiziger verhaalt, ten zij hij een van die volwassen dwergen, als b. v. de vermaarde generaal Thom Thumb, *de Lilliputter*, van 35 *Engelsche* duimen, of zijn weêrga zij. Kinderen echter spelen 's zomers dikwijls in dien geduchten vuurmond. Dit kanon is dus nog van zwaarder *kaliber*, dan de beruchte *monstermortier* van *Luik*, tijdens de belegering der *citadel* van *Antwerpen*. Langs het gebouw staan een lange rij van kanonnen, als zoo vele zegeteekenen, meest van den buit, op de *Franschen* in 1812 behaald. Ze zijn van bijna alle volken van *Europa* afkomstig, en bedragen een aantal van 875. — Langs een ander staddeel terugkeerende, wees de graaf mij een toren, op welken de groote vergaderbak het water ontvangt, en dan aan de stad uitdeelt. Eenige wersten buiten de stad, bij het dorp *Alexejewskoje*, links van den weg van *Jaroslaw*, zijn twee stoomwerktuigen met 48 paardenkracht, die 't water in den bak opvoeren, vanwaar het door de stad geleid wordt, en in prachtige fonteinen ontspringt. Dit waterwerk, bekend onder den naam van *Mytischtschinskische waterleiding*, werd reeds door Katharina II aangelegd, is echter eerst in 1827 voltooid geworden. De stad is overigens van putten voorzien, die goed drinkwater opleveren, zoo dat dit kostbare werk geheel en al eene zaak van weelde is.

Na uren achtereen in de buitenlucht, koude paleizen, enz. te hebben getoefd, was de warme zaal in 't paleis bij onzen gastheer welkom; de rijk voorziene disch streelde den geprikkelden eetlust, en een klein gezelschap van bezoekers verhoogde 't genot van dit alles. Eenige hoofdofficieren, vrienden van den generaal, benevens een paar familieleden van den graaf, waren op 't *diner* verschenen. — De generaal was een weinig onpasselijk geworden, zoodat die zich na de thee liet ter ruste brengen. 't Gezelschap echter toefde nog wat na middernacht. Daar de tijd onder den *Champagner* en de kaart ongemerkt voorbij sluipt, zag de graaf zijn plan te leur gesteld, om vroeg te gaan uitrusten van de vermoeijenissen der nachtreizen en de ontbering van den slaap te vergoeden. 't Gezelschap scheidde, om nog terug te komen alvorens de graaf afreisde, in de hoop, dat de generaal zich dan wél mogt bevinden. — Dit gezelschap, half te leur gesteld en afgebroken, had voor mij weinig belangrijks opgeleverd; ik vleide mij nu met de hoop van schadeloosstelling voor den volgenden keer. Deze hoop, om n.l. wat bijzonders betreffende de zeden te vernemen, uit den mond van hen, die dat alles grondig kennen, troostte mij. — De zoete slaap liet zich niet lang nooden. Verfrischt ontwaakt, had ik het genoegen om den generaal in welstand aan de ontbijttafel te begroeten.

ZEVENDE HOOFDSTUK.

Blik op den veldtogt van 1812. — Napoleon door Kutusoff *misteid.* — Napoleons *intogt in* Moskou. — *De Keizer ontvlugt met levensgevaar 't brandende* Kremlin. Napoleons *aftogt.* — *Bezoek op een* Heidensdorp; *blik op de geschiedenis van dit volk.* — *Bezigtiging van 't paleis van 't* Kadettencorps. — *Gesprek met een hoogleeraar van* Moskou *over 't hooger onderwijs, enz.* — Moskou, *de zetel der* Homoöpathie; *de* Alopathie *in* Rusland. — *Avondgezelschap bij den generaal.* Soirée musicale et litteraire *bij graaf*. *Leefwijze van den adel in* Moskou. *Bediendenverkeer.* — *Vertrek.*

De graaf had zaken te verrigten, en ik ging nu een paar omstreken der stad bezigtigen, of liever bloot maar zien. De generaal gaf mij een paar bedienden mede en gelaste hun, mij zekere punten, benevens de rigting op *Smolensk* aan te wijzen. De Lezer gelieve te weten, dat het ridje op den beroemden *Musschenberg* (*Werobieski gori*) gerigt was, om dáár in de koude van 26° (en op den berg zeker nog wel een graad meer) een heerlijk uitzigt over de stad te genieten en wat stof voor *mediteren* te verzamelen. Wie zou dezen berg niet bezoeken, al is 't dan ook al koud, die ooit als verre vreemdeling 't heilige *Moskou* betreedt; hij is immers in de geschiedenis der *Europesche* volken vereeuwigd. — Slechts eenige wersten van de stad verwijderd, had het dartele driespan spoedig den top bereikt. Prachtige gebouwen, een statig woud, of romantische watervallen zoekt men er te vergeefs. Keizer Alexander had het begin gemaakt met den bouw van nog eene kerk bij de honderde in de stad; Keizer Nikolaas heeft er een meer nuttig gebouw gevestigd met het hospitaal. Van af den berg geniet men er een heerlijk gezigt over die zee van huizen, kerken en paleizen. Indrukwekkend is de aanblik van het trotsche *Kremlin*, 't welk zich met zijne reuzengestalten uit den schoot der wijdluftige stad verheft; zijne vergulde daken weerkaatsten den gloed der zonnestralen in verblindenden luister. Op dezen berg aanschouwde Napoleon voor 't eerst het groote *Moskou:* getroffen door den trotschen aanblik en geroerd door de duur gekochte zege op zijn' geduchten mededinger, stroomt uit de diepte des harten de uitroep van verrukking van zijne lippen: »*c'est le plus beau jour de ma vie!*" Toen de rest der gedunde gelederen van Napoleons reuzenmagt dezen berg beklom, en *Moskou* stil en vreedzaam aan hare voeten zag liggen, begroette de heldenschaar in acht talen, met handgeklap de heilige stad, als den eindpaal van doorgestaan lijden en de hoopvolle schutsgodin en bakermat. Die vereeuwigde dag was de 14 September 1812. — Verzonken in bepeinzing over het groote leger en zijne rampzalige lotgevallen, herdacht ik eenige hoofdpunten der geschiedenis van dien veldtogt. Buiten twijfel stelt de Lezer belang genoeg in de herinnering aan dat merkwaardige jaar, om met ons een vlugtigen blik te werpen op de hoofdpunten der lotgevallen van die armee, de bloem der *Europesche* volken, die de sneeuwvlakten van dit woeste land met haar bloed verwde en met lijken bezaaide.

Op den avond van den 23 Julij 1812 roeiden drie gebaarde mannen in een schuitje over de *Niemen*, en stapten aan den *Russischen* oever aan wal. Het waren *Fransche sappeurs;* geene gezanten van vrede, maar engelen des verderfs. In de kalme avondstilte knalt de echo van een schot langs de eenzame *Niemen*-boorden : de engel des vredes was ontvloden. Dit was het sein tot den oorlog, op *Russischen* bodem overgebragt; het lot was nu geworpen, de kampstrijd tusschen twee reuzenmagten geopend, en het waagstuk: *aut Caesar, aut nihil,* (n.l. van geheel *Europa*) was ondernomen. 't Vijandelijke schot was gerigt op een *Kozakken*-officier, die voor zijnen Keizer aan de grenzen wake hield. Hij zendt ijlboden aan zijn vorst, die de mare overbrengen, dat de oorlogsfakkel op 't keizerlijk gebied is overgebragt. Keizer Alexander danste op een schitterend bal met de gemalin des opperbevelhebbers, Barclai de Tolly. De Keizer neemt, volgens 't verhaal, eene *prise*, rigt zich dan met een fijn kompliment tot zijne danseres en zegt: »*Voila Madame! une occasion pour votre mari d'obtenir de l'honneur aux frais des étrangers*," en vervolgt de *waltz*. — Den 24 en volgende dagen trok de armee over de *Niemen*. De eerste gevechten aan de *Dwina* (*Duna*) geleverd, waren heet. De *Russen* trokken zich toen op *Smolenks* terug, alwaar een hoofdtreffen plaats greep, tusschen Barclai de Tolly en Sebastiani. De hoofdmassa der *Russische* armee viel op den 17 Aug. den vijand aan. Het schijnt, dat de zege zich hier eindelijk beslissend voor de *Franschen* verklaard heeft. Van weêrszijden sneuvelden in dezen strijd ruim 27000 man. Reeds den 19 Augustus vervolgde de *Fransche* armee den vijand, die zich onder den nieuw benoemden opperbevelhebber Kutusoff verder naar *Moskou* terug trok, om nog een wanhopigen kamp voor 't behoud van de heilige stad te wagen. Kutusoff had op een hoogte eene voordeelige stelling genomen; door de *Moskwa* en *Kaluga* deels omslingerd, en door een uitgestrekt bosch gedekt, leunde de regter vleugel op 't dorp *Borodino*. Deze kampstrijd is het hoofdtreffen van alle gevechten geweest. De geschiedenis van oorlogstooneelen levert schaars voorbeelden op, dat er van weêrskanten met zoo veel verbittering gestreden werd. De *militaire* welsprekendheid, door Napoleon ingevoerd, putte zich uit in 't schetsen van de zaligheid, welke na zoo veel ontbering, gebrek en lijden den strijders in 't heilige *Moskou* wachtte, als 't einddoel van den veldtogt en 't loon voor dapperheid. 't *Militaire* eergevoel, door Napoleon zoo snijdend gescherpt, werd geprikkeld met eerekruisen, onderscheiding en keizerlijke goedkeuring, 't welk den moed tot eene soort van razernij opvoerde. De keerzijde brandmerkte lafheid en eerloosheid met onuitwischbare schande, en doorvliemde 't hart, zwellende van krijgsman eer. — Anders, maar niet minder doeltreffend waren de middelen, aangewend om de *Russische* legerscharen met leeuwenmoed te bezielen. Hier werkte men niet op het verstand, maar op de *fantasie*. Priesters der godsdienst, in 't plegtige kerkornaat gekleed, wijdden de vaandels en de legerscharen tot den dood of tot de zegening der overwinning. Naar de leerstellingen der kerk en 't begrip van pligtenleer, door 't verworpen lijfeigenras gedeeld, vond die leer niet alleen gereede opname, maar voerde de massa's tot geestdrijverij: het gold den strijd voor 't heilige geloof; voor den geheiligden persoon des Keizers; voor het dierbare vaderland, en 't heilige *Moskou*. Als aanmoediging tot dapperheid werd de verdediging des lands niet slechts als burgerpligt voorgesteld of lofwaardig geroemd; zij wordt als G o d s en des Keizers wil geboden. De dood, *in* en *voor* dien heiligen strijd gestreden, voerde regtstreeks naar de onvergelijkelijke zaligheid des hemels; een geluk, alle menschelijke voorstellingen verre overtreffende. Van den anderen kant werd bij dit opvoeren en ontstemmen der *fantasie* de ziel met de grootste verbittering vervuld. De priester noemt den vijand *Onchristen*, een heiden en barbaar, die geen geloof heeft, en alleen daardoor reeds alles in zich vereenigt, wat den mensch in de zedelijke wereld tot een monster misvormt. Deze vijand is gekomen om verwoesting en dood te brengen; hij verguist met verwatene hand het heilige, bespot de godsdienst, schendt den eigendom, en vertrapt de landsvaderlijke zeden en gewoonten. — Dit werkte niet minder krachtig, dan de moed insprekende en gouden bergen belovende toespraken der *Fransche* legerhoofden. Zóó voorbereid, werden van weêrszijden de legerdrommen tot den kampstrijd aangevoerd. Er werd met geene menschelijke dapperheid, maar met waanzinnige tijgerwoede gestreden. Herhaalde malen werd de heuvel genomen en hernomen, tot dat de *Franschen* er eindelijk stand hielden. Die ijselijke verbolgenheid van menschen tegen menschen, die elkander kenden, noch onderling twist voerden, dan als *vasallen* van werelddwingers, bragt 67,000 menschenlevens ten offer. Een *Russisch* hoofdofficier, die als tweede *luitenant* in dien worstelstrijd heeft deelgenomen, verzekerde mij, dat de *Russische* gelederen letterlijk een muur vormden, waarop de vijandelijke *kavallerie* beukte en het geschut dien bij geheele *bataillons* nederwierp. Er hebben op dezen heuvel *Russische regementen* gestaan, van welke geene twintig koppen zijn overgebleven. Het verlies der *Fransche* armee is over de geheele linie nogtans aanmerkelijk grooter geweest. De *Russen* toch hadden eene vaste stelling in bezit, die de *Franschen* moesten bemagtigen; vandáár dan ook dat de *Russen* 30-, en de *Franschen* ruim 37,000 man verloren. De *Russen* noemen dezen slag naar 't dorp *Borodino*; de *Franschen* naar de rivier de *Moskwa*, in welken de maarschalk N e y den bekenden vorstentitel verwierf. — Tot vereeuwiging van dien kampstrijd heeft keizer N i k o l a a s op de vlakte van *Borodino* een gedenkteeken doen oprigten, van 't welk de *militaire* gouverneur van *Moskou*, vorst G a l i t z i n, op den 9 Mei O. S. 1839 den eersten steen gelegd heeft. Naar luid der *Fransche* dagbladen van 1835, heeft de heer L a n g l o i s door zijn kunstpenceel dezen slag vereeuwigd in een *Panorama*, in 't welk niet minder dan 200,000 persoonsafbeeldingen moeten voorkomen. — K u t u s o f f waagde niet meer, een slag te leveren, maar trok zich nu op *Moskou* terug; gaf de stad der vlammen prijs, en legerde zich toen zuidwaarts van *Moskou*, in afwachting van gunstige gelegenheid, en die bleef

15 *

niet lang uit (*). De zege verliet Napoleon en voegde zich nu bij de *Russische* vanen. — Napoleon zal wel niet gegist hebben, dat de oude *Rus* Kutusoff hem, den meester op 't slagveld en geslepen staatsman, zoo erg zou verschalken. 't Doel van den *Russischen* bevelhebber was van nu af, om, door den schijn van onderhandelingen te openen, slechts tijd te winnen, tot dat de magtige bondgenoot van het *Russische* volk zou overkomen en van den vijand vernielen, wat aan het wraakzwaard mogt ontsnappen. Die bondgenoot, de verdelgende *Russische* winter, kwam al spoedig opdagen. Tot dat einde zond Kutusoff koeriers met *depêches* aan keizer Alexander af, in welke hij den benarden toestand van het *Russische* leger met de levendigste kleuren maalde. De bevelhebber berigtte zijn' meester, volgens een overgelegd plan, dat er van de 100,000 man opgeroepene *rekruten* bijna niets verscheen; dat er in 't leger sporen van eene zamenzwering ontdekt waren; dat men voor eene *revolutie* in den boezem der armee moest duchten; dat de *Kozakken*-bevelhebber Platoff weigerde om zijne bevelen te gehoorzamen, en zij elkander zelven weldra zouden moeten bekampen; dat de *Russen* tegen de onweerstaanbare dapperheid en overwegende krijgskunde der *Franschen* niet bestand waren, en 't leger door 't verlies der heilige stad *Moskou* zóó ter neêrgeslagen was, dat hij aan geen ernstigen strijd meer kon denken. Eindelijk besloot de sluwe veldheer zijn verslag met de dringende bede, om den Keizer ernstig een

---

(*) Behalve 't bekende werk van de Segur, vergelijke men onder anderen Frains *Manuscrit de* 1812. *Paris*, 1826.

wapenstilstand, en zoo mogelijk den vrede met Napoleon aan te bevelen; daar hij bij 't verwerpen van dit eenige redmiddel het ergste vreesde. Kutusoff zorgde wel, dat die koeriers den vijand in handen vielen, en Napoleon hield de verzonnen berigten voor ware opgaven. Toen was de *Russische* armee reeds met ruim een vierde van de *massale* magt versterkt geworden. De troepenafdeelingen uit *Azie* en de vrijkorpsen bedekten de groote landwegen des onmetelijken rijks; de woeste stammen uit het verre *Kirgisie* werden door Kutusoff ten kampstrijd verdagvaard. Met *fantastische* woede bezield, ijlden deze roofzuchtige horden ter wrake voor de geschondene regten van den *Tzar*, en dorstten naar den buit des verwaten vijands. Napoleon wachtte nog steeds op vredesvoorslagen; hij wachtte van dag tot dag, van uur tot uur, maar te vergeefs: die vredeboden van Alexander bleven uit; maar een ander bode verscheen, niet met den vrede, maar met de verkondiging van dood en verderf; die was de *Russische* winter. In de *Fransche* armee werd de nood reeds groot; honger en gebrek waarden als spookgestalten in de gelederen rond; de geteisterde heldenschaar wroette te vergeefs in *Moskou's* smeulende puinhoopen naar voorraad om den honger te stillen of de verkleumde leden te dekken. Intusschen werden de *Franschen* al hevig bestookt door de *Kozakken*drommen van Platoff. De legermagt van Kutusoff bedroeg, omtrent het tijdstip toen de *Franschen* den terugtogt aannamen, nabij een half millioen weerbare strijders; aan 't klimaat gewoon, waren zij allen welgekleed, gevoed en gewapend, dorstende naar wraak en vlammende op buit. Onder deze omstandigheden zendt Napoleon, moede van het lange dralen (en nog niet wantrouwend?), Lauriston aan den opperbevelhebber tot aanbiedingen van vredesvoorslagen. »Voor *Rusland* begint nu eerst de eigenlijke oorlog," is 't antwoord van Kutusoff, terwijl hij met een *diplomatischen* glimlach den verrasten vredebode scherp opneemt. Toen Napoleon dit antwoord ontving, was zijn droom uit, waartoe Kutusoff de stof en de hoogmoed des *grooten* Keizers den vorm geleend had. Napoleon, als uit een wezenlijken droom ontwaakt, zegt men, begreep nu oogenblikkelijk den geheelen omvang van den benarden toestand, waarin de sluwe Kutusoff hem gewikkeld had. De dag, of liever de weken van wrake waren gekomen: de natie hield gerigte over een handvol vijanden, die 't gewaagd had de vaderlandsche grens met den oorlogsfakkel te overschrijden. — *Russische* schrijvers beweren, dat het cijfer der armee op den 19 October, de afmarsch van Napoleon, aanmerkelijk grooter geweest is, dan toen de *Franschen* in *Rusland* vielen. De *proclamatie* van Kutusoff en de uitlegging derzelve door de priesterkaste, benevens hare ophitsing tegen den vijand, voerde den strijdlust ten toppunt, en bragt den opperbevelhebber binnen weinige weken meer dan 100,000 man krachtvolle strijders onder de vanen. De armee uit *Moldavie* was, na 't sluiten van den vrede met *de Porte*, onder het legerhoofd Tschitschakoff, met snelmarschen ter hulpe toegesneld, en had zich onder Kutusoff's opperbevel beschikbaar gesteld. Verschrikkelijk was de slagting, door den verwoeden wraak- en buitdorstigen vijand onder het gedunde, uitgehongerde en verkleumde overschot der *Fransche* armee aangerigt. *Kirgisen-* en *Baskiren*-kozakken hieuwen gansche regementen achterblijvers met hunne zwepen, met kogels geknoopt, ter neder. — Aan de dweepzuchtige woede, door die *proclamatie* en hare geestelijke uitlegging verwekt, moet men de barbaarsche mishandelingen en folteringen toeschrijven, welke duizende achterblijvers van de *Russen* geleden hebben, en die geenszins beschouwen als een gevolg van het natuurlijke volkskarakter. De regtvaardigheid eischt deze teregtwijzing, door partijdigheid zoo dikwijls verminkt, en daardoor onjuist voorgesteld. Uit eigene ervaring hebben wij het *Russische* volkskarakter als menschelijk en gastvrij leeren kennen, en geenszins als onvatbaar voor 't leed van anderen of barbaarsch in martelen. — Den Lezer is de geschiedenis van den rampspoedigen terugtogt ten overvloede bekend, zoo dat we in zijn gevoel den weemoed niet behoeven op te wekken, welke een schets van de afgrijselijkste slagting en een nameloos lijden van *Europa's* keurbenden moet verwekken, die, tot een verminkten hoop van weerlooze *invaliden* versmolten, van honger uitgeteerd, met lompen schaars bedekt, door woeste horden als wilde dieren over onafzienbare sneeuwvelden gejaagd, die met hun bloed doorweekt en met hunne lijken bezaaid, slechts een groote gerigtsplaats geleek. *Deze* rampzaligen waren de verwinnaars van den *Russischen kolossus*, die in den alouden *Tzaren*-zetel den schepter gezwaaid, thans als een hoop verworpelingen die duur gekochte zege op vaderlandschen grond overbragt! Dit was 't noodlottige overschot van meer dan $\frac{4}{5}$ millioen weerbare krijgslieden. Een *Nederlander*, die als lotgenoot der groote armee, tot nabij *Moskou* in den veldtogt deelde,

geeft van de *Fransche* legermagt deze beschrijving:
„Niets minder dan zesmaal honderd en tachtig duizend man voetvolk, met honderd zes en zeventig duizend achthonderd man ruiterij (bij het 9de korps bevonden zich de Hollanders) stonden dit reuzen ontwerp ten dienst. Den optogt naar Rusland heb ik tot op zes uren afstands van *Moskou* bijgewoond; de terugtogt der *Russen* geschiedde in de hoogste orde; niet een enkel kanon of eenigen kruidwagen, niet een' enkele verwonden soldaat lieten zij op dien togt achter en het was dus eene meesterlijke *retraite*" (*). Nadat Napoleon te vergeefs drie dagen op de gevraagde sleutels van *Moskou* gewacht had, stelde hij zich in beweging om die zelf te halen, maar 't was niet noodig, de poorten waren open.

Het ontbreekt niet aan schrijvers, die den plegtigen intogt van Napoleon in *Moskou* als verwinnaar der *Russische* legerscharen indrukwekkend hebben geschetst; de levendige, en welligt boven allen uitstekende teekening van een begaafd dichter, moge ons deze in 't voorbijgaan nog eens in een paar bijzonderheden voor den geest terug roepen. Omringd door zijne maarschalken, is de groote Keizer, aan prachtige wereldsteden gewoon, nogtans getroffen bij den aanblik op het groote *Moskou*, wiens torenspitsen in den zonnegloed schitteren van goud. De dichter (†) legt Napoleon deze woor-

---

(*) Zie H. J. Abbring: *Fragmenten uit mijne Aanteekeningen*, I. 122.

(†) Rostopchin, od. Napoleon *in Moskou, Drama in fünf Akten, von Dr.* Johann Hirt, *Konstanz*, 1838. Dit stuk is herhaalde malen te *Moskou* met de uitbundigste toejuiching ten tooneele gevoerd.

den in den mond, als gerigt tot den maarschalk Ney.

» Nicht wahr? — Ist eine imposante Stadt,
Dies Moskau. Als ich auf dem Sperlingsberge
Stand, und sie, wie unendlich ausgebreitet,
Vor meinem Blicke lag mit ihren vielen
Palästen, Thürmen, Templen, die so schön
Sich mit dem Golde ihrer Kuppeln in
Der Morgensonne strahlten, da hat mich
Der Anblick überrascht!" (S. 58.)

Men zegt dat Napoleon op deze overwinning eene *medaille* heeft laten slaan met dit opschrift:
 »Napoleon, *Empereur des Français, et Czar de Russie.*"
en op de keerzijde:
 »*Dieu au ciel, et* Napoleon *sur la terre.* Te groote nederigheid zal hierin wel niet gegispt worden.

De *militaire* gouverneur van *Moskou* had nogtans maatregelen genomen, dat deze vreugde des overwinnaars van korten duur was; hij had nog meer gedaan en tevens gezorgd, dat die vreugde in den bittersten gal verkeerde. Hij had den overwinnaren, wel is waar, paleizen, kerken en kloosters, met eene zee van huizen overgelaten, maar alle krijgsvoorraad, benevens mondbehoeften en kleeding, van dit alles was er in de gansche stad niets meer te vinden. Murat had voor den intogt door sterke *patrouilles* verkenningen gedaan; zelf aan de spits, had hij de groote stad in alle rigtingen doorkruist: hij vindt er geen vijand in hinderlaag gelegen; slechts ledige paleizen en huizen: grafstilte heerschte alom (*). In plaats van vreugdekreten, of een op-

---
(*) Door de Segur wordt de intogt fraai geschetst.

looprumoer, heerschte overal de eenzaamheid der woestijn. Berthier *rapporteert* daarvan aan Napoleon, volgens den dichter:

» Es stehn die Häuser leer; kein Moskovit ist
Zu sehn.
Die Buden und Gewölbe sind
Verschlossen; Düsterheit und Stille herrscht
In jeder Gasse, und auf jeden Platz." (S. 61.)

Naauwelijks heeft de zegevierende Keizer op 't *Kremlin* zijn hoofdkwartier gevestigd, of hij ziet in de nabijheid van zijn paleis de vlammen uit de gebouwen van de *Kitai-gerod* opstijgen. Hij bekreunt er zich niet om, en stelt het op rekening van zijne wraakoefenende soldaten. — *Fransche* legerbenden stroopen in de omstreken der stad, om mondbehoeften op te sporen, die ze in de stad te vergeefs zoeken. Men komt aan 't lustslot van den gouverneur Rostopchin, en vindt ook hier niets dan puin en asch. Vóór 't lustslot staat een paal, en op die paal is een opschrift geschreven 't welk men Napoleon voorlegt, en van dezen inhoud is (volgens Dr. Hirt):

,,Acht jaren lang verfraaide ik dit landgoed, en leefde er gelukkig in den schoot mijner familie. De inwoners van het landgoed, 1720 in getal, verlaten het bij uwe nadering; en ik steek mijn huis in brand, opdat het door uwe tegenwoordigheid niet bezoedeld worde. *Franschen!* ik heb u mijne beide huizen in *Moskau*, met een meublimеnt van eene halve millioen roebel waarde overgelaten. Hier vindt gij niets dan asch."

Borowo.   Feodor, graaf Rostopchin.

Alles was voor den brand in gereedheid gebragt, vóór dat de *Franschen Moskou* bereikten. Men wachtte slechts op het sein van den opperbevelhebber, om de stad in asch te leggen. Daar klimt uit het leger van Kutusoff een vuurbol ten hemel; een raadselachtig verschijnsel voor den vijand; de *Rus* weet nu wat hem te doen staat; hij zal de heilige stad der vlammen offeren. — Over den oorsprong van den brand is veel voor en tegen de *Russen* geschreven (*), die men het meest van onmenschelijke barbaarschheid heeft beschuldigd, wegens het in den brand steken van 't hospitaal, in 't welk duizende gewonde *Russische militairen*, hulpeloos aan de sponde gekluisterd, door de vlammen verteerd werden. De regtvaardigheid eischt, om hier aan te merken, dat de geneeslijke gekwetsten in veiligheid naar elders waren vervoerd geworden. Het offer der ongeneeslijken levert een tegenhanger op van Napoleon's uitdrukking, zoo als men zegt, bij de beschouwing van een slagveld, met zijne scharen bezaaid: »*Ce n'est que de veau*," doelende op de *rekruten*. Zóó zal Kutusoff ook gezegd hebben: »*'t zijn slechts ongeneeslijken*," en beiden bragten anderen ten offer om hun eigen oogmerk te bemerken. Dat Rostopchin, in overleg met Kutusoff, *Moskou* in de asch gelegd heeft, schoon de zaak nog steeds duister blijft, schijnt toch niet twijfelachtig te zijn. In *Rusland* wordt het er algemeen voor gehouden, maar niet

---

(*) Behalve andere schijvers, vergelijke men: Surruges, *Lettres sur l'incendie de Moscou*, Paris, 1823; en het geschrift van Rostopchin zelven: *La verité sur l'incendie de Moscou*, Paris, 1823. Lecointe de Laveau heeft den brand meer als *geschiedenis* geboekt.

zoo gaaf erkend. Sommige door de *Franschen*
gevangen genomene *Russen* hebben 't aanleggen van
den brand ook bekend. Nadat de burgerij de stad
had verlaten, werden 1000 boeven losgelaten, die
de stad op alle hoeken in vlammen zetten. De
Franschen hebben in den beginne veel moeite aangewend om den brand te blusschen, maar 't was
ijdele moeite, daar de vlammen overal op nieuw
uitborsten. Toen Napoleon de stad verlaten
had, liet hij Mortier er achter, met den last
om *'t Kremlin* te doen springen, welke poging
mislukte. Over de mislukking van deze poging in
woede, legt de dichter Napoleon deze woorden
in den mond:

» Des Universums Axe ist zerbrochen —
Die Urne der Geschichte ist zerschellt! (erbittert) Nein,
Die Erde ist zu keinem grossen Plan
Geboren! — Ich bin hintergangen, bin
Verrathen — und von einem Russen — bin
Ich hintergangen! — Ha! wo bist du Sonne
Von Austerlitz von Marengo? — Hat dich
Der Himmel ausgespieën? — Hast du mit
Der Hölle dich zu meinem Untergang
Verschwören? — (S. 119.)

Schuiven we de gordijn voor dit tooneel van gru-
welen, en verlaten we den *Musschenberg* met zijne
herinneringen aan slagvelden en een brandende stad,
om een meer levenslustig tafereel van zachteren aard
te beschouwen. In de nabijheid van *Moskou* is een
nederig dorpje gelegen, met *Heidens* bewoond; derwaarts wenschen wij den goedgunstigen Lezer te
geleiden, om er 't *Heidensche* leven eens wat op
te nemen. Op weg naar *Maria Rotsche*, (zoo heet
het *Heidendorp*), vertoonden zich hier en daar in
de verte prachtige lusthuizen en kloostergebouwen

van reusachtigen omvang en fraaije ligging. Met
gespannen verwachting verbeidde ik 't dorp, bewoond door dat slag van volkje, 't welk Vader
Cats aldus schetst in het *Spaens Heydinnetje:*

» Daer is een seldsaem volck genegen om te dwaelen,
Gedurigh om-gevoert in alle vreemde palen,
Dat (soo het schijnen magh) als in het wilde leeft,
Maer desal niet-te-min syn vaste wetten heeft.
Het laat sigh over-al den naem van heydens geven,
En leyt, alwaer het koomt, een wonder seldsaem leven.
Het roemt sigh dattet weet uyt yders hant te sien,
Wat yemant voor geluck of onheyl sal geschien".

Met een der beide bedienden trad ik een hut binnen en liet aan den ander de wake over de slede.
Het gezelschap bestond uit een man, twee vrouwen,
een paar meisjes en eenige kinderen. Het huisraad
bestond uit een bank en eenige kleine zitbankjes, een
oude tafel benevens eenige smidsgereedschappen. Aan
den wand hingen hoefijzers, en eenige ketellappers-
werktuigen. Eene vrouw bleef eerst op den oven 't
warme leger houden, maar liet er zich toen zachtkens
afglijden en plaatste zich naast den man op de bank,
want de huisvader haalde een kruik te voorschijn
met het bekende *wodka*glas. 't Heidinnetje moet
dit sein wel verstaan hebben, daar ze zich zoo vlug
in de rij schaarde. Ze mogen hier wel niet in
weelde en overvloed leven, hunne levensvoorwaar-
den zijn toch meer overeenkomstig een beschaafd volk
dan van vele hunner stamgenooten, b. v. in *Spanje*,
Engeland, ook in *Hongarije* en de vorstendom-
men *Moldavie* en *Wallachye.* Belangwekkend zijn
de *physiognomiën* voor den beschouwer in hooge
mate. In plaats van hier in 't hart van *Rusland*
't gewone *Russen*-gezigt (rossig haar, breed gezigt,

kleine oogen, enz.) op dit dorp te ontmoeten, aanschouwt men er een ander gelaat. Het ravenzwarte haar, 't zwart-bruine oog, van zoeten weemoed smachtende of vlammen schietende, naar mate de gevoelvolle ziel door lust of onlust wordt aangedaan, vertoont den *Oosterschen* stempel. Ze zijn regelmatig van wezenstrekken, de kleur is niet helder maar geel; iets wat met het innemende van 't voorkomen, en inzonderheid met den kwijnenden blik, stroomende van uitdrukking, niet in overeenstemming schijnt te zijn. De Natuur heeft in de *Oostersche* vrouw den gloed der rozen-koonen opgeofferd aan 't stoovende vuur der oogen; ook de geroemde *Cirkassische* schoonheid is zonder verw. Deze vrouwen zijn door de Natuur bijzonder begunstigd met een aanleg voor zinnelijke genoegens, als voor het tooneel, den zang, den dans, muziek, enz. Wanneer zij uit den onbeschaafden levenskring in de hooge *cercles* verplaatst wordt, dan schittert ze weldra boven hare fijn beschaafde mededingster uit, door losse gemanierdheid en bevallige houding. Deze geschiktheid maakt dat ze zich bevallig in een staatsiekleed vertoont, 't welk voor 't eerst hare slanke leden dekt. De zang is wegslepend, vooral in hare *nationale* liederen, waarin ze de roerendste toonen doen ruischen, die 't diepste gevoel uitstorten; die dan in zilvertoonen wegsmelten en den *melancholischen* weemoed kwelen. De dansen zijn voor 't meer bezadigd *Noordsche* gevoel misschien wat *al* te vol gevoel en uitdrukking; waarvan 't meer koele gemoed misschien met Salustius oordeel, over den dans van Sempronia zal instemmen:

» *Saltare elegantius, quam necesse est probae.*"

(Sempronia danste beter naar de regels der kunst, dan zulks eener eerbare vrouw betaamt.) Hare liederen hebben doorgaans onderwerpen tot stof, die de levenswijze kenmerken, of de bedrevenheid van sommige hunner stamgenooten bewierooken. Tot deze behooren inzonderheid bedriegelijke streken, als paardendieverij; zegevierende liefdehandel der vrouwen of meisjes met aanzienlijken; *triumfante* waarzeggerijen, die met verrassende uitkomsten tevens rijke winst opgeleverd hebben; verder vecht- en smulpartijen, enz. Overigens verdienen de vrouwen iets met kleinhandel in snuisterijen aan de boerinnen te verkoopen, maar meer met de handkijkerij; voorts zijn zij de koppelaarsters; openen gewenschte betrekkingen; zingen en dansen om 't volk en de grooten te vermaken en er een paar *kopecken* mede te verdienen (*). — De mannen drijven veelal paardenhandel in het klein, en staan doorgaans met boeren uit den omtrek, of ook uit meer afgelegene streken, in geheime betrekking, (ten minste is mij dit in de *Steppen* uit regterlijke *acten* gebleken) en drijven meerendeels handel in gestolen paarden, die ze, òf zelve stelen, òf door de boeren gestolen, voor kleine prijsjes koopen. Wijders gaan ze op de groote paardenmarkten om paarden te laten of te hoeven, (dit drijven ze althans in de *Steppen*) zijn bezig met ketellappen en hebben soms een kleinen handel, enz. In *Moskou* zijn vele *Zigeuners* in de maatschappij opgenomen, en houden er meestal kroegen. Evenzoo als de *Israeliten* in het

---

(*) Overal, zoo in *Engeland*, *Spanje* als *Rusland*, vindt men ze in dit hoofdkarakter, ofschoon 't in verschillende landen gewijzigd is; men vergel. Guy Mannering; Eduard Dalhorst in ons vaderland, en andere.

algemeen, ziet men ook deze lieden zeer zelden met landelijken arbeid of ambachten bezig. De *Russen* geven hun meer vrijheid dan met zekere keizerlijke *ukase* overeenstemt, die beveelt, dat de *Zigeuners* door de landbezitters, zoo ze op hunne goederen woning hebben, aan den landarbeid verbonden en met de boeren gelijk gesteld moeten worden; of dat zij ze aan de kroongoederen moeten overleveren. De *Russische* grooten laten ze begaan, en zijn de *Zigeuners* noch de *Zigeunerinnen* ongenegen. Het volk echter behandelt ze doorgaans met verachting, omdat ze niet aan den Christus en de Moeder Gods gelooven. In den omtrek van *Moskou* en in die stad, waar zoo veel van dit volk huist, leven ze met de *Russen* in goede verstandhouding. In *Moskou* en omstreken zijn er eenige *Zigeunerinnen* met hooge adelijke personen gehuwd, van welke sommige den vorstentitel voeren, en in dien kring zijn ze volkomen te huis.

De leefwijze van dit volk is in alle landen in de hoofdzaak dezelfde, dat ze namelijk een zwervend leven leiden, en zich in 't algemeen onttrekken aan de gewone bedrijven des maatschappelijken levens. Ook moet de taal overal dezelfde hoofdtrekken in overeenkomst opleveren, die den gemeenschappelijken oorsprong van dezelfden stam onbetwistbaar aantoonen. Wegens 't kenmerkend onderscheid van het volksgelaat, herkent men de *physiognomie* van den *Zigeuner* in alle landen even zeker als die des *Israëliten*. Eene bijzonderheid, die dit volk in zijne zeden kenmerkt, is, dat men bij hen geene sporen van godsdienst opmerkt, althans geene uitwendige vormen. Reizigers, die de zeden van dit volk hebben nagevorscht, komen in dat punt overeen. Sommigen echter beweren, dat ze voorstellingen van een *hooger* wezen hebben, of zelfs wel een *Tweegodendom* zouden vereeren. Zoo meent men dan, dat ze een *goeden* en een *boozen* God vereeren, en dezen, zonderling genoeg, Duvvel heeten, wien ze ook zouden offeren. Dit vertoont dan de keerzijde der *Christelijke* voorstelling van Duivel, (*de euvele*, *d'euvele*, Duivel; een die het op kwaaddoen toelegt; of het *gepersonificeerde* kwaad?) Dit *Tweegodendom* moest dan blijkbaar, òf aan de leer van Zoroaster, òf het *Christendom* ontleend en verminkt zijn, schoon het nog niet bewezen is, dat de *Zigeuners* een hooger Wezen vereeren. Dat er volkeren of stammen zijn, bij welke zich geene denkbeelden van 't bestaan van *hoogere* wezens vertoonen, noch spoor van godsvereering wordt opgemerkt, zoo als sommige reizigers berigten, kan evenmin tot het besluit leiden, dat er volken zonder godsdienst leven, als het meer algemeene gevoelen, dat ieder volk eene godsdienst bezit, (*orta ex idea innata?*) in welke vormen zij zich dan ook moge vertoonen, omdat de waarheid dier berigten wegens mangel aan onderzoek nog niet onbetwistbaar is bewezen. Deze *Zigeuners* openen alzoo een ruim veld voor zendelingen van *Christelijke* kerkgenootschappen; de werkplaats behoeft ook niet onder wilde stammen, in ver verwijderde aarddeelen gezocht te worden; zij leven nog bij vele duizenden in *Europa* en zelfs onder *Christenen*. Of dit veld al wit is, om te maaijen, en een rijken oogst zal opleveren, is niet met zekerheid te bepalen, omdat er onder hen in 't algemeen niet gewerkt wordt, en zoo lang als er niet gezaaid wordt, kan er ook niet gemaaid worden. De pogingen van den *Engelschen* geestelijke Balbi, om de *Zigeuners* in *Spanje* te bekeeren, zijn evenzeer mislukt als diens aangevangene bijbelvertolking in de *Zigeuner* taal. In andere landen is onder dit volk bijna niets gearbeid. — Belangwekkend is het nasporen der geschiedenis van dit zwervend volk, dat over geheel *Europa* verspreid is (*). In *Europa* zijn ze onder twee hoofdbenamingen bekend: *Zigeuners* en *Egyptenaren* of *Bohemers*, zoo als de *Franschen* ze noemen; naar hunne overkomst uit *Bohemen* in *Frankrijk*. Onze benaming *Heidens* is te onbepaald en algemeen om tot eene *historische* aanduiding te kunnen leiden. Als hun vaderland noemen ze zelve *Egypte*. De *Sage*, die ze aan hunne verhuizing uit *Egypte* verbinden, maakt dit echter twijfelachtig, en schijnt *Hindostan* aan te duiden als de oorspronkelijke wieg en bakermat; *Egypte* als het land, waar ze vele jaren gewoond hebben, en van dáár naar *Europa* verhuisd zijn. De overeenkomst, die sommige taalvorschers uit vergelijking van de *Zigeuner* taal met het *Sanskrit* hebben aangewezen, levert duidelijke sporen van den gemeenschappelijken oorsprong op, blijkbaar in de taalvormen en een aantal wortelwoorden. Wanneer men daar bij voegt, dat latere geschiedvorschers, die opzettelijk de geschiedenis der *Zigeuners* hebben bearbeid, *Hindostan* voor 't oorspronkelijke vaderland van dit volk erkennen, dan schijnt men niet zonder toereikenden grond de *Zigeuners* te moeten beschouwen als een *Hindostanschen* volksstam van oorsprong. Sommige schrijvers houden

---

(*) Men vindt veel wetenswaardigs van dit volk bijeenverzameld in het fraaije werkje van Dr. Theodor Tzetner: *Gesch. d. Zigeuner*, u. s. w., S. 20, 47, 51, 122, 132, u. a. s., Weimar, 1835.

ze echter voor den verdwaalden stam der *Israëliten*; anderen voor die *Joden*, welke aan de barbaarsche vervolging in de 14de eeuw ontsnapt zijn (*). Latere onderzoekingen hebben dit vermoeden ontzenuwd; en de *kritiek*, — dat onwaardeerbaar geschenk der wijsbegeerte, als toetssteen der waarheid, zonder welke geene wetenschap op waarheid, en derhalve op belangstelling en achting aanspraak kan maken — heeft dit punt der geschiedenis als onhoudbaar uitgeworpen. 't Schijnt zeer aannemelijk, dat ze van den verachten *Indischen* stam der *Paria's* (†) afstammen, die door den zoogenoemden *Zwartendood*, òf de harde vervolging van Tamerlan (Timur Kan) uit *Indie* over, of *uit Egypte* verdreven werden en zich toen over *Europa* hebben verspreid. De eerste vermelding, die in de geschiedenis van dit volk voorkomt, dagteekent van 1417, toen er het eerst een hoop in *Hongarije* is aangeland; eerst later hebben ze zich over westelijk *Europa* verspreid. Johann von Müller teekent aan, dat te *Basel* in het jaar 1422 de eerste bende *Zigeuners* verscheen. Uit ons vaderland zijn ze door de strengheid der wetten reeds lang verdreven; schoon ze zich in *Drenthe*, in de vorige eeuw nog moeten opgehouden hebben (§).

Voldaan over de gelegenheid van het ongeloovige *Heidendorp* te hebben bezigtigd, keerde ik naar de geloovige *Christenstad* terug. Van de prachtige en rijke kloosters uit den omtrek zag ik slechts

---

(*) Heumann, *Geist der Gesetze d. Deutschen*, S. 313. Nüroberg, 1761.

(†) In *Moldavie* en *Wallachye* aanschouwde ik ze in de bosschen en als speellieden in de steden, in 't karakter der *Paria's*, zooals dat door Goethe geteekend is.

(§) *Resolut. v. d. Staten van Drenthe*, d.d. 12 Sept. 1726.

een in de verte, en gevoelde, na de bezigtiging van het rijkste des lands, geen lust om dat te bezoeken. Een paar landgoederen vertoonden zich op eenigen afstand; de uitgestrektheid en pracht der gebouwen was verrassend. Als de voornaamste zijn mij genoemd de landelijke lustpaleizen van den graaf Tscheremetjew, *Astin*, op weg naar *Jaroslaw*, 't welk een vorstelijk aanzien heeft; van vorst Galitzin, prijkende met een ijzeren poort, versierd met lindelanen, tempels, *Engelsch* park en bloemtuinen; schoon de kastanje hier 't klimaat niet verdraagt; voorts het prachtige keizerlijke paleis *Petrowski*, in oud-*Tartaarschen* stijl gebouwd, merkwaardig als 't verblijf van Napoleon. Van uit dit paleis zag de keizer *Moskou* in vlammen ondergaan en zijn ongeluksstar oprijzen. Verder worden geroemd de landhuizen *Petrowkaja* en *Gorenki*, toebehoorende aan graaf Razumofski, benevens meer andere. Het landhuis van den graaf Jusupoff is bewonderenswaardig in pracht; het prijkt onder anderen met twee fraaije zuilen, in welke de bezitter in duurzaam steen de eer heeft vereeuwigd, hem door den Keizer en eenige familieleden bewezen in een *diner* aan dit landhuis. Aan deze goederen zijn doorgaans kerken, schouwburgen, rijscholen, badhuizen en soms ook hospitalen verbonden; waaruit blijkt, dat de landhuizen in *Rusland* in het algemeen die van andere landen van *Europa*, ten opzigte van omvang en pracht, verre overtreffen. Hoe kostbaar deze paradijzen der weelde zijn, kan men uit het onderhoud opmaken, wanneer men weet, dat het landgoed van vorst Galitzin jaarlijks aan onderhoud 320,000 roebel kost.

Aan 't paleis teruggekomen, waren er eenige bezoekers op 't *diner* verzameld. De generaal wenschte mij schertsend geluk met mijn bezoek op 't *Zigeunerdorp*. — Na 't *diner* begeleidde de generaal het gezelschap in persoon ter bezigtiging van het paleis. Het is door Katharina II gebouwd, is een der grootste gebouwen, staat afgezonderd van de stad, en prijkt met een *fronton* van sierlijke zuilen. De generaal vertelde van de kosten der bouwing van dit paleis deze bijzonderheid: "dat de Keizerin de rekening meer dan een millioen roebel uit den gis geloopen was," bewijs van de verbazende sommen, die dit paleis gekost moet hebben. De trappen, die naar de verschillende verdiepingen geleiden, waren van gegoten ijzer. De zalen, volgens de klassen der leerlingen ingedeeld, waren zeer ruim, luchtig, voorbeeldeloos zindelijk en met de meeste orde ingerigt. De slaapvertrekken, voorzien met slaapplaatsen voor één persoon, — dit moge voor sommige buitenlandsche *instituten* ten voorbeelde strekken — de *lokalen* voor 't onderwijs bestemd, de groote eetzaal enz., alles getuigde niet slechts van strikte orde, doelmatigheid en reinheid, maar tevens van eene *militaire* inrigting en tucht, die 't mij verraste, zoo strikt te zien toegepast op eenige honderde dartele knapen, troetelkinderen der weelde uit den bevoorregten en hoog-aanzienlijken stand. Deze tucht mag bewonderenswaardig heeten, wanneer men bedenkt, dat elders in sommige vreemde landen, trots alle *paedagogische* geleerdheid, deze toch vaak te kort schiet, om een dozijn knapen aan orde en tucht te onderwerpen, zonder welke voor de jeugd aan onderwijs noch opvoeding te denken is. Alles was hier geheel en al *militairement* ingerigt; de leerlingen geleken soldaten, en het paleis scheen een groote prachtige *kaserne*, met leerscholen, te zijn. Die orde en *discipline* treft men in alle takken van 't *instituut* aan, zelfs bij 't eten en in 't verrigten van 't gebed niet uitgezonderd. Zoo als deskundigen verzekeren, moet dit *instituut* aan naauwgezette orde en tucht in geen land van *Europa* worden overtroffen. De leeruren waren tusschen inspanningen van geest en ligchaam verdeeld; de *gymnastiek* maakt er een belangrijk deel van uit. Die ligchaamsoefeningen, welke men naar 't gebruik en 't doel van ons tijdvak misschien niet geheel juist *gymnastiek* noemt, was in *Rusland* voor twaalf à vijftien jaren op de *instituten* van onderwijs en opvoeding reeds vrij algemeen ingevoerd. De omvang der wetenschappen, die hier onderwezen worden, is uitgebreid; behalve de gewone *militaire* wetenschappen, benevens de beginselen der *Scheikunde* en de *Warenkunde*, worden er de meest gebruikelijke levende talen, benevens het *Latijn* onderwezen. Het aantal onderwijzers is er veel grooter, dan men dat op soortgelijke inrigtingen in ons vaderland aantreft. In *Rusland* is men in het algemeen gewoon, om iedere wetenschap door één afzonderlijken *docent* te doen onderwijzen; elders heeft de laakbare karigheid, om eene kleinigheid op kosten van 't onderwijs uit te sparen, soms een aantal, en dan nog wel eens zeer *heterogene* vakken aan denzelfden *docent* opgedragen. Er wordt zeer veel zorg gedragen om de *instituten* van bekwame onderwijzers te voorzien; tot dat einde is men in *Rusland* gewoon om onderwijzers in vreemde talen uit het land zelf te nemen, welks taal hij zal onderwijzen en wel *speciaal* uit die landstreek, waar ze het zuiverst gesproken wordt. — Om zeven uren bragt de generaal ons in de eetzaal. Hier werd de *militaire discipline* niet minder streng toe gepast. Zoo als de leerlingen allen in *uniform* gekleed, in *klassen* verdeeld waren, *marscheerden* ze op trommelslag pashoudend naar de tafels, waartoe ze volgens de klasse behoorden; bleven dan voor de banken onbewegelijk staan, maakten op 't trommelsein front naar de tafel en plaatsten zich dan op 't trommelroeren naar volgorde op de banken. Nu bleven ze een paar minuten onbeweeglijk zitten, tot dat ze bij alle tafels waren aangezeten, en wachtten, — en wachtten met ongeduld.... niet op 't eten, maar eerst op 't gebed, en dan op den maaltijd. De trom doet zich hooren; alles sluit de oogen; grafstilte heerscht in de groote zaal met driehonderd dartele knapen. De trom doet zich andermaal hooren: nu hebben ze verlof om met bidden te eindigen, of welligt de gedachte aan 't eten te verwezenlijken. Alzoo de trom bepaalt ook de lengte van 't gebed; de stille zielsverheffing tot den God des vredes wordt afgebroken door 't oorlogssein! Nogtans schijnt een sein tot het afbreken van de gebeden vóór den maaltijd altoos niet overtollig te zijn, inzonderheid niet in sommige huisgezinnen, alwaar 't gebed, — zóó heet het zwijgende gluren over den hoed naar de gevulde schotels — bij gebreke aan trommelslag op de minuut af, wel eens wat te lang gerekt wordt; 't welk als gebed den geest te veel vermoeit en als beschouwing over de opgedischte schotels den eetlust te zeer prikkelt. Een eenvoudige en voedzame kost werd in matige hoeveelheid door bedienden uitgedeeld. Er heerschte nu wel eene vrolijke stemming onder de jonge lieden; men fluisterde met elkander, beschouwde met gretige blikken de gevulde schotels, maar de volmaaktste orde en stilte bleef onafgebroken door de groote zaal heerschen. Aan elke tafel had een opziener post gevat, om de goede orde te bewaren. De leefwijze der jonge lieden is er matig en niet weelderig; de inspanning van den geest wordt met vermoeijende ligchaamsoefeningen afgewisseld. Het is dáárdoor, en niet door drooge lessen of vermaningen, dat den *physieken en morelen* mensch, in het vlammende tijdperk des knapenlevens, een slagboom tegen den ondergang gelegd wordt. Op dezelfde wijze ging het ook weer met het nagebed, en daarna met het *afmarscheren*. Men kan van dit *instituut* zeggen, dat de kweekelingen er tot volmaakte soldaten, en dan nog wel met name *Russische* soldaten gevormd worden. Of ze ook tot goede wereld-burgerlijke staatsburgers opgeleid worden? de beantwoording van die vraag is afhankelijk van de *definitie* van *wereldburgerschap* en *staatsburger*: naar de *Russische* wijze van zien allezins, omdat ze de verwezenlijking van dit begrip heel duidelijk en klaar terug vinden; 't is *gehoorzaam Keizerlijk-Russisch onderdaan*. — De inrigting van dit *instituut*, alwaar alles in voortreffelijkheid wedijvert, is door vreemden dan ook met regt geroemd. Eéne inrigting treft men hier aan, die, zoo als de generaal mij persoonlijk verzekerde, toen in *Europa* nog nergens in die mate van doelmatigheid in gebruik moet geweest zijn. Zekere plaatsen, namelijk: »die 'k . . . . . .

wil verbloemen,
en noem, met zulke u niet te noemen;"

zoo als van Duyse zegt. Bij deze inrigtingen was eene *machinerie* in diervoege aangebragt, dat bij het drukken op een veer, de toestel, bestaande in een koperen bekken met gaten, door zuiver water gereinigd, en alle *urine*-lucht weggenomen werd. Van deze inrigting moet voor eenige jaren in buitenlandsche *Tijdschriften* eene beschrijving gegeven zijn, met platen toegelicht, 't welk voorzeker een blijk oplevert van de merkwaardigheid der toestel. — Vroeger heeft dit paleis twee keeren eene andere bestemming gehad. Keizer Alexander verhief het uit eene vernederende dienst tot de tegenwoordige eervolle bestemming, overeenkomstig met den rang van een paleis. — Het eerste adellijke *kadettencorps* in *Rusland* werd door keizerin Anna Johannowna in het jaar 1738 opgerigt. In dit paleis is het *kadettencorps* van *Smolensk* in het jaar 1816 overgeplaatst.

Onder de bezoekers bevond zich een *professor* in de regten uit *Moskou*, die met de inrigting der hoogescholen in *Duitschland* en *Frankrijk*, uit persoonlijke bezoeken, zeer wel bekend was. De inrigting van 't hooger onderwijs in *Nederland* was hem uit eigen onderzoek vreemd gebleven, schoon hij die inrigting in de hoofdzaak kende, door mededeelingen van anderen. Hij begreep, dat de *Nederlandsche* hoogescholen, in vergelijking met die van *Duitschland* en *Frankrijk*, onvolledig waren; ofschoon hij de ontbrekende wetenschappen juist niet voor noodzakelijk, sommige zelfs niet voor wenschelijk hield, en beschouwde ze daarom meer aan de *Russische*, dan aan de *Duitsche* en *Fransche* gelijkvormig. Wegens verschillende gegronde redenen roemde hij het groote nut van *privaat-docenten* mede in *Frankrijk*, maar vollediger in *Duitschland* in gebruik. Hij erkende onbewimpeld het hoogere wetenschappelijke standpunt van *Duitschlands* hoogescholen boven die van *Rusland*, maar was nogtans van oordeel, dat de wetenschappen, aan *Ruslands* hoogescholen onderwezen, doelmatiger waren, omdat ze regtstreeks tot de toepassing van het *practische* leven leiden, en dat, voor zoo ver de toepassing der wetenschappen op 't *practische* leven niet aanwendbaar zij, men dan ook niet tot haar nut kon besluiten. De hoogleeraar bedoelde hier onder meer andere wetenschappen inzonderheid de *spekulative Philosophie*. Hij oordeelde, dat die wetenschap, of liever de vormen, in welke ze zich in 't vorschen naar waarheid vertoont, niet alleen onzeker en overtollig, maar tevens gevaarlijk en nadeelig voor 't staatsburgerlijke leven zijn moest, op grond, dat hij er steeds afbrekende elementen in opmerkte, die noodwendig tot de oplossing van 't maatschappelijk verbond (*contract*) leiden moesten. Als *Russische* regtsgeleerde heeft de *professor* wel *kunnen denken*, maar niet *mogen beweren*, dat door die zoo onbepaald en zonder bewijsgronden veroordeelde *speculatiën*, op het gebied der *Wijsbegeerte theoriën* zijn gevonden, die de proef van waarheid en standvastigheid hebben doorgestaan, en in de toepassing op 't werkelijke leven de belangrijkste *resultaten* hebben opgeleverd. In geen land echter kan van wijsgeerige (de waarheid navorschende) beschouwingen, en 't beoordeelen van hare waarde of onwaarde, minder sprake zijn, dan in *Rusland*, alwaar de zienswijze van één, den éénigen geldigen vorm van alle *Philosophie* (of *Denklehre*), zoowel *speculative* als *praktische* voorschrijft; zoodat hier bij verscheidenheid van standen natuurlijk éénheid heerscht. Het onderwijs, zoowel aan de hoogescholen als *Lycea*, *Seminaria*, *Gymnasia*, *instituten* van onderwijs en opvoeding, enz. is er bepaaldelijk voor 't *praktische* nut ingerigt, en sommige wetenschappen zijn uitdrukkelijk van 't onderwijs uitgesloten. — Men vindt in *Rusland* vele beoefenaren van de *Wis-* en *Natuurkundige* wetenschappen; de studie der *Landhuishoudkunde* is er in de laatste jaren mede aanmerkelijk toegenomen. Daarentegen zal men bij de *Russen* bijna geene beminnaren of beoefenaren der *Wijsbegeerte* aantreffen. De geschiedenis der beschaving van den menschelijken geest leert ook hier, dat de eerste trap die van *gelooven* is ('t vertrouwen op mededeeling van anderen, familievaders, oudsten, wijzen, enz.); dan volgt de trap van *aanschouwelijke zekerheid*, wissekunde (*Wiskunde*); en door deze voorbereiding toegerust, kan en durft de geest zich eerst daarna tot het vorschen naar waarheid, tot het uitvinden, en alzoo tot het gebied der *bespiegelende Wijsbegeerte* verheffen. Dit verschijnsel vertoont zich zoo wel in de geestontwikkeling van het kind als van den volwassen mensch, en bij de volkeren, die den weg van beschaving vervolgen, vindt men het terug. — Wat het standpunt der *practische* wetenschappen betreft, die voor 't staatsburgerlijke leven in *Rusland* gevorderd worden, dan is 't oordeel van de *Russen*, ten opzigte van het wetenschappelijke standpunt van hunne geleerden, en van den toestand der kunsten, wetenschappen en beschaving in 't algemeen, wat eenzijdig en te veel verheffend. Ook deze *professor* verzekerde mij, dat ik later trouwens nog wel honderd malen gehoord heb: »Wij staan thans in de wetenschappen en kunsten bij geene natie van *Europa* meer achter; ten zij gij wilt, dat daartoe ook *die philosophie* behoore. De uitstekendste *geniën* in alle kunsten en wetenschappen van *Europa* hebben sedert eene halve eeuw de meesterstukken van hunne geestprodukten op onzen bodem overgebragt, en wij hebben hun goud in ruiling gegeven. Die *Rusland* kent, moet erkennen, dat dit letterlijk waar is; maar 't is er verre af dat dit *algemeen* waar is. Inzonderheid kan *Petersburg* bogen op de bekwaamste en uitstekende mannen in alle vakken van wetenschap en kunst; *Moskou's* roem staat daarbij achter, en er scheelt veel aan, dat dit in 't geheele rijk het geval is. Men vergelijke b. v. eens de hoogleeraren uit hunne werken, n.l. van diegene, welke iets geschreven hebben, van sommige mij bekende binnenlandsche hoogescholen, met die van *Petersburg* en *Dorpat*, (alwaar mannen zetelen van *Europeschen* naam) dan zal men zich weldra overtuigen, dat de *Russen* den roem van *Petersburg's* geleerden op alle *akademien* toepassen, en dat die er geen deel aan hebben, zoodat de *conclusie* van den roem, *algemeene* geleerdheid, valsch is. Wij zeiden boven: » *Moskou's* roem staat daarbij achter," dat betreft de hoogeschool en niet het kapittel van pracht en weelde, want daarin steekt de oude hoofdstad de nieuwe den loef af; men stelt er nog grooter eer in, om den hoogsten roem van weelde, dan dien van geleerdheid te bezitten, schoon men geleerdheid wel hoogschat.

Moskou's hoogeschool is de oudste des lands; zij werd in 1750 (*) onder de regering van keizerin Elisabeth opgerigt; 't gotal studenten, uitsluitend van de *akademie*, is mij op 570 opgegeven. Van

---

(*) De *Leijdsche* hoogeschool b. v. werd reeds in 1575 gevestigd.

de zeven hoogescholen des rijks hebben *Dorpat* en *Helsinförs* alleen vier *faculteiten*. Het getal hoogleeraren is er niet groot, of liever evenzeer als in ons vaderland veel te klein; ik meen, dat er aan de hoogeschool te *Moskou* 32 professoren waren. Het is bekend, dat de *Medische faculteit* er de *homoöpathische* geneeswijze *doceert*, en dat *Moskou* een der eerste scholen geweest is, welke die geneeswijze volgde. Uit de vertegenwoordiging van die school, op 't *congres* in het jaar 1848 in *Duitschland* door *Homoöpathen* gehouden, blijkt het, dat die *methode* er ook thans nog voorstanders vindt. De hoogere standen verkiezen er bij voorkeur volgens deze geneeswijs te worden behandeld, zoo als mij dit ook in het *Zuiden* bij sommige aanzienlijke familiën gebleken is. Het is evenzeer bekend, dat de *Peterburgsche* geneeskundigen de *Alopathische* wijze volgen. Te *Charkow* volgen sommige geneesheeren deze, anderen gene, of ook wel beide *methoden* (*).

Na de thee werd *Champagner* geschonken, en gespeeld. Men speelde nog al om fraaije sommetjes, wanneer namelijk 500 roebel een fraai sommetje heeten mag. Men is op die beide punten hier en elders in 't binnenland niet zoo naauwgezet als te *Petersburg*, waar de hoflucht door de paleizen zweeft. Spel en wijn staan zóó naauw tot elkander in verwantschap, dat de goudstapels doorgaans in dezelfde verhouding toenemen als 't getal van geledigde bokalen aangroeit: de *mousserende* bekers doen evenzeer de geesten bruisen, en die gisting de uitgedoofde hoop

---

(*) Betreffende het vroegere standpunt der *Geneeskunde* in *Rusland*, vergelijke men: *Geschichte d. Medic. in Rusland*, von Dr. Wilhelm Michaël Richter, *Moskwa*, 1813.

van deze ontvlammen, om eindelijk ook eens de gunst der grillige fortuin te winnen, en 't verlies met woeker te achterhalen; van gene, om de winst door grootere kansen te verdubbelen. Zóó prikkelt de verleidelijke winzucht; tot dat ze eindelijk *Fortuna's* gunsteling, door onverzadelijken gouddorst aangedreven, van de zegekar in 't slijk ter nederwerpt en hem der wanhoop prijs geeft. De natuurlijke warmte van 't spel wordt dan ligt tot het kookpunt verhoogd, en eer men er aan denkt, ontaardt een onschuldig vermaak, 't welk bij gebreke aan nuttiger tijdkorting soms misschien wel aanbevelingswaardig is, in een *hazard*spel; vaak evenzeer *hazard* voor 't wezenlijke geluk ('t welk misschien nog wat anders is dan goud), als voor 't lieve geld. Schoon de sommen, waarom hier gespeeld werd, voor de vermogende spelers van dit gezelschap van geene beteekenis waren, zoo treedt mij bij de beschouwing van *hazard*spelen onwillekeurig een tooneel voor den geest, met al die zwarte kleuren, welke de wanhoop teekent, wanneer de herinnering den mensch in vlammend schrift dit zelfverwijt voorlegt: »gij hebt niet alleen uw goud, maar 't hoogste goed op aarde, uw geluk verloren!" en hij gereed staat, zich haar als 't offer van eigene dwaasheid in de armen te werpen. Eens was ik van zoodanig afgrijselijk tooneel in *Zuid-Rusland* persoonlijk getuige, en die herinnering heeft bij mij onuitwischbare indrukken achtergelaten.

De volgende dag zou voor mij belangrijk zijn, de generaal had mij de gelegenheid aangeboden, om met Z. Exc. en den graaf eene *soirée musicale et de déclamation* bij graaf D. bij te wonen. Dit bezoek zou mij in de gelegenheid stellen om een meer juist begrip van de leefwijze in *Moskou* te verkrijgen. — Op dit toertje passeerden wij het stadshuis benevens het paleis van justitie. Het laatste is mede wegens kolossalen bouw merkwaardig; het heeft een lokaal van 300 voeten lang, 100 breed en 44 hoog. — In eene groote en zeer prachtig gemeubileerde zaal van het *hôtel* van graaf D. had zich ongeveer een vijftigtal gasten vereenigd. Het zachte waskaarsenlicht op de zilveren *lustres* verspreidde een schitterenden glans door de zaal. De rijke tooi van goud en edelgesteenten scheen trots te zijn op de eer, de schoonen van de bloem der natie luister te leenen. Schoonheden waren er onder deze dames; 't scheen mij toe, dat zeker schrijver te regt heeft aangemerkt, dat de vrouwen van *Moskou* 't in schoonheid winnen boven die van *Petersburg*. Gezonde bloeijende vrolijke gezigten verhoogden nog de gave van schoonheid. Onder het theedrinken ruischten de heerlijkste akkoorden der muziek uit de belendende zaal het naar genot smachtende gezelschap tegen. De muzikanten waren lijfeigenen van den graaf, die ze voor zijn vermaak tot die bestemming had doen opleiden. 't Gezelschap was talrijk en in verschillende groepen door de zaal verspreid, prachtige *uniformen* met schitterende ridderkruisen en weelderig getooide jonge dames werden door een rij bedienden van thee bediend. De dames waren meerendeels in prachtige *fauteuils* gezeteld met rood of blaauwe satijn bekleed; de kleine voetjes rustten op weeke bankjes van blaauw fluweel met een *garnituur* van geborduurd *marokijn*. De voeten, die de jonge dames toebehoorden, rustten echter niet; maar schenen door vlugge beweging de muziek nabootsende, wat dansjeukig te zijn. De zwellende *sofa's*, die, met roode of hemelsblaauwe satijn bekleed, bij de minste beweging zich veerkrachtig buigen en de ligchaamsbewegingen zoo welbehagelijk als gemakkelijk begnnstigen, werden door dames en heeren ingenomen. Deze rustbanken, met rijke franjes en andere versiersels getooid, de zijden kussens met fraai geborduurde bloemen prijkende, de voetbankjes van het zeldzaamste hout, met fijne pels of gewatteerd fluweel bekleed, bewaakt door twee bedienden ter zijde, die alles op een oogwenk reiken, wat de wijde wereld tot verkwikking aanbiedt, leveren gemakkelijke rustplaatsen op, voor 't ligchaam, door overdaad aan alles vermoeid. Ongedwongen vervoegden de *sympathiserende elementen* zich bij elkander; de deftige *matrones* en de gezagvoerende familievaders sloten zich vertrouwelijk bijeen. — Na de muziek was er een half uur *pause;* daarna klonk de filomeele toon van een dozijn bevallige *Russische* meisjes door de zaal. Er werden eenige *Russische* volksliederen gezongen, waarvan de *melodie* boeide. Een der zangeressen was een van die zwartlokkige *Zigeunerinnen* met oogen, stralende van *Oostersch* vuur: ze hebben in den zang een overwigt op de *Russische* meisjes. Zij zong een *solo;* de snelle, van herlevende hoop roerende toonen; het zachte, weemoedig smeltende kweelen der liefde, afgewisseld door uitbarsting van gemoedsstormen, die de wanhoop slaakt, en dit alles op 't geheele wezen der zangeres uitgedrukt, kon betooverend heeten. De volgende *anekdote* betreffende het bewonderenswaardige zangtalent der *Zigeunerinnen* moge bewijzen, dat de Natuur haar voor den zang tot model gekozen heeft. Madame C a t a l a n i was gedurende haar oponthoud te *Moskou* bij zekere vorstin op een avondbezoek. 't Gesprek valt op de begaafdheid der *Zigeunerinnen* voor den zang. De beroemde zangeres schijnt zóó groote talenten in die Natuurmenschen te betwijfelen. De vorstin verzoekt haar op een bepaalden avond, om dan zelve over de waarde van dat talent te oordeelen. Het *Heidenmeisje* zingt: de *Italiaansche* nachtegaal is verbaasd over de onnavolgbare toonen; onnavolgbaar voor de groote meesteres zelve. Zij staat op, neemt de *sjaal* van vele duizenden waarde, haar door den *Paus* ten blijke van hare meesterschap vereerd, en hangt die 't *Heidinnetje* om, met de bijvoeging: »die behoort u toe, gij zijt mijne meesteres!" Gedurende de *pause* hechtten sommigen zich gearmd aan elkander, en zweefden, onder zoet kouten en lagchen, door de groote zaal; 't waren meerendeels bonte paren. Heeren wandelen mede gaarne gearmd, en bewijzen in den omgang doorgaans een meer fijnen toon, met hartelijkheid vereenigd, dan wel elders in *Europa*. Zegt iemand zijn vriend eene beleefdheid of een geluksbetuiging, dan drukt de ander hem met warmte de hand. In 't onderhoud met hoogere personen of dames zal hij van lageren rang, tot wien gesproken wordt, gewoonlijk opstaan; nogtans is men er alles behalve stijf. — De *étagère* in deze zaal, zoo prachtig als rijk versierd, met verschillende houtsoorten ingelegd, met paarlemoer en goud-figuren versierd, prijkte met rijkgebondene *Fransche*, *Russische* en een paar *Engelsche* werken, meest romans, want het was ook dameslektuur.

Muziek en zang hadden hunne offers gebragt; nu vergastte een *Franschman* 't gezelschap op eenige dichtstukken van zijne natie. Het inwendige deel der *déclamatie* kon voorzeker op goede uitvoering aanspraak maken, schoon het uitwendige mij al te *theatraal* voorkwam, inzonderheid in een gedicht van de Lamartine, 't welk geenszins in den geest van het stuk gelegen was; voor 't *Russische* gevoel en karakter echter, dat zoo geheel *Fransch* is, beviel het uitnemend. Soortgelijke *Fransche* en *Duitsche déclamateurs* treft men in de grootere *Russische* steden dikwijls aan; zoo hoorde ik te *Reval* een zoodanigen *Duitschen* redenaar, (of misschien kunstenaar der rede?) eenige meesterstukken van Schiller e. a. voordragen. Deze meester in 't voorlezen dreef de kunst als ambacht, en reisde op de groote steden. De *entrée* was er een roebel, en 't getal ruim zeventig, zoodat, wanneer hij zich wekelijks maar eens zulk een sommetje kon vergaren, die kostwinning wel goed kon heeten. Doorgaans zijn die avonduren er òf aan de muziek en zang alleen, òf aan de mondelinge voordragt toegewijd. — Onder de *pausen* werd na de thee 't gezelschap verversching aangeboden, en dan zorgden de bedienden voor een glaasje *Champagner*. Zoo als algemeen, werd ook hier bijna niet anders dan *Fransch* gesproken. — Om elf uren was de verlustiging afgeloopen; de dames werden door vrouwelijke bedienden in hare gewatteerde zijden kleeding gewikkeld; daarover *dito* overkleederen met fijne pels gevoerd; *dito* gewatteerde kappen en lederen laarsjes beschutten hoofd en voeten tegen de koude daar buiten. Zeker *Engelsch* reiziger heeft van de kostbare kleeding der dames aangestipt, dat eene *Russische* vorstin, hem op een bal te *Petersburg* verzekerde, dat ze gemiddeld tien à twaalf bals bezocht, en er telkens met een nieuw kleed verscheen, 't welk gemiddeld 5000 roeb. kostte. 't Kan wel zijn, dat de balkleeding der *Moskovische* dames niet meer kost; de tooi aan juweelen echter is hier doorgaans nog van grootere waarde. In *Moskou* is mij verzekerd, dat eene aanzienlijke dame wel eens versierd is met den pronk van edelgesteenten van 100,000 roebel waarde; zelfs dragen koopmansvrouwen enkele steenen van 1000 roeb. — 't Gezelschap scheidde, wel voldaan naar 't mij toescheen, en dat niet zonder reden, want voor ligchaams- en zielsgenot was in ruime mate gezorgd.

Het leven te *Moskou* heeft nog een andere *tint* dan te *Petersburg;* hier heerscht grootere weelde, die meer *Aziatisch* en daardoor ook kostbaarder is. De rijkste, magtigste en oudste adelijke geslachten zetelen te *Moskou*, afgezonderd van 't hof; in het algemeen zonder posten of staatsbetrekkingen levende, houden zij hier hof, het hof namelijk der rijke, weeldezieke en trotsche oude *aristokratie*. *Moskou* stelt er prijs op, om 't in pracht en grootheid van de jongere mededingster te winnen, in welk streven zij dan ook de zege heeft behaald. Sommige van deze familiën beroemen zich op den *Tartaarschen* stamboom, van welken zij telgen zijn, en verheffen zich diensvolgens boven den eigenlijken *Russischen* adel. Uit *Tartaarsche* vorsten-familien gesproten, voeren ze den hoogsten adelsrang van vorst of prins. Die *Oostersche* zeden en zucht tot weelde leeft nog in deze geslachten voort, maar vindt ook bij de eigenlijke *Russische* familiën, mede van natuur tot pracht en weelde geneigd, gereeden bijval. Bezitters van onnoemelijke schatten; als *privaat*-personen onafhankelijk levende; van de hoofdstad ver genoeg verwijderd, om den adem der keizerlijke hoflucht buiten te sluiten, leeft de eigenlijke oude *Moskovische* adel afgezonderd in 't beminde *Moskou*, verwijderd van den verbasterden invloed van *Europesche* zeden, en wijdt er zich geheel aan 't weeldegenot. De leefwijze is er onder de hooge standen kostbaarder dan te *Petersburg*; dit vertoont zich in alles. Zelden toch treft men te *Petersburg* groote *hôtels* aan, die door ééne familie bewoond worden; in *Moskou* is dat juist omgekeerd. Te *Petersburg* zal men doorgaans niet meer dan tien of twaalf bedienden bij eene familie tellen; hier is het gemiddelde getal boven twintig, en loopt van 30 tot 40 en 50 koppen; vandáár ook dat de bevolking er in den winter door den adel en bedienden 30 à 35,000 zielen grooter is. Graaf Orloff heeft 500 bedienden in een enkel paleis gehouden, zoo als wel bekend is, maar dit is eene uitzondering en meer eene grillige aardigheid. Niet minder groot is 't aantal weeldepaarden; ik heb stallen gezien met 40 stuks rij- en koetspaarden, maar er zijn er van 80 tot 100. Een *Duitsche* stalmeester van vorst T. verzekerde mij, dat men de gemiddelde waarde der paarden op 850 tot 900 roebels het stuk kan schatten. Sommige *Engelsche*, *Arabische* en *Perzische* rijpaarden kosten ligt het achtvoud. 't Is alzoo niet vreemd, dat er in *Moskou* 108,000 paarden gehouden worden. Jammer dat in ons vaderland die smaak niet heerscht, want de som der belastingen zou 't dobberende vaderland redden! Sommige grooten hebben hunne eigene *hôtels* b. v. in *Moskou*, *Petersburg* en *Parijs*. Graaf Woronzoff onder anderen bezit in die hoofdsteden en ook te *Londen* een *hôtel*, benevens te *Odessa* en een lusthuis in de *Krim*, een der prachtigste van het rijk. In den regel wonen de aanzienlijke familiën des winters in *Parijs*, schoon er ook vele zijn, die er jaren achtereen, en sommigen die er altoos woonden. Wegens het nadeel, dat deze gewoonte aan het vaderland veroorzaakte, heeft de Keizer dit buitenlandsch wonen voor eenige jaren verboden, en het verblijf in *Frankrijk* of een ander buitenland aan geldelijke opofferingen en zeer beperkende maatregels onderworpen. Vergelijkt men de kosten van leven in *Petersburg* en *Moskou*, dan ziet men daaruit, dat de hoogere standen in 't algemeen in *Moskou* ongeveer driemaal zoo kostbaar leven, en dit neemt blijkens de ervaring steeds toe. Eene huishouding die volgens Storch te *Petersburg* in 1794 2950 roebel kostte, had volgens Reimer, in 1808 het dubbel noodig; in 1812 beliep die van 8 à 9000, en die bedroeg in 1840, zoo als mij er toen verzekerd werd, 12 à 13,000 roebel. Hoe veel de huishouding van een *Russisch* edelman in het jaar kost, dat is niet gemakkelijk te bepalen, omdat de bedienden zoowel als de paleizen, ja zelfs de boeren met alles wat ze bezitten aan hen toebehoort, volgens den bekenden *Romeinschen* regtsregel: "*quid servus acquirit, acquirit Domino*", en die goederen daarenboven bijna nooit verkocht of verhuurd worden. De generaal heeft de vriendelijkheid gehad om mijn verlangen in te willigen en mij de waarschijnlijke gemiddelde huurwaarde van een landgoed van gemiddelde grootte in den omtrek van *Moskou*, met inbegrip van alles wat er aan verbonden is, op te geven, benevens de huurwaarde van een *hôtel* te *Moskou* of *Parijs*, met de gezamenlijke kosten, die er voor soortgelijke leefwijze voor een jaar verbonden zijn. Toen ik alles te zamen getrokken had, was de som 483,209 roebel (dus ƒ 265,764,82½), de roeb. bco. gelijk 55 cents berekend, alzoo ruim 2½ ton gouds. Bezitters van meer dan 100,000 boeren, die hun eigendom zijn, kunnen ze ook goede sier maken. 'tIs waar, groot is dit getal ook niet; men heeft mij zeven of acht edellieden genoemd, die van dit aantal omstreeks heer en meester zijn. Deze omstandigheid, alsmede dat er van dienstboden geene belasting betaald wordt, verklaart gereedelijk het groot aantal bedienden.

Het leven der bedienden, schoon al vrij eenzelvig, droog en soms wat stokkerig, alzoo tamelijk *prosaisch*, heeft er toch ook zijne *poëtische* zijde. Is de familie b. v. op bezoek, en blijft den avond uit, dan vieren die gedienstige geesten ook eens feest op hunne beurt. Zij verzoeken dan huns gelijken bij zich, wanneer die ook een vrijen avond hebben, en vermaken zich dan naar hartenlust: vertoonen dan een gemaskerd bal; de nabootsing van eene tooneelvoorstelling; *muziceren*, of spelen kaart, stoeijen en vrijen, enz. Denk niet, goedgunstige Lezer! dat ze hunne gasten op een droogje laten zitten of slechts water drinken, zoo als op 't spinmaal, boven vermeld: gastvrij als ze zijn, geven ze gaarne, als ze maar wat te geven hebben. Bij zoodanige gelegenheid zijn ze dan ook niet karig; geven in vrolijkheid en zin voor vermaak hunne heerschappen, en edelvrouwen niets toe, schenken dan een goed glas wijn, en dat nog wel de keur der wijnen. In het *hôtel* van den graaf van Heiden te *Petersburg* heb ik eens de gelegenheid gehad, om een bedienden-*visite* bij te wonen.

Het gezelschap was zestien personen sterk, en vertoonde een gemaskerd bal. De bedienden hadden er een uitwendig fijne beschaving; den toon der hooge *cercles* vrij wat afgekeken, en dien zich door oefening eigen gemaakt. 't Is een geheel ander wezen, dan de lompe boer, die ongelikte beer in zijn morsigen schaapspels en bastschoenen. De bediende heeft even als zijn gebieder een *fashionabel* voorkomen; *un air du bon ton* vertoont zich niet slechts in zijne manieren, maar ook op zijn gelaat. De *Russische lakei* is in 't algemeen van eene welgevormde gestalte en netjes in een fijn zwart lakens pak, naar de mode gekleed. Eene blinkende goudgele horologieketting hangt om den hals; bij mangel van ridderkruis prijkt eene *dito* doekspeld, met een schitterenden valschen steen op de borst. Ter bevordering van eene rijzige *taille* omwikkelt hij zich, zegt men, met zwachtels, zoodat hij zoo tamelijk een *nobel* voorkomen heeft. De meisjes, als dames gekleed, van even fijn voorkomen, en die natuurlijk den smaak van schoonheid van hare meesters en meesteressen niet beschamen, hebben mede het aanzien van edele jonkvrouwen. — Er werd een behoorlijk glas wijn gedronken; dien hebben ze gedeeltelijk zelve van 't welk er aan tafel overblijft, daar men evenmin gewoon is om de flesschen uit te schenken, als de glazen en de borden te ledigen; door zulk eene boersche onfatsoenlijkheid zouden er immers bewijzen van overvloed ontbreken. De overige wijn wordt voor zamengeschoten penningen gekocht. — Te *Moskou* werden de bedienden, naar 't mij toescheen, met nog meer trotschheid en minachting behandeld, dan te *Petersburg*. — De *Russische* grooten spotten dikwijls met het klein getal bedienden, dat de hoogere standen in ons vaderland houdt; naar mijn inzien echter zonder grond. Daar de generaal dit de *Hollandsche* zuinigheid noemde, herinnerde ik aan 't glas water van den vorigen avond. »Een of twee bedienden zijn dadelijk gereed; maar het glas water voor uwe *Excellentie* van gister avond, moest eerst door tien handen gaan, de een roept aan den ander de heele rij door; er ontbrak slechts één, 't glas water vond op zijn weg eene *station* onbezet, en ziet daar! het moest wachten, geduldig wachten tot op de terugkomst van den *absenten* post, en de dorstige wacht mede." De generaal grimlachte, en zeide, »de gewoonte doet veel." Zulk een legertje van bedienden is in 't algemeen in den grond zedelijk bedorven en geneigd tot *kabalen*, enz.; het zal voor geld *alles* doen, laten en dulden en schijnt daarom niet verkieslijk. In *Rusland* verrigten de bedienden vele diensten, die in ons Vaderland en elders niet van hen gevorderd worden, zoodat daardoor wel eenige kunnen gemist worden. Zekere vorstin in de *Krim* bezigde bij afwisseling een jongen en meisje tot hare voetbank; dat riekt wat naar 't *Oost-Indische* weeldegenot!

Den volgenden morgen bragt ik op mijne kamer door en besteedde ik aan mijne *Aanteekeningen*; de graaf schreef brieven, en na 't *diner* zouden wij afreizen. De generaal gaf mij eenige werken over *Rusland* ten geschenke; een aangenaam aandenken aan het gastvrij verblijf in *Moskou*. Om vier uren kwam Petruschka berigten, dat de paarden ingespannen waren, en de groote reis, door een oponthoud van eenige dagen afgebroken, werd nu weer voortgezet.

ACHTSTE HOOFDSTUK.

Vertrek. — Land- en tuinbouw; de aardappelenteelt in Moskou *ingevoerd; graaf* Demidoff, *bevorderaar der nijverheid. — De* Esplanade. *—* Podolsk. *—* Serpuchow. *— Het* Kaukasische détachement. *— De struikroovers. —* Tula; *geweerfabriek; familie-oorsprong v.* Demidoff; *de* Nederlander v. d. Vlies *wordt de schutsengel van* Nederl. *krijgsgevangenen. — De* Don-bron. *— De* Armeniër, *die in troebel water vischte en rijk werd. —* Mzensk. *—* Orel, Ruslands *korenschuur. —* Kursk; *de* Luth. *gemeente; wien komt de lijfeigen toe? —* Obojan. *— De gedaante van 't aardrijk verandert. — Ik zoek mijn dronken koetsier. — Aankomst op 't landgoed.*

Bij 't doorrijden der stad wees de graaf mij 't paleis van den *militairen* gouverneur, vorst Galitzin (in 1844 te *Parijs* overleden), 't welk wegens het vorstelijke voorkomen wel een *Tzaren*-zetel geleek. — Wij passeerden op weg naar de *route* van *Tula* eene besneeuwde vlakte van eene verbazende uitgestrektheid, en die vlakte was een plein in de stad. Dit plein is reusachtig van omvang en veel grooter dan het *Roode plein* in 't *Kremlin:* 'tscheen mij zelfs toe, dat het in uitgestrektheid 't *Peters*-

sche Izaäksplein nog overtrof. De sleden op dit sneeuwveld schenen er als zoo vele zwarte puntjes over te zweven en herinnerden aan dit beeld op zee. Weldra spoedden wij de groote stad ten einde; in het donkerende avonduur, zoo gunstig om den weemoed op te wekken, drongen zich herinneringen van *Moskau's* noodlottigste jaar aan den geest op. Tien duizenden krijgslieden waarden toen als zoo vele schrikgestalten op die rookende puinhoopen rond, om den fellen honger te stillen en de verkleumde leden te dekken. Duizenden helaas! zonken op die smokende woesenij ter neder, stierven in den levensbloei een martteldood en bezaaiden met hunne lijken dat tooneel van menschelijke verwoesting!

De omstreken van *Moskou* zijn zeer goed bevolkt en de landerijen worden er tamelijk wel bebouwd, zoo als men mij verzekerde. De grondsoort is op de hoogere streken zandachtig, derhalve mestgierig; tot welk einde men hier van de meststoffen dan ook behoorlijk gebruik maakt. Desniettemin moeten de oogsten, die hier meerendeels uit rogge bestaan, doorgaans beneden het middelmatige zijn; dit doet vermoeden, dat de landhuishouding er nog tamelijk achterlijk is. Men is hier alzoo verder gevorderd, dan in de *Steppen*, want hier *weet* men immers dat mest bevorderlijk is om den oogst te verbeteren, maar dat *weten* vele *Russische oekonomen* dáár *niet*. In den omtrek der hoofdstad wordt met een gunstig gevolg de tuinbouw uitgeoefend. Het kweeken van fijne vruchten in mestkuilen en stookkassen is er op de landgoederen en bij tuiniers sedert meer dan 80 jaren ingevoerd geworden. Men kweekt er zeer goede perziken, abrikozen, kersen, de ananas en andere fijne vruchten. Langzaam is de gang geweest, welken de verspreiding van landhuishoudelijke-, tuingewassen en fijne vruchten over de aarde gehouden heeft. Zelfs in ons vaderland zijn streken, alwaar de teelt van aardappels eerst voor weinige jaren is ingevoerd geworden, en dat niet, omdat die teelt minder voordeel zou afwerpen, maar wegens de meening, dat de aardappel op die grondsoort niet zoude tieren. Soortgelijke voorbeelden van andere gewassen zijn menigvuldig; het levert een bewijs op van de geringe belangstelling, die het belangrijkste aller bedrijven, de *kultuur* der gewassen tot voeding van den mensch (in ruimere beteekenis de *Landhuishouding*) in hare ontwikkeling is te beurt gevallen. Aan zich zelve overgelaten, zoo als zelfs nog heden ten dage in sommige landen, heeft zij den kronkelenden, onzekeren langen omweg van 't toeval moeten bewandelen; zoodat zij in sommige landen eerst na verloop van eeuwen heeft kunnen tot stand komen, 't welk de wetenschap van de ervaring in weinige jaren had kunnen dáárstellen. De wetenschap, die koesterende *genius* des beschaafden levens, heeft haar langen tijd buitengesloten en daardoor onverdiend mishandeld: thans in hare hoede opgenomen, brengt zij den mensch, zijne vlijt ten loon, hare weldaden in 't klimaat ten offer, van 't welk de Natuur haar had uitgesloten. — Sommige edelgezinde menschen hebben geheele volkeren aan zich verpligt, door de invoering van een of ander nuttig gewas. Wie herinnert zich niet met welgevallen Hawkins, die 't eerst den aardappel in *Europa* overbragt, en vergeet niet den slavenhandelaar in den weldoener der menschheid? Drake's poging tot de verbreiding gelukte slechts ten deele; vollediger bereikte

Raleigh dit doel. Langen tijd, eeuwen zelfs duurde het, eer deze plant algemeen in *Europa* verspreid werd. 't Was niet altoos de vrede en welvaart bevorderende mensch, die deze verspreiding begunstigde; als bode des verderfs heeft hij dit soms onwillens bevorderd. De zevenjarige oorlog bragt den aardappel in sommige landen van *Duitschland*, en deze vrucht breidelde er den hongersnood, als geesel den krijg gevolgd. — 't Was ook een *Engelschman*, die den aardappel te *Moskou* invoerde, en daardoor de *Russische* natie aan zich verpligt heeft. Volgens Jones, *Beschrijving van Zweeden en Rusland*, was het de heer Rowland, die dit gewas in 't begin van deze eeuw in 't hart van *Rusland* overbragt. Ook moet een *Nederlander* veel gedaan hebben voor de verbetering van den landbouw in *Rusland* (*). In vele landen van *Europa* is de aardappel 't brood der armen geworden; ook in *Midden-* of *Groot-Rusland* is de aardappel een gewoon voedsel voor den boer; echter is het onjuist, dat deze vrucht door geheel *Rusland* algemeen is, en er, zoo als b. v. in vele streken van ons vaderland, vóór de ziekte, de plaatsvervanger van het brood zoude zijn, zoo als sommige reizigers hebben berigt. In 't Noorden komt de aardappel minder in overvloed voor; in *Groot-Rusland* het meest, maar men eet dien er niet zoo veelvuldig als b. v. bij ons de behoeftige klasse; in *Zuid-Rusland* is de aardappelenteelt nog ver van algemeen te zijn, en de boeren spijzen ze daar in den regel *niet*. Schoon *Ruslands* landhuishouding

---

(*) Zie Mr. Jacobus Scheltema; *Rusl. en de Nederl.*, I, 104. Amst. 1817.

nog zeer achterlijk is, zoo vindt zij toch warme voorstanders onder de *natie*, die haar op allerlei wijze bevorderen. Onder anderen heeft wijlen de staatsraad Prokop Akinsiwitsch Demidoff zich voor zijn vaderland, en inzonderheid voor *Moskou* als zoodanig verdienstelijk gemaakt. Hij heeft in den omtrek door eigen voorbeeld den tuinbouw aangemoedigd; onderscheidene graansoorten en voederplanten met een gunstig gevolg ingevoerd; aanzienlijke schatten opgeofferd voor den aanleg van een kruidtuin, voor welken de planten uit *Engeland* zijn aangebragt, en voorts de zijdeteelt in de omstreken van *Moskou* ingevoerd en uitgebreid, die thans bloeit. Deze belangrijke verbeteringen en vermeerdering van de nijverheid hebben eene erkentelijke navolging gevonden en gunstige uitkomsten opgeleverd. Als gevolg hiervan zijn op de dorpen in den omtrek van *Moskou* de weefgetouwen veelal met den landarbeid vereenigd, en 't zijdeweven is er onder de boeren reeds meer dan eene halve eeuw in gebruik. Schoon 't fabrikaat bij 't buitenlandsche achterstaat, zoo levert deze arbeid benevens andere voortbrengselen van 't weefgetouw, met den veldarbeid verbonden, toch voordeelige *resultaten* op, daar die verkregen worden in den ledigen tijd, die van 't landwerk overschiet. 't Is bekend, dat *Nederlandsche* nijverheid tot den bloei van *Rusland* mede heeft bijgedragen; zoo moet een vaderlander onder anderen bij *Moskou* den eersten papiermolen gebouwd hebben (*).

Van *Moskou* tot aan *Tula* strekt zich zuidwaarts de zoogenoemde *Esplanade* uit, die een bevallig *ter*-

---

(*) Scheltema, a. w. I. van bl. 227—236.

rein oplevert, afgewisseld door heuvelen, dalen, bosch en opene vlakten. De *Krim* en *Siberie* uitgezonderd, levert *Rusland* buiten 't*Walday*-gebergte (eigenlijk slechts heuvelen) en dezen aardrug, geene berg- of heuvelstreken op. *Moskou* is 't meest bevolkte gouvernement des Rijks; de omtrek der stad is als bezaaid met knappe dorpen, die er veelal slechts eenige wersten van elkander verwijderd liggen, zoo dat men hier bijna vergeet in het zoo dun bevolkte *Rusland* te reizen, ware 't niet dat de gebaarde en gepelsde mannen dit herinnerden. De meerdere drukte op de groote wegen biedt er eene aangename afwisseling aan van de langwijlige eentoonigheid der half woeste sneeuwvlakten van sommige gouvernementen. De bosschen, die hier vooral uit eiken- en naaldhout bestaan, worden beter onderhouden dan wel elders in *Rusland*. 't Veelvuldig gebruik van hout tot brandstof heeft desniettemin de bosschen in den omtrek van *Moskou* aanmerkelijk gedund; 't mag voor de stad alzoo van belang gerekend worden, dat er in 1834 in den omtrek veen ontdekt is, 't welk, blijkens een nommer van de *Moskousche Landhuishoudk. Courant* van 1841, aan de snede gebragt is.

De eerste wisselplaats was het stadje *Podolsk*. Het is bevallig gelegen tusschen twee heuvels aan 't riviertje de *Pachra*; heeft 1100 inw., in de nabijheid steengroeven, en ziet er vrij dorpelijk uit. In 't posthuis was vrij wat drukte; er waren slechts drie paarden beschikbaar, al de anderen waren op weg. 't Scheen mij toe, dat het volk in den omtrek van *Moskou* voor den vreemden reiziger niet zóó kruipend onderdanig is, als elders. Misschien is dit wel een gevolg van 't veelvuldige reizen van zeer voorname personaadjes in deze buurt; alsmede dat de lieden uit den omtrek bijna alle de eigendom zijn van de rijkste en aanzienlijkste grooten des lands, als daar zijn de familiën Dolgoruki, Tscheremetjew, Galitzin, Trubeskoi, Razumofski, Jusupoff e. a., die gemiddeld zoo wat over 70,80 tot 100,000 lijfeigenen en daarboven *kommanderen*, en dus wel ter dege voorname heerschappen zijn. Zoodanige aanzienlijke en rijke eigenaren toe te behooren, verwekt eene gewaarwording van waarde te bezitten, want de lijfeigen maakt immers een deel van de bezittingen zijnes heeren uit, en die gewaarwording kan dan ligt tot de vergissing leiden, dat de bezitting van zijn persoon *zijn* eigendom is. Zóó brengt de hoogmoed den mensch wel meer in de war, door zich zelven boven de wezenlijke waarde te schatten; anderen schatten hem echter wel eens wat beneden de wezenlijke waarde, zoo dat ook hier de waarheid vaak op den middenweg schuilt, door geen van beiden ingeslagen. — De boeren in dit gouvernement en ook elders, die lijfeigenen zijn van de aanzienlijkste en rijkste familiën, leven doorgaans beter dan die van den minvermogenden adel, en verkeeren doorgaans in eenigen welstand. Reden daarvan is, dat de rijken er trotsch op zijn' welgezetene en vermogende boeren te bezitten; ze worden dien ten gevolge met meer billijkheid en zelfs met hulpvaardigheid behandeld, daar ze door den minvermogende doorgaans alleen ten voordeele van hem eigenaar *produktief* gesteld worden.

De avond was al wat gevorderd, toen wij op een dorp van paarden verwisselden. Hier bevoelden de boeren elkander den neus; den pas terug gekeerden *postillon* was die wat gevrozen, en nu *inspecteerden* de boeren die van buiten kwamen elkander neuzen; 't was dan steeds *noss! noss!* en zoo 't noodig was moest met sneeuw ingewreven worden. Bewijs, dat de koude nog aanmerkelijk was, schoon wij die toch al een paar graden hooger gevoeld hadden. Bij 't maanlicht, een voortreffelijke glijbaan en goede paarden, was 't een aangenaam nachtreisje, door de afwisseling van het terrein nog verhoogd. 't Klatsen van den galop der paarden op de harde baan, door 't belgeklingel maathoudend begeleid, rolde door 't statige woud en werd door de echo's nagebootst. Nu eens passeerden wij een bosch, 't welk in den maneschijn lange schaduwen op het sneeuwtapijt wierp; dan weder eene vlakte met dorpen gestoffeerd, of een heuveltop, van waar 't uitzigt een heerlijken aanblik opleverde. Dit nachtelijke tafereel werd door reissleden afgewisseld, van welke soms een vrolijk volkslied over de vlakte galmde en de stilte van den nacht afbrak; voorwaar! een reisgenot, 't welk men in mildere gewesten te vergeefs zoekt. Bij 't daglicht kwamen wij in de stad *Serpuchoff*, ongeveer op de helft van *Moskou* en *Tula*. 't Is eene kreisstad van *Moskou*, aan de *Oka* gelegen, met 6500 inw. en een aantal kerken. Er heerscht veel bedrijvigheid door handel, fabrieken van zeildoek, laken-, looijerijen enz. Voor den handel is de stad gunstig gelegen aan de scheepbare rivier, die oostwaarts stroomt en bij *Kolomna* in de *Wolga* valt; schoon de rivier des zomers bij de stad geen water houdt, is de afstand toch gering waar ze bevaren wordt. 't Was er juist marktdag en alzoo tamelijk druk: schoon de stad knappe huizen met gegoede inwoners bezit, en alzoo een goed uiterlijk vertoont: zoo was dit het geval eveneens in het posthuis; een knap logement van buiten, maar van binnen geleek het meer op een varkenskot. Uit liefde tot de reinheid wensch ik den inwoners van *Serpuchow* hartgrondig toe, dat 't er in hunne huizen wat beter moge uitzien dan in 't stads posthuis. Van de gezelschapskamer in 't logement was de vloer ongeveer ter dikte van een duim met een laag modder bedekt, die, ontdooid zijnde, het er tamelijk glibberig maakte. Strooen hooivlokjes waren hier en daar in den modder vastgetrapt, waarover men, als zoo vele stroowisschen in een modderpoel gelegd, zekerder kon gaan. In dit opzigt maakte een boer zich verdienstelijk, want hij schudde een doos van lindeboomenbast ledig, nadat hij er den schat voorzigtig had uit genomen. De schat waren dertien eijeren; het kaf strooide hij toen over den vloer uit. Wij toefden een uurtje in het belendende vertrek, sloten de boeren alzoo af, maar de afschuwelijke stank der rookende pijpjes konden we niet buiten houden. Ik zag onder de theedrinkers ook eenige gebaarde boeren, 't welk een bewijs is van eenige gegoedheid en wat meer beschaving; 't zijn anders doorgaans de geknevelde edellieden met glad geschoren kin, en de kooplieden, voor wie deze drank bereid wordt. Bij 't doorrijden der stad heb ik mij kunnen overtuigen, dat de inwoners ruim bedeeld zijn met kerken en kloosters. De regteroever van de *Oka* is aanmerkelijk hoog, en verwekt den reiziger ligt eenige bezorgdheid, vooral wanneer de koetsier wat opgewekt is door de *wodka*, dat met onzen voerman het geval was, want wij hadden de rivier tot grenslijn van den weg. Zonder er ons in te werpen, *arriveerden* wij op de *station*, en nu waren wij in 't gouvernement van *Tula*. Het slechte posthuis deed aanvankelijk geen' hoogen dunk van de logementen van dit gouvernement opvatten. Ook hier ontmoetten ons boeren uit het binnenland, die, met lange puntstokken gewapend, den koers op *Moskou* en *Petersburg* zetteden, om 't geluk te beproeven. Zeldzamer dan tusschen de beide hoofdsteden troffen wij hier sledenkaravanen aan, maar veelvuldiger met verlof huiswaarts keerende *détachementen* van soldaten, die de kans van sterven in den *Kaukasus* nu tegen de kans van leven in *garnizoens*steden verwisselden. Nog een enkele troepenafdeeling haalden wij in, die naar den *Kaukasus marscheerde*, om zich met de *Cirkassiers* te meten, en in dien kamp een fraai lintje met een loovertje te verdienen, of er 't leven bij in te schieten. Die ongehoorzame kinderen der bergen, ten getale van ruim 4 millioenen, blijven, na jaar en dag getuchtigd te zijn, nog steeds even stout en slaan zelfs weerom, wanneer ze geslagen worden, zoodat de vaderlijke tuchtiging nog altoos met ondank beloond wordt. — Deze strenge *methode* van volksopvoeding, door 't *Russische* gouvernement op de *Circassiers* toegepast, komt het vaderland wat duur te staan, inzonderheid wegens het aandeel, 't welk de adelijke familiën daar in dragen. *Officieren*, welke ik over dezen oorlog gesproken heb, zagen er nog geen einde van te gemoet en waren van oordeel dat die strijd nog wel jaren zoude voortduren. De onderwerping van deze bergstammen is het naaste, maar geenszins het verste doel; 't is het noodzakelijke middel om het eigenlijke doel te bereiken. Dat de Keizer er zeer veel prijs op stelt om dat doel te bereiken, bewijzen de zware offers, eene reeks van jaren daarvoor gebragt.

Wij naderden nu de beroemde fabriekstad *Tula* en de beruchte omstreken van die stad tevens. Deze streek staat in geen goeden reuk; men hoort in de verte veel spreken van de *rasboiniki* of ook *grabiteli* genoemd, die er de wegen onveilig maken; want die woorden beduiden ongeveer dat slag van volkje, 't welk wij struikroovers, dieven, moordenaren, enz. noemen. De menigte fabriekarbeiders, van welke er nu en dan afgedankt of weggejaagd worden, vinden er in de uitgestrekte wouden gunstige gelegenheid, om in dien tak van *industrie* hunne geschiktheid te beproeven; redenen, die sommige reizigers hier wat beangstigen, en voor ons, om in de posthuizen steeds een oog in 't zeil en de hand aan de wapens te houden, daar men er op de wisselplaatsen, in of bij de posthuizen vaak meer gedienstige geesten aantreft dan noodig en begeerlijk is. Dat het volk er niet zeer bloode is, daarvan gaven ze blijk en bewijs. Wij passeerden in den nacht een groot bosch, en buiten dat bosch moesten wij op een klein dorpje van paarden verwisselen. Er waren niet minder dan acht of negen sterke kerels in den stal gelegerd, en die kwamen allen toeschieten, om een handje te helpen in 't af- en inspannen der paarden, zoo 't heette. Toen wij wat in de herberg toefden, drong ook die troep binnen en vulde met des postmeesters gezin en onze personen 't kleine vertrek geheel en al. De graaf maakte den postmeester aanmerking over 't gezelschap van die ongenoode gasten; hij ontschuldigde zich, dat de boeren koud waren en ze hier uit dienstijver waren om wat behulpzaam te zijn.

De graaf deelde mij zijn vermoeden mede, dat hij dit volk niet vertrouwde, dat wij er wat zouden toeven, opdat ze ons op den weg niet zouden kunnen overvallen, en dat ze 't hier wel niet zouden wagen, mij tevens tot waakzaamheid aansporende. Ik was Petro behulpzaam, om de goederen uit de slede in huis te brengen, en stelde mij er met hem vóór op de wacht. Theedrinken, daaraan kon men niet denken, omdat elk onzer hier op zijn' post moest blijven. Een kerel komt op mij toe en verzoekt wat tabak, want ik had de zorg op mij genomen voor des graven fraaijen *Turkschen* tabakzak en had dien, met *dito* tabak welgevuld, aan een riem over den schouder hangen. Ik geef hem iets, maar nu steekt ook de volgende de hand uit; in plaats van uit te deelen sluit ik oogenblikkelijk mijn voorraadschuur met een *nischewo* (niets); neem in de eene hand een pistool en in de andere de dreigende dolk. De graaf springt mij bij, omdat ik met mijne redekaveling spoedig ten einde was; hij zegt aan de boeren, dat wij anders geen tabak hebben en dat hij die niet geven kan, maar vermaant hen tevens, om hunne onbescheidenheid te breidelen. Petro en ik steunden met den rug naar den wand, de goederen vóór ons, en de beide handen aan de wapens; de graaf bewaakte zijne *cassette* van aanzienlijke waarde, en was op een oude bank met den rug aan den wand gezeten; hij hield beide handen aan den gordel. Een half uur duurde deze positie voort; de boeren mompelden steeds onder elkander, en de postmeester had den moed niet om ze weg te zenden. Wij overlegden wat ons te doen stond; er werd besloten om aan de boeren een goeden snaps *wodka* te doen uitdeelen; bovendien legde ik een handvol tabak op de tafel, en nu werd het ook tijd om ons uit de voeten te maken, daar de *wodka* de kerels welligt meer moed zoude bijgezet hebben dan wij verlangden. De graaf gelastte om de paarden in te spannen; de boeren bleven rustig bij hunne snapsglazen zitten, en wij reisden met den meesten spoed zonder veel gedruisch af. De graaf dacht, dat dit eigenlijk boeren en geene struikroovers waren, want het *signalement* van de weggeloopenen en weggejaagden wordt steeds algemeen verzonden, zoo dat die zich niet in 't openbaar zouden durven vertoonen. De struikrooverijen en aanvallen van benden op de openbare wegen zijn in *Rusland* in 't algemeen ook een zeldzaam geval, en 't reizen is er in dit opzigt overigens tamelijk veilig, veiliger b. v. dan in *Kalabrie*, *Spanje*, enz. In 1842 is de *diligence* van *Moskou* op *Petersburg* herhaalde keeren door eene groote bende overvallen en uitgeplunderd; maar dit rooveravontuurtje was toch wat bijzonders en heeft zich, nadat het komplot is gevangen geworden, in de eerste jaren ten minste niet weêr herhaald. Op de binnenwegen echter is men wel eens aan gevaar van berooving blootgesteld, en dit vindt zoo wel op de openbare wegen door de zoogenoemde wachters van brandewijnpachters, onder voorwendsel van onderzoek, als in de kroegen plaats; van beide gevallen heb ik in de omstreken van de zee van *Azof* voorbeelden ondervonden.

Wij waren er met een angstige spanning afgekomen; de opoffering was toch niet groot, wanneer men zich voorstelt door een groot gevaar bedreigd te worden; ons geleden verlies was de thee, rust van ligchaam en ziel en één dekkleed uit de slede. De graaf vond geene termen, om tegen den postmeester of de boeren een beklag in te leveren, maar hij gaf aan het geregt te *Tula* kennis van zijn bevinden en van het vermoeden, dat dit posthuis als verdacht moest worden beschouwd. Wij hadden nog een paar wisselplaatsen in de duisternis afgelegd, waren in den nacht nog één groot bosch doorgetogen, en ademden nu vrijer in den verruimden gezigteinder van den helderen lichten dag. De stad *Tula* was reeds nabij, wij zouden ons voor de ontbering en angst in de dievenkroeg schadeloos stellen.

Omstreeks twee uren bereikten wij *Tula*, de hoofdstad van het gouvernement van dien naam. Vóór een aanzienlijk *hôtel* werd halt gehouden. Eene prachtige slede met vier paarden bespannen was mede op dat punt aangekomen en hield midden op de kruisstraat stil. Eene schoone jonge dame stak 't hoofd uit het portier; zij gelastte iets aan haren bediende, die nu naar Petruschka liep en dien iets scheen te vragen. Het scheen, dat nieuwsgierigheid ook hier 't erfdeel van Eva's dochteren is, want de schoone had haren lijfbediende met de boodschap gezonden, om van Petro te vernemen wie wij waren. Op hare schoonheid prat, scheen 't mij toe, dat hare nieuwsgierigheid wat buitengewoon was, want zij bleef steeds uit het portier kijken om de reizigers ter dege op te nemen. Toen wij van de bovenkamer uit het raam keken, beantwoordde de jonge dame onze groete met een vriendelijk hoofdknikken en galoppeerde toen door de stad. De stad heeft breede straten met knappe huizen en een aantal die fraai zijn. Zij is op 54° 12′ b. aan de uitmonding van de *Tulitza* (waaraan zij den naam ontleent), in de *Upa* gelegen; heeft 39,000 inw. en is 175 werst van *Moskou* verwijderd. Het gouvernement beslaat 545 ☐ mijlen oppervlakte, met ruim 1 millioen inwoners en 12 steden. Na een goeden maaltijd, bezochten wij eenige fabrieken en winkels, die hier allezins bezigtiging verdienen, want *Tula* is de voornaamste fabriekstad van *Rusland*. De geweerfabriek is de grootste des lands; zij verschaft jaarlijks gemiddeld aan 3000 menschen arbeid en onderhoud, en levert in 't jaar 100,000 geweren; na den laatsten brand echter is dit getal kleiner geweest. Een *Nederlander*, Vennius, moet de eerste stichter van deze geweerfabriek geweest zijn (*). Voorts is er ook eene keizerlijke geschutgieterij en tuighuis. Een kroonboer, die voor meer dan eene eeuw in de keizerlijke ijzersmelterij werkte, heeft, door zijne zucht naar kennis tot het nemen van proeven aangespoord, belangrijke verbeteringen in 't smelten en bereiden der ruwe metalen ingevoerd. Deze kroonboer was Nikla Demidoff, de stamvader van het grafelijke geslacht van dien naam. De familie Demidoff is zoowel bekend wegens hare verbazende schatten, als beroemd om het bevorderen van kunsten en wetenschappen, door opofferingen van tonnen gouds. Deze Nikla heeft den grondslag gelegd voor de ontginning van *Ruslands* rijke mijnwerken; onder Peter *den Groote* de eerste ijzermijnen in *Siberie* aangelegd hebbende, opende hij zijn vaderland daarin een der rijkste bronnen van welvaart, en werd deze boer een der nuttigste en waardigste mannen van zijn rijk, welke verdienste Peter door de verheffing in den gravenstand hul-

---

(*) Scheltema, a. w.. I. 116 vv., vergelijk 227—239.

digde. Door eigene mijnwerken in staat van vermogen gesteld, vestigde die zelfde Demidoff te *Moskou* het *solide* handelshuis van dien naam, 't welk op den geldomloop in *Rusland* zóó veel invloed uitoefent. — De talksmelterijen en looijerijen zijn er mede belangrijk; de eerste leveren jaarlijks gemiddeld 2 millioenen ponden. — Wij bezochten voorts een der voornaamste wapen- en galanteriewinkels van staalwerken, die hier vervaardigd worden. *Tula* is in dit fabrikaat de hoofdplaats des rijks, en drijft met deze *produkten* der nijverheid een belangrijken handel door het geheele rijk en naar buitenlands. Schoon de *Russische* fabriekwaren in ijzer en staal met de buitenlandsche ten aanzien der hoedanigheid niet kunnen mededingen, zoo is de verzending naar sommige buitenlanden nogtans belangrijk. Reden daarvan is, dat de *Russen* vele zaken van staal vervaardigen, welke in andere landen uit deze stof niet bearbeid worden; zoo zag ik hier b. v. paascheijeren, borden, kopjes, zelfs koralen en vele andere voorwerpen meer, uit dit metaal gewerkt. Hoe belangrijk de handel in deze waren is, kan men daaruit afleiden, dat in *Tula* ongeveer 4000 kooplieden zijn, van welke 't grootste aantal hierin handelt. Van de jaarmarkten der kleine binnensteden tot *Astrakan*, *Nischnei-Nowogorod*, *Siberie* (*Tobolsk*, b. v.), de *Krim*, tot in *Turkije* en *Persie* treft men deze *Russische* voortbrengsels aan. Schoon de *Rus* zelden iets oorspronkelijks zal uitvinden, werkt hij naar eene teekening of model zeer naauwkeurig en tevens fraai, maar min duurzaam. Het scheppend vermogen sluimert dus nog, bij gebreke aan hoogere wetenschappelijke ontwikkeling; voor juiste werktuigelijke navolging echter is het verstand door de kennis van vormen, afmetingen, verhouding der deelen onderling en tot het geheel enz. toereikend geoefend. De voorraad wapens van allerlei aard was hier buitengemeen groot; wegens kostbare en kunstrijke bearbeiding, *geëmailleerd* met zilver en ook met goud *gegarneerd*, zijn er dolken, pistolen, hartsvangers enz. van zeer hooge prijzen. De graaf kocht er onder meer andere zaken een hartsvanger, dien ik in mijne hoede nam, om met het blinkend staal te *figureren*, of, zoo het te pas mogt komen, er tevens gebruik van te maken, wanneer ongenoode gasten op de nachtreis, die ons andermaal in deze verdachte streken wachtte, soms meer kennis zouden willen maken dan ons lief en aangenaam mogt wezen; die niet hooren wil moet dan voelen. — Behalve deze rijk gevulde voorraadschuren met werktuigen, wier bestemming is, dat daarmede menschen menschen vermoorden, bezit *Tula* mede inrigtingen, bestemd voor meer vreedzame en edele bestemmingen: er zijn een aantal kerken en twee kloosters; een *seminarium* en een *gymnasium*, benevens een *kadettenkorps* of ridderakademie, een prachtig paleis met een bisschop als geestelijk zielezorger, benevens een schouwburg en een vondelingenhuis. *Tula* heeft ook zijn *Kremlin*, alwaar de marktplaats is; het heeft met zijne oude vervallene gebouwen en eene kerk, binnen een onvriendelijken muur ingesloten, een onbehagelijk aanzien. De stad is, zoo als bijna alle steden in *Rusland*, meermalen door brand geteisterd. In 1834 werden er nog meer dan 1200 huizen in de asch gelegd, waarbij meer dan 50 menschen omgekomen zijn; van dezen ramp waren er nog sporen aanwezig. De brandschade bedroeg 80 millioen roebel; de Keizer alleen schonk tot den opbouw één millioen roebel. Het is merkwaardig, dat er in geen land van *Europa* zoo veel uitwendige zorg besteed wordt om brandschade te voorkomen, dan in *Rusland*, en er toch nergens zoo vele brandschade ontstaat dan juist hier. Door het geheele rijk bestaan in de groote steden wachttorens van hout, die boven de huizen uitsteken, op welke één of twee wachters, die tot de politie behooren, rondgaan en naar brand uitzien. Zoodra ze brand of een rookkolom ontdekken, dan trekken ze aan een klokje, dat met de benedenste afdeeling gemeenschap heeft. Op dit sein komen de brand-paarden oogenblikkelijk met de spuiten en waterbakken aanrennen. Te *Petersburg* en *Moskou* staan de paarden nacht en dag altoos gereed en ingespannen. De omstandigheid, dat in de meeste steden 't grootste gedeelte der huizen van hout gebouwd is, en er doorgaans vele met stroo gedekt zijn, zal wel de voornaamste reden zijn, dat er zoo dikwijls eene stad geheel of gedeeltelijk afbrand.

Wij kunnen *Tula* niet verlaten, zonder in 't voorbijgaan met een woord te gewagen van edelmoedige hulpvaardigheid, door een *Nederlander* zijnen ongelukkige landgenooten in 1812 bewezen. De heer Bernhard van der Vlies(*) verhaalde mij in de maand Julij 1842 ten zijnen huize

---

(*) De heer v. d. V. bekleedde te *Odessa* de aanzienlijke en voordeelige betrekkingen van *Ingenieur* van den waterstaat, *Direkteur der haven van Odessa*, *Collegie-Assessor*, en was ridder van onderscheidene orden. Zijne gulle gastvriendschap verwekt mij de warmste herinneringen aan mijn oponthoud te *Odessa*. Zijne loopbaan is hier nu voltooid; ruste zijne asch in vrede!

te *Odessa* deze zaak aldus : » Duizenden krijgsgevangenen kwamen in transporten door *Tula*, waar ik toen *direkteur* van het wapenmagazijn was, om naar *Tambow* te worden vervoerd. Zij werden in een paar houten loodsen opgesloten, tot dat einde in der haast zamengespijkerd. Daar 't getal gevangenen veel grooter was, dan in de bevelen was opgegeven, zoo hadden de ongelukkigen geene ruimte om zich te kunnen nederleggen, maar moesten altoos staan, of bij beurtwisseling nederzitten; waarvan het gevolg was, dat de *typhus* onder hen uitbrak en er eene vreeselijke slagting aanrigtte. Allen hulp te bieden was mij onmogelijk; ik bepaalde mij alzoo tot de *Nederlanders*, en met name tot *officieren*, dewijl ik de soldaten wegens het te groote aantal niet mede in mijn huis kon opnemen. Mijn huis werd alzoo een hospitaal voor mijne rampspoedige landgenooten. Ik had het geluk, dat ze meest allen herstelden; mijne zelfsvoldoening kwam mij nogtans duur te staan, daar ik met de zieken tevens de ziekte in mijn huis opnam. Een mijner huisgenooten moest het met den dood bekoopen, en ik zelf herstelde eerst na vele weken van de ziekte, die mij aan den rand des grafs had gebragt."

'tBekoorlijk denkbeeld dat we aan andren in hun smart
Behulpzaam kunnen zijn, verheugt een deugdzaam hart,
't Kan in eene eedle ziel een zuivere blijdschap wekken,
Dat zij tot eenig nut voor eenig mensch kan strekken.
     Lucr. Wilhelm. van Merken.

Na eenige uren toevens hadden wij ons aan den wel voorzienen disch in staat gesteld om eenige slechte wisselplaatsen te kunnen trotseren, en zetteden nu koers op *Orel*. De fraaije ligging der stad wordt nog verhoogd door eenige tuinen, die er in den zomer aangename uitspanningsplaatsen moeten opleveren. In de omstreken der stad zijn ijzermijnen van den graaf D.emidoff, benevens een klein meer ten Z.O., uit hetwelk de *Don* (*Tanaïs*) zijn' oorsprong neemt, en zich na een loop van ruim 200 uren gaans in de zee van *Azof* uitstort. *Tula* is 't vereenigingspunt van drie groote landwegen, waarvan een op *Moskou* leidt; de oostelijke loopt over *Woronesch* en *Kazanskoi* naar *Taganrog*, aan de zee van *Azof*; de westelijke tot *Orel* gemeenschappelijk met den derde, gaat van dáár uit over *Kioff* naar *Polen*, met een oostelijken zijtak over *Jassij* naar *Odessa*. De derde, die tusschen de beide anderen doorloopt, gaat vrij regt van 't noorden naar 't zuiden over *Orel*, *Kursk* en *Charkow*, en buigt dan westwaarts over *Pultawa* en *Cherson* door de *Steppen* naar *Odessa*. — Nabij de stad dreigde ons een groot ongeluk, 't welk de onvoorzigtigheid des *postillons* ons bereid had. Op een' bogt van den weg lag eene brug over een riviertje; de koetsier zwenkt in zijne vliegende vaart te kort om; de slede schiet van de ijsgladde helling tegen de houten leuning aan, die krakend te kennen geeft, dat ze op 't punt staat om voor den onbescheiden koetsier ruimte te maken, en die ruimte was een afgrond van ten minste veertig voeten diepte. De graaf deed den koetsier regt, want Petro kreeg last om den lompert naar behooren af te rossen; de graaf dreigde hem bovendien met eene aanklagt bij de naaste posterij. Hij smeekte erbarmelijk om vergiffenis, en vermurwde 't regtmatig vergramde gemoed des klagers: hem geschiedde alzoo. Wij bragten den avond op de eerste wisselplaats mede, en de koetsier, zoo 't mij toescheen, den pijnlijken angst voor eene aanklagte; hij kuste des graven regterhand om eene zware tuchtiging af te wenden. Hij kwam er goed af en wij ook, uit de morsige kot, namelijk van niet *gemolesteerd* te worden. — Op eenigen afstand van den weg links lag een prachtig landgoed ten halve in 't bosch verscholen. De bewoner van het fraaije slot was een fortuinridder, dien het gelukt was rijk te worden, maar op eene geheel bijzondere wijze. Wij zullen den geëerden Lezer 't verhaal van 's mans avontuur met dezelfde mate uitmeten, waarmede 't ons ook toegemeten is, namelijk woordgetrouw. » Deze bewoner was een *Armenier*, en woonde te *Ispahan* tijdens de *revolutie* in *Perzie* in 1826 plaats greep, en de *Schach* verdreven werd. Bij deze gelegenheid ging het in de hoofdstad wat onstuimig toe; de goede orde was er geheel verdwenen, en plunderen en moorden algemeen. In troebel water is goed visschen, en zoo dacht onze *Armenier* er ook over, zoo 't schijnt, want, volgens de overlevering, hielp hij ook een handje mede. Hij was niet geheel vreemd aan 't hof, en wat bij deze gelegenheid nog meer beteekende, hij wist ook waar de schat verborgen was, en van deze zijne wetenschap wilde hij nu ook *profiteren*. Hij sluipt het paleis binnen, zoekt niet naar een zakvol geld; een grooten hoop verlangt hij niet, slechts één *klein steentje*, dáár is 't hem om te doen, maar 't was ook een *edel steentje*. Het gewenschte steentje viel hem ook in handen, maar terwijl men nog in 't paleis aan 't uitkiezen en inpakken bezig is, ziet! dáár wordt het paleis door soldaten omsingeld: alle bezigtigers worden ontkleed, en hebben nu verlof, zich van hunne zware lasten te ontdoen en ledig heen te gaan. Onze *Armenier* zwoegde niet onder den last, nogtans had hij den grootsten schat van allen bemagtigd, en dien zoo vernuftig verborgen dat hij niet ontdekt werd. En waar had hij dien verborgen? In den baard Lezer! Deze steen was de grootste diamant van den *Schach* van *Perzie* en van eene zeer groote waarde. Hij maakte zich toen zonder lang talmen uit de voeten, kwam in *Rusland* aan; reisde naar *Petersburg* en verkocht daar den steen aan den Keizer van *Rusland*, naar luid van 't verhaal, voor eene som, groot genoeg om er dit aanzienlijke landgoed met den adeldom voor te koopen en er als een deftig edelman van te leven." Men kan nooit weten, waar 't een of ander goed voor wezen kan; de baard diende den *Armenier* een oogenblik als schatbewaarder, en daardoor werd hij een rijk man. Wie kan het berekenen, welke schatten de tegenwoordige baardkultuur den begunstigers nog kan aanbrengen!

Wij kwamen in den nacht op het dorp *Lopátka*, dat schouderblad beteekent; maar welke zinspeling heeft dat op het dorp? Wij maakten hier spoed om te vertrekken; toen wij pas uit de slede waren, gaf Petro den graaf een wenk, dat er vier kerels rondom de slede waarden, die nu eens naderden en zich dan weder verwijderden. Hier was waken alzoo veiliger dan slapen; in plaats van in huis te gaan bleven wij steeds bij de slede, om de leer van 't *Communisme*, die men hier wel toegedaan scheen te zijn, in de toepassing nogtans tegenstand te bieden. Om der waarheidswille moet ik toch erkennen, dat de goede? lieden geene proeve in 't werk stelden, om zóó ongevraagd van een ander te nemen wat hun behaagde. Of er in de bosschen van *Tula* roovers-

benden zich ophouden, dat is mij onbekend; maar
dat zich hier veel slecht volk in de dorpen op den
grooten weg bij de posthuizen ophoudt, dat is zeker,
want zoodra toch als de reiziger zijne slede of rijtuig een oogenblik onbewaakt laat staan, dan is
er ook wat verloren; hetzelfde heb ik tevens uit
den mond van *Russische* reizigers vernomen. Tot
mijne spijt *arriveerden* wij in 't middernachtelijke
uur op de wisselplaats *Kruilzowa*, 't welk wegens
zijne fraaije ligging beroemd is. 't Is op een heuvel
gelegen, wordt door een vischrijk meer bespoeld en
met geboomte en een dal afgewisseld. Tegen den morgen bereikten wij *Godsroem*, dat beteekent de naam
van 't dorp *Bogoslawa*. Zeer zonderling zijn vele
Russische eigennamen van personen, steden, dorpen enz.; de slechte herberg kon nogtans op roem
geene aanspraak maken. — Toen de dag was aangebroken vertoonde zich de omtrek regt bevallig
door afwisseling van heuvels, bosch en opene vlakten. De graaf wees mij regts van den weg de rigting van het *Tulasche* stadje *Bjelew*: het is in de
Russische geschiedenis bekend geworden. De keizerin
Elizabeth overleed er den 4 Mei 1826, nadat de
Keizer op den 1 December n. s. 1825 te *Taganrog* gestorven? was, volgens *Russische* berigten. Na twee
wisselplaatsen op dorpen, nam de stad *Mzensk*
ons tegen den avond op. Zij is op een heuvelachtig terrein regt bevallig gelegen, wordt door
de rivier *Soesja* bespoeld, die tusschen heuvelen
doorslingert, en grenst ten zuiden aan eene lage
vlakte. 't Is eene kreisstad van 't gouvernement
Orlow, en slechts weinige wersten van de grenzen van *Tula* verwijderd; heeft handel in koren en hennep, met fabrieken en landbouw, en

ongeveer 6000 inwoners. Zij is van binnen niet zoo fraai, als hare ligging van buiten bevallig. Bij het doorrijden der stad dreef een boer koeijen naar buiten, waarschijnlijk om ze te drenken; ik merkte onder deze een zonder hoornen op; op mijn verzoek vroeg de graaf den boer, of dit rund geene hoornen gehad had, dan of ze waren afgestooten; hij antwoordde op het eerste bevestigend. Daar dit verschijnsel zeldzaam voorkomt, verlangde ik te weten, of dat er wel meer voorkwam, dan of 't ook hier eene uitzondering was. Hij bevestigde het laatste en voegde er bij, »'t is niets." De overige koeijen waren alle met groote hoornen voorzien. Deze koeijen waren meerendeels bontkleurig en weken zoo wel in kleur als omvang en kleiner en min fraaije leest van het grijze aschkleurige *Steppen*-ras af. Ongehoornd rundvee komt er in *Europa* als stam ook niet voor, schoon men dat vroeger wel eens gemeend heeft, daar de waarnemer de zeer kleine wellligt voor geene horens heeft aangezien, zoo als die in sommige streken van *Munsterland* en volgens v. Berkhey(*) ook in *Ierland* voorkomen.

Onmiddelijk buiten de stad gaat de weg over een heuvel, bijlangs den zoom van eene rivier, die in de diepte aan den voet des heuvels voortkronkelt. De slede dreigde op de ijsgladde weg van de helling in de diepte neder te storten. Eene hechte leuning zou hier niet overtollig zijn, maar op het punt van veiligheid voor de *passagie* wordt in *Rusland* volstrekt niet gelet. Vele rivieren op de binnenwegen moet men langs smalle bruggen van boomstammen overtrekken die

---

(*) *Nat. Hist. v. h. Rundvee in Holland*, I St. bl. 291.

zonder leuningen zijn en waarin soms een boomstam ontbreekt; andere rivieren moet men doorwaden of over 't ijs passeren. Deze gevaarlijke reismanier veroorzaakt dan ook wel eens groote ongelukken, die menschenlevens kosten. — Buiten *Mzensk* aanschouwt men een geheel ander tafereel; men ziet over eene uitgestrekte vlakte, spaarzamer door bosch afgebroken, en met heuvels afgewisseld. De *Esplanade*, die zich van *Moskou* af niet veel verder dan tot *Tula* uitstrekt, gaat van dáár tot *Mzensk* meer in afgebrokene kleinere heuvels en grootere vlakten over, die bij deze stad schijnen te eindigen. Van hier af zuidwaarts wordt het land vlakker, en de grondsoort vruchtbaarder. De heuvel bij *Mzensk* bestaat uit roodachtigen leemgrond, dan heeft men eerst eenige wersten een lage vlakte, door moerassige streken afgebroken, die vervolgens in meer vruchtbaren grond overgaat.

In den bouw der huizen van 't gouvernement *Tula* merkt men eenig verschil op met die der streken, welke wij doorgetrokken waren. Op sommige dorpen staan de huizen aan elkander, zonder eenige tusschenruimte. Dit is nogtans eene uitzondering; in het algemeen bouwen de *Russen* even zoo als de oude *Germanen* hunne huizen op eenigen afstand van elkander, wegens onkunde in 't bouwen of 't gevaar van brand (*). Met gedraaide stroobanden zijn ze aan elkander verbonden, even als of de goede lieden beducht zijn voor een orkaan, die ze medenemen zal. Deze stroobanden dienen, om het dak vast te houden, want hier, en ook in meer zuide-

-----

(*) Tac. *de mor. Germ.* Cap. 16. » Suam quisque domum spatio circumdat," etc.

lijke gouvernementen wordt slechts los stroo op 't huis geworpen; dan worden er boomtwijgen met takken opgelegd, en daarover die dikke gedraaide stroobanden. 't Is dit losse stroo, dat een strooregen veroorzaakt wanneer 't sterk waait; eene onpleizierigheid, waarover meer dan een reiziger niet ten onregte geklaagd heeft. In meer noordelijke gouvernementen zijn de huizen beter gedekt; dáár wordt een soort van rogge-dakstroo gebezigd, dat in leempap gedompeld (*), en dan met boomtwijgen of stroobanden aan de latten vastgehecht wordt. In het algemeen zijn de boerenhuizen in *Rusland* op eenigen afstand aan weerskanten met den gevel naar den weg gebouwd, die veelal lijnregt loopt. De huizen zijn meestal van hout; in sommige gouvernementen hier en daar met houten wanden, maar doorgaans met leemwanden of van teenen gevlochten en met leem bepleisterd.

In den avond kwamen wij te *Orel* aan ('t woord beteekent arend), de hoofdstad van het gouvernement *Orloff*, volgens sommige schrijvers *Orel*. Zij is op ongeveer 53° b. aan de uitmonding der *Orlik* in de *Oka* gelegen, en had in 1840 omstreeks 36,000 inwoners. Het gouvernement bevat 790 □ m. met 1,120,000 zielen en 12 steden. De

---

(*) Dit herinnert aan het tijdvak van mindere beschaving van een volk, waarin 't *Russische* volk *thans* nog staat, 'twelk *wij* al meer dan twee eeuwen zijn uitgetreden. Vergelijk v. W ij n, *Hist. Avondst.* op onderscheidene plaatsen; Westendorp, *Jaarb.*, II, 411, 494, 517. Over het wonen in houten huizen in ons vaderland en in deze provincie, zie wijlen den provincialen *Archivarius*, Mr. H. O. Feith: *Korte schets van de oude gewoonte om in houten huizen te wonen en derzelver overgang tot steenen woningen*, in de *Bijdragen voor Vaderlandsche Geschiedenis en Oudheidkunde*; uitgegeven door Is. An. Nijhoff, IV St., bl. 209—266, Arnhem 1817.

lange en breede straten met knappe huizen omzoomd, en door ruime tuinen gescheiden, zullen aan de stad in den zomer wel een bevallig aanzien verleenen. Is *Tula* beroemd door hare geweer- en wapenmagazijnen, *Orel* is het niet minder, en boogt met meer regt op *hare* magazijnen. Zij is geene bewaarplaats van verdelgende moordtuigen, maar van het voedende graan. Ceres, ter wier eere de *Romeinen*, volgens Plinius, het eerste standbeeld oprigtten, heeft hier hare voorraadschuren gevuld met het weldadigste geschenk der Natuur. Hier is de hoofdzetel van den graanhandel van *Rusland*, die zich echter voor het land alleen bepaalt; van hier uit wordt de *Kaukazische* armee van koren voorzien. 't Is alzoo niet vreemd, dat de handelstand er bijna geheel uit graanhandelaren bestaat. Vele graankoopers zijn er beroemd wegens hun vermogen, en berucht wegens de wijze waarop ze 't bemagtigen, althans voor een gedeelte, waaraan zelfs spreekwoorden ontleend zijn en waarvan *anekdoten* verhaald worden, die, wel is waar, van geslepenheid getuigen, maar geenszins van eerlijkheid en goede trouw. De volgende *anekdote* is mij daarvan onder anderen verhaald, die echter geene oneerlijkheid, althans niet *juridisch*, in zich sluit, maar door den Keizer toch hoogelijk werd afgekeurd, schoon de Keizer de desbetreffende beide kooplieden met eene groote ridderorde beloonde. »Er komt een keizerlijk *Commissaris* om koren voor de *Kaukazische* armee te koopen. Er is korengebrek, maar twee kooplieden bezitten een aanzienlijken voorraad. Zij eischen het dubbel van den prijs. De gelastigde koopt het niet, maar *rapporteert* de zaak aan den minister van oorlog; deze, verbolgen over zulk eene onbeschaamde winzucht, beklaagt zich daarover bij den Keizer, en vordert dat ze daarvoor gestraft worden. ""Neen, zegt de Keizer, ik zal ze met eene ridderorde beloonen."" Z. M. beveelt, dat aan beide kooplieden een ridderkruis zal uitgereikt worden! Dat was inderdaad eene groote eer, maar ook van een groot gewigt, want daar was bij bevolen, dat aan elk kruis een gewigt van een *pud* moest verbonden zijn, met den last tevens, dat de geridderde kooplieden nimmer zonder 't zware kruis op straat of in 't publiek zouden mogen verschijnen, en wegens deze *appendix* werd de eer zwaar te dragen!" Zoo als het goede en kwade altoos onder elkander vermengd is, zoo zijn er ook goede en zelfs edelmoedige korenkoopers in *Orel*. Voor eenige jaren, toen het koren schaars en zeer duur was, deed zich in zeker gouvernement groot gebrek gevoelen. Een koopman uit deze stad verkocht en verzond eene aanzienlijke hoeveelheid naar dat gewest, voor de helft van den prijs dien hij daarvoor toen kon bedingen. De Keizer beloonde ook *die* daad met een ridderkruis, maar zonder een *pud* gewigt er aan. — *Orel* is een der bloeijendste steden van *Rusland;* behalve den graanhandel bezit zij onderscheidene fabrieken, die in toenemenden staat verkeeren, benevens eene zeer drukke riviervaart met korenschepen op de *Oka*. Op oudheid kan ze niet roemen, zoo die anders roemwaardig is, want zij is een der nieuwste steden van *Groot-Rusland*, en eerst in de 17de eeuw gevestigd. Wegens den bloeijenden handel neemt de bevolking er sterk toe. — Na een paar uren toevens in een fraai en zeer goed logement, in welken tijd wij er nog een paar winkels bezochten, nam Petro de thee weg en begon de zaken weer in te pakken, toen er iemand bij den graaf werd aangediend, die hem verzocht te spreken. De man komt binnen en zegt wat zijne begeerte is. Zijn verzoek is heel bescheiden, niet afschrikkend, want eene geldzaak was het niet; hij verzoekt om de eer, dat de heer graaf zijn magazijn gelieve te bezigtigen; alzoo eene verlustiging zonder kosten! 't Was een van die overal verspreide magazijnhouders van *Tula*; hij woonde in 't logement en had er in eene ruime zaal op de tweede verdieping zijne waren uitgestald. De koopman was beleefd genoeg, om de aanzienlijke reizigers, die hier wat toefden, zijne fraaije zaken ter bezigtiging aan te bieden, en ook menschkundig genoeg, om te weten, dat een beleefd verzoek zóó gemakkelijk en geheel kosteloos te vervullen, doorgaans niet wordt gewezen van de hand. De ruime zaal was opgevuld met die voorwerpen, die de beroemde werkplaatsen van *Tula* opleveren. Eene zóó groote hoeveelheid, waarvan de glans in verscheidenheid van gloed bij 't waskaarsenlicht schitterde, wekt den kooplust ligt wat op. De graaf kocht er dan ook eenige voorwerpen, onder anderen een paar stalen paascheijeren met bonte sterretjes versierd, en stelde alzoo de verwachting des koopmans niet te leur. De fijn geslepen, man die zijne wereld verstond en ook den mensch scheen te kennen, koesterde voorzeker de verwachting, dat de duizende schitterende voorwerpen wel eenige roebels zouden aantrekken; of dat anders des graven *delicatesse* tot aandenken der bezigtiging wel wat van die mooije zaken tegen zilverroebels zoude inruilen. Ik merkte op, dat de koopman het woord *koopen* (*kupit*) bijna niet bezigde, maar steeds grafelijke en vorstelijke personen noemde, die hem met den last hadden vereerd, om deze of die kostbaarheden voor hen *af te zonderen.*

Petro berigt dat de paarden gereed zijn, en de slede aan de voordeur wacht. De avond was nog niet ver gevorderd; de weg op *Kursk* uitnemend; de postpaarden doorgaans goed, en hindernissen voor de reis deden zich niet op, zoo dat wij snel vorderden. Het terrein is er vlak, hier en daar met bosch afgewisseld; dennewouden nemen af, de berk wordt zeldzamer, de eik, beuk en els komen meer voor. De dorpen in de omstreken van *Kursk* werden grooter; de boeren van sommige eigenaren leven er behoorlijk goed, en er zijn zelfs die gegoed zijn. — Toen de dageraad aanbrak reden wij een bosch door; daar buiten op een heuvel gekomen, lag de stad *Kursk* op geringen afstand vóór ons. Regts van den weg zwaaide een windmolen met zes wieken, de eerste die ik in deze streken opmerkte; alzoo verandering van tooneel, wij naderden de *Ukraine*. — Het binnenkomen van *Kursk* verwekt een gunstigen dunk van de stad, die ook niet te leur gesteld wordt. De fraaije poort binnenrijdende, strekte eene lange en breede straat zich voor ons uit, die, met aanzienlijke huizen behouwd, een deftig aanzien opleverde. In die straat vindt de reiziger in een knap logement goede opname, en hij kan er smakelijk *cotellietti* (*karbonade*) kluiven; zoo althans bevonden wij ze. *Kursk*, de hoofdstad van 't gouvernement van dien naam, is in het dal der *Kura*, aan de rivieren *Tuskara* en de *Kura*, op 51° 43′ b. gelegen, en telt ruim 22,000 inwoners. Het gouvernement is 740 mijlen groot, en bevat 1,500,000 inw. met 15 steden. 't Zuidelijke deel der stad is bevallig gelegen op een heuvel, en wordt door de rivier omslingerd, die door de stad kronkelt. *Kursk* heeft 16 kerken, 2 kloosters, 1 *gymnasium*, vondelingenhuis, een *Gostinoi-dwor*, een bloeijend fabriekwezen en sterken handel in was, honig, talk, hennep, leder, bont; minder uitgebreid in koren en tabak. Ook deze kooplieden reizen met hunne waren door het gansche land, zelfs tot naar *Kiachta*, de *Russische* grensstad aan *China*.

Ons oponthoud in de stad duurde twee dagen, zoodat ik behoorlijk gelegenheid had om de stad wat op te nemen. Schoon er veel handel is en ook een aantal fraaije winkels zijn, zoo ontbreekt er toch eene openbare marktplaats. Een aantal huizen zijn groot en aanzienlijk van buiten, en naar twee te oordeelen waarin ik geweest ben, ook prachtig van binnen. Tusschen de beide glasramen waren de vensterbanken hier algemeen twee duimen hoog met wit en rood zand aangevuld, waarin allerlei figuren geteekent waren. Op dit zand waren groepjes van fraaije steentjes van verschillende kleur tusschen die figuren ingelegd, en met kleine bloemgroepjes afgewisseld: die eenvoudige versiering staat heel aardig; ik had die nergens zóó fraai gezien; het onderstelt smaak en netheid. — De *aristokratie* van dit gouvernement gaat des winters niet algemeen naar *Moskou* of *Petersburg*, maar brengt dien meerendeels in de gewestelijke hoofdstad door. Dit is dan ook de reden, dat men hier in den winter een aantal vierspannige rijtuigen, zoo koetsen als sleden in de stad ziet toeren. Ik zag er onder anderen twee koetsen met dames, de eene met vier witte paarden, en de andere met vier schimmels *paraderen*, die in pracht de *ekwipages* der hoofdsteden op zijde streefden. Ook hier prijkten *elegante* naamborden met het opschrift *Tailleur de Paris*, *de Petersbourg*, *de Moskou* enz. In de hoofdstraat las ik op het naambord van een' *apotheker* den *Duitschen* naam *Dannenberg*, bij wien ik een uurtje toefde. In de verre vreemdelingschap neemt men 't begrip van landgenoot wat ruimer, zoodat ik vrijmoedig bij mijn *Germaanschen* stamgenoot inkeerde, en er ook zonder wat te koopen vriendelijk als *ein Deutscher Mitbruder* ontvangen werd. De heer D. verhaalde mij, dat hij de *apotheek* in huur bezat en er een goed bestaan had. Hij zeide mij verder dat er een rijke adel was, die den winter meestal in de stad doorbragt; dat dit een aanzienlijk voordeel voor vele klassen en ook voor hem opleverde; dat er algemeen welstand heerschte, en de handelstand er mede gegoed was; voorts dat hij den *Lutherschen* vorm van godsdienst was toegedaan; dat een *Luthersch* leeraar van *Moskou* doorgaans twee keeren in het jaar de reis van ruim honderd uren gaans aflegde, er dan de kleine gemeente van 12 à 13 huisgezinnen stichtte, en dan tevens het *H. Avondmaal* uitdeelde, den doop bediende, nieuwe lidmaten bevestigde, enz.

In 't logement teruggekomen, kwam er een koopman met eetwaren, als onderscheidene soorten van worsten, enz., die de *Russen* met knoflook, uijen, enz., kruiden. Het aanbieden van eetwaren aan reizigers in de logementen is er zeer gewoon; daar het den reizigers met postpaarden vrijstaat, om niets in 't posthuis te gebruiken, en de familiën doorgaans hare koks op reis medenemen, zoo koken die er naar 't verlangen van hunne meesters of meesteressen. Om vier uur kwam de graaf terug om te *dineren;* hij had zich gevleid, met zijne zaak nog vóór den middag klaar te komen, maar was daarin te leur gesteld geworden; 't was eerst den volgenden dag dat wij konden afreizen. Die zaak leidde tot moeijelijkheden en dreigde zich in een *proces* te verwikkelen; zie hier de zaak. De graaf had hier op de *industrie*-school een jongeling geplaatst, om zich voor het vak van meubelmaken te bekwamen. Hij was oorspronkelijk een lijfeigen van des graven schoonouders, wier grootste goederen in dit gouvernement gelegen zijn. De jongen, die een broeder was van Petro, was den graaf met den lijfbediende als zijn eigendom geschonken. Hij had zich uitnemend gekweten, was thans in staat om de fraaiste stukken te vervaardigen, waardoor hij ten voordeele der inrigting al een mooi sommetje konde verdienen, en was die dus *voordeelig.* De graaf wilde hem nu om dezelfde reden in zijne dienst nemen; de *directie* echter beweerde dat hij er nog een jaar moest blijven om goed bekwaam te zijn. Na hevige *disputen* kreeg de graaf hem eindelijk in zijne magt, en nam hem mede naar zijne goederen. Het jaarlijksche leergeld bedroeg omstreeks ƒ 20. De bekwaamheden van dezen werkman waren uitstekend; hij vervaardigde de fraaiste meubels uit fijne houtwaren. Later werd hij bij de adelijke familiën in de *Steppen* zeer gezocht, en zijne dagelijksche verdienste van een roeb. bco. stelde de graaf weldra op twee, met den vrijen kost, zoo dat zijn leertijd goede *resultaten* had opgeleverd.

Den volgenden dag reisden wij af, en kwamen tegen den middag op het dorp *Medi* aan, eene wisselplaats op de helft van *Obojan* en *Kursk.* Hier begint men eenige verandering in den bouw der huizen op te merken. De muren bestaan er algemeen uit gespetene boomstammen, met de platte zijde binnenwaarts gekeerd, die van büiten in de voegen met werg digt gemaakt en met leem en kalk overstreken zijn. Men treft er ook slechte huizen aan, met een muurwerk van gevlochten teenen en koedrek, met leem bepleisterd en met kalk aangewit. Een ander kenmerk van de *Klein-Russische* huizen is, dat ze vóór den gevel aan den weg een leemen muurtje ter hoogte van twee voeten en anderhalf breed opgebouwd hebben. Dit is de zitbank waarop ze op zon- en feestdagen gaarne toeven, en er onder het twee voeten overstekende dak als in een luifel gezeteld zijn. In de noordelijke gouvernementen bestaan de wanden meestal uit heele boomstammen, en zijn alzoo wat hechter. Eerstgenoemde soort van huizen strekt zich over geheel *Klein-* en *Zuid-Rusland* tot aan de *Azofsche* en *Zwartezee* uit, zoover als de *Klein-Russische* stam verspreid is.

Kalm, en zonder barbaarsche tooneelen was ons reisje tot hiertoe afgeloopen, en zóó dachten wij ook het reeds nabij gelegene landgoed te zullen bereiken, om er een acht dagen in rust en gemak door te brengen; maar wij moesten eerst nog wat bitters zien en hooren, vóór dat we 't zoete genoegen van een gastvrij tehuiszijn zouden smaken. Op het tweede dorp lagen 12 a 14 gekneveldе boeren in de koude aan den weg, waaronder ook twee vrouwen. Ze waren overtuigd geworden van eene zamenzwering te hebben gesmeed, met het doel om 't heeren huis en aanhoorige gebouwen in asch te leggen en de adelijke familie te vermoorden. Ze zouden de gewone maar harde tuchtiging ontvangen, van namelijk geknoet en dan naar *Siberie* gezonden te worden. Barbaarsche behandeling van zijde des eigenaars had tot dit voornemen geleid. De *Russische* boer onderwerpt zich gewillig en zonder verbittering aan de gewone geeseling met roeden of de knoet zoo hij slechts schuldig is; maar wee! den tiran, die hem mishandelt of onregtvaardig straft; hij ontsnapt nooit aan zijne onuitdoofbare wraak, zoo er ooit eene gelegenheid tot wraakoefening kan gevonden worden. Ik heb daarvan persoonlijk voorbeelden leeren kennen, die zoowel wegens het overleg, trouw, en jaren lang strikt verborgen gehoudene geheim, als wegens den onverzadelijken wraakdorst merkwaardig zijn. Van die kokende wraakdorst, zelfs bij de teedere kunne, zegt zeker schrijver als ooggetuige: »Ein Haufen von Bauern, Frauen und Mädchen, der immer mehr anschwoll, stand unfern an den Gebundenen und weidete sich an dem Anblick ihrer Qualen mit so ruhigem Aussehen, als blickten sie auf eine Flur von Rosen (*).''

Omstreeks middernacht namen wij een rustpunt in het stadje *Obojan* en verbeidden er den morgen in een zeer middelmatig logement. Het stadje is op een heuvelketen gelegen, die zich van *Kursk* in eene smalle streek uitstrekt, hier in vlak land overgaat, en het merkteeken van de vruchtbare vlakten der *Ukraine* vertoont, die niet ver van hier een aanvang nemen. *Obojan* wordt door de rivier de *Psjöl* besproeid, die hier de *Obojanka* opneemt. De rivier moet smakelijke kreeften opleveren, waarin hier handel is. Zij heeft ruim 5000 inwoners, met handel in vee, talk en was, met

---

(*) *Thüringer Stadt- und Landbote*, no. 4, April 1849, S. 49.

eenvoudige huizen, zonder merkwaardigheden. —
Des morgens reisden wij af, naar het landgoed.
Men passeert bij de stad de *Psjól*, die tusschen
hooge oevers doorstroomt, en komt dan op een
hoogen opgeworpen weg of dijk, die een paar werst
ver door een moeras gelegd is. Van af den dijk
heeft men een ruim uitzigt over de opene, vlakke en
lage landstreek. Zeven boeren uit dezen omtrek,
met een knapzak op den rug, welligt met al hunne
bezittingen togen naar *Petersburg*, en moesten nog
ongeveer 300 uren gaans afleggen om de hoofdstad te bereiken. Zij antwoorden den graaf op zijne
vraag, wat ze daar wilden doen, dat ze met verlof
gingen om te *St. Petersburg* wat te verdienen,
daar er te veel boeren op het goed waren. De
mensch die alles in zijn persoon met zich voert,
vindt zijn vaderland overal, waar hij zijn arbeid duurder ziet beloond, of waar hij meer levensgenot vindt,
zegt S t o r c k (*) teregt Na een of twee wisselplaatsen
te hebben aangedaan, verlieten wij den grooten weg
en toefden op een groot dorp, ik meen dat het
aan graaf T s c h e r e m e t j e w toebehoorde. Hier
was een koetsier met de slede met vier paarden
van het landgoed gezonden, met welke de graaf
met P e t r o en diens broeder onmiddelijk afreisde.
Ik bleef nu met onze reisslede en den *postillon*
achter. In dit dorp was het feest; eene rij boeren, in sleedjes met één paard gezeten, volgde
eene andere slede, waarvan het paardetuig met
bonte doeken getooid was, en in die slede zat een
paar jong getrouwden. De echtelijke band was zóó

(*) *Cours d'économie politique etc.* par H e n r i S t o r c k. *Tom.
cinquième*, p. 164. *St. Petersbourg*, 1815.

kersversch door *pope* gelegd, en zij vierden nu bruiloft. Alles was levenslustig; die in de sleden zongen, voetgangers zwaaiden over den weg, zongen, lachten, tierden en buitelden in de sneeuw. Anderen speelden het algemeen voor 't *Russische* landvolk zoo aangename *koelatschnoi boi*-spel (vuistvechterij). Mijn *postillon* vond de gelegenheid veel te gunstig om er niet mede te woekeren. De graaf was oogenblikkelijk uit ons gezigt verdwenen, en nu springt hij van de slede, zegt mij, dat hij dadelijk zal terug zijn. Ik wacht een half, een heel kwartier, een half uur, maar hij verschijnt niet. Ik volg zijne rigting, loop onderscheidene huizen in, maar 't zoeken is te vergeefs, 't is overal: »*nischnaio*" (ik weet het niet). Ik stel mijn paar dozijn *Russische* brokstukken in dienst, en vraag dan: » waar is 't bruiloftshuis?" 't was aan gindsche zijde van 't groote dorp; ik rigt den koers er op; maar eer ik 't feestvierende huis bereik, komt hij er aandraven en roept reeds van verre: »*nitschewó! nitschewó! ja njet piani*" ('t is niets, niets, ik [ben] niet dronken). De onvaste gang bewees nogtans het tegendeel, en ik nam in dit onvrije land de vrijheid om hem op een paar oorvegen te vergasten; men moet zich immers wat naar de landswijze schikken! — De snaps had niet kwaad gewerkt, de koetsier reed vliegend voort; de 10 of 12 werst waren spoedig afgelegd, en ik kwam met den dronken koetsier zonder ongeval op 't slot aan.

NEGENDE HOOFDSTUK.

De aankomst op 't slot. — De landhuishouding. — De kamerovens. — De huisgodsdienst. — Gesprek met den pope. — Het trouwen. — 't Diner: de huisarts. — Bezigtiging van 't slot. — Het familiebezoek: de Russische ridderorden: kaartspelwoede; de Russische savantes. — Afreis. Belgorod: *het vrouwenklooster;* legende; Russische zeden voor $8\frac{1}{2}$ eeuwen. — *Vertrek:* de oorlog met den postmeester; 't Russ. postwezen. — Charkow: de akademie; verzameling van landhuishoudel. werktuigen; de schaatsenrijders, de glijbaan. Tartaren, enz.; de dampbaden. — *Vertrek:* de vrachtkarren met drommedarissen. — *De grafheuvels.* Subujew. — Isium. — *Nachtverblijf.* — *Tehuiskomst, en* 't *einde der reis.*

De hofmeester had mij twee vertrekken aangewezen, toen spoedig daarna een bediende met scheermessen gewapend kwam aansnellen: de vreedzame man had een goed voornemen, want hij zou zijne kunst aan des vreemden baard besteden, de *moustâches soigneren*, en dan het haar fatsoenlijk *rangeren*. De poetsmeester was met zijn arbeid nog niet in 't gereede, toen de graaf mij een briefje deed bezorgen, met kennisgeving dat de barones mij na een half uurtje zoude ontvangen. — De dame was in eene prachtig gemeubileerde zaal gezeten; zij rees statiglijk van de weeke *sopha* op, en ontving mij minzaam. Bedienden bragten thee; eene dame-*gouvernante* schonk die, en bedienden reikten de glazen aan. De barones zat aan het eene, de graaf aan het andere einde der rustbank, en ik op een' stoel er vóór. Benevens de theeglazen, plaatsten de bedienden taartjes op het tafeltje, dat vóór de *sopha* stond. — Nieuwsgierig om te weten hoe de zeden in mijn vaderland, en inzonderheid welke er alzoo de *amusementen* der dames waren, kon ik beginnen om der barones op dit punt een dozijn vragen te beantwoorden. — Na het theedrinken werd de avond met gesprekken over *Rusland* en *Nederland* doorgebragt. De barones was verheugd van mij de verzekering te vernemen, dat *Neêrlands* Koningin (thans Koningin-moeder) door de natie geacht en bemind werd, zij had dit in *Rusland* ook al gehoord. — Om negen uren noodigde een bediende tot het *soupé*. Een heerlijk avondmaal wachtte ons in eene belendende zaal, alwaar zes bedienden, op eene rij langs den muur geschaard, de bevelen harer meesteres verbeidden. — Benevens andere fijne vischsoorten ontbrak de *Sterlet* van *Ribinsk* er mede niet, en leverde met onderscheidene vleeschgeregten een keur van spijzen op, toereikend om den goeden *appetit* en smaak te bevredigen. De barones speende zich van de vleeschspijzen en sommige andere geregten, wegens den vastentijd, dien de *Russen* naauwgezet vieren. Eerst werd gewone *Fransche* wijn, en dan *Champagner* geschonken: bij het nageregt, waarop fijne *kaviaar* werd aangeboden, schonk de bediende *Rijnwijn* in groene glazen.

Een tijdsverloop van twee uren gaf toereikende gelegenheid om van alle geregten zonder overhaasting te proeven; daarna werd er voor elk één kopje koffij aangeboden, naar *Duitsch* gebruik, want het *souper* goldt voor *diner*. Bij de *Russen* is dit niet in gebruik, de graaf was dit nogtans gewoon, en daarom werd er koffij aangeboden. De *Russen* drinken bijna geheel geene koffij, of ten minste slechts ééns des daags; daarentegen drinken ze meermalen thee, die in sommige streken van *Duitschland* weer geheel niet gebruikt en er in de apotheek verkocht wordt. — Na 't *souper* speelde de graaf met *mama* een kaartje, waarna wij ons al vroegtijdig ter ruste begaven, om den volgenden dag het landgoed in oogenschouw te nemen.

Des morgens werd mij 't ontbijt op de kamer gebragt, en daarna kwam een bediende berigten, dat de slede gereed was. De *direkteur*, een *Russisch* edelman, vergezelde ons in een andere slede. Wij bezochten eerst eene menigte gebouwen, die tot de landhuishouding behoorden, als dorschschuren, magazijnen voor koren, meel, zout, hennep, vlas, tabak, enz.; twee windkorenmolens; werkplaatsen voor 't bereiden van den hennep, vlas, tabak, enz. enz. In de schuren werd met kleine slechte vlegels gedorscht; buiten op eene digtgetrapte ruimte met rollen tarwe uitgereden, die door ossen getrokken werden. Het zijn blokken van zerk, ruim 3 voet lang en 2 in doorsnede, en van 5 uitgehouwene kanten voorzien. Bij dezelfde krachtsaanwending dorschen ze in den zelfden tijd niet de helft van dat der bekende, en in ons vaderland gebruikelijke dorschblokken. In deze streken heb ik het eerst die dorschwerktuigen en het dorschen in de buitenlucht opgemerkt; beide zijn in 't Noorden niet in gebruik; daar dorscht men doorgaans met den vlegel in de schuren. Zoo begint hier ook 't gebruik van ossen in den veldarbeid, die in 't Zuiden algemeen is, in 't Noorden echter meest door paarden wordt verrigt. Op sommige landgoederen zijn verschillende dorschwerktuigen van latere vinding in gebruik, die van 2000 tot 3400 roebel kosten. Er waren te zamen 78 mannen en vrouwen bezig; behalve nog 27 in het schellen en beuken, droogen en verder bewerken van hennep, vlas en tabak. — Het vee was ook hier meest in hokken in de buitenlucht, zoo als in de *Steppen* algemeen: men treft dit nog veel noordelijker, en zelfs wel in het gouvernement *Jaroslaw* aan. Hier komt reeds het zware *Steppenras* voor, 't welk $\frac{1}{3}$ zwaarder is dan het rundvee uit de noordelijke en *Oostzee*provinciën. — De schapenfokkerij was niet groot; behalve eene kudde landschapen was er tevens een van *Merino's* van ongeveer 400 stuks. De veeteelt is hier van minder belang dan in de *Steppen*. Paardenfokkerij begint er al meer voor te komen, die verder naar 't Zuiden nog steeds toeneemt en in de *Steppen* op eene zeer breede schaal aangelegd is; in 't Noorden echter is die van weinige beteekenis. Zoo als in de *Steppen* de paardenhandel meest in jonge bestaat, werden hier meer koetspaarden aangefokt, die 't span gemiddeld 5 à 600 roebel kosten. — In sommige werkplaatsen waren mannen en vrouwen bezig met hennep- en vlasbraken, en anderen met het droogen en bewerken van tabak, voor 't rook- en snuifgenot der boeren. De *Russen* zijn liefhebbers van rooken, waarop de boeren zelfs geene uitzondering maken. Daar hun op vele landgoederen, wegens gevaar van brand, 't rooken niet toegestaan wordt, zoo is dáár het snuiven in gebruik. Tabak en snuif zijn voorbeeldeloos slecht, en de stank (*venia sit verbo*) van den rook is onverdragelijk voor hem, die er niet aan gewoon is. De boerentabak wordt altoos in bláden verkocht. De vruchtbare grond levert hier ruime oogsten van tabak, hennep, vlas, tarwe en andere granen op. De tabaksteelt komt nogtans op breedere schaal voor, in de gouvernementen *Charkow* en *Pultawa*; hennep echter wordt hier in groote hoeveelheid verbouwd (*), zoo als het rooten en de verdere bewerking van den hennep dan ook gezegd wordt, hier het best in geheel *Rusland* te geschieden. Vlas wordt er zoo veel niet gekweekt, meerendeels voor den zaadoogst; het lint wordt hier mede voor een gedeelte tot verwerking aangewend; in de *Steppen* daarentegen meestal weggeworpen. Ik telde 42 mijten van granen, hennep en vlas, benevens één van hooi. 't Hooi wordt in *Rusland* meestal des winters over de sneeuw van het land gehaald, waarop het gegroeid is; in de *Steppen* is dit een vaste regel. — In eene zeildoekweverij waren een dertigtal jongens en meisjes ijverig aan 't weefgetouw bezig; een oude boer voerde als magthebber 't bestuur over 't jonge volkje, 't welk zich welgemoed en vrolijk vertoonde. — Wij bezigtigden nu de drie windkorenmolens, waarvan een in 't vorige jaar gebouwd was. Ze waren alle van zes wieken voorzien, schoon

---

(*) Van hoeveel belang in *Rusland* de hennep- en vlasteelt is, kan blijken uit den uitvoer, die, blijkens *Russische* opgaven, in 1841 voor den hennep 2,581,139 *pud* beliep, en 205,439 *pud* werg; benevens 3,000,842 *p.* vlas, en 153,435 *p.* werg; behalve duizende lasten vlas- en hennepzaad.

ze ook wel voorkomen met acht. De bouw des molens is in 't binnenland nog weinig verbeterd; het zamenstel is zeer eenvoudig en onkostbaar, maar slecht de vereeniging van het in- en op elkander werkende raderwerk. Ze kosten 5 à 6 maal minder dan die van denzelfden omvang en bestemming in *Nederland*, maar komen wegens de geringe en slechte werking nog duurder te staan. In plaats van zeilen waren ook hier nog de dunne plankjes in gebruik, die over de wieken geschoren worden. Deze molens zijn doorgaans voor 't malen van verschillende granen ingerigt. Daar men in *Rusland*, althans in 't Zuiden, in de *Landhuishouding* nog zóó ver niet gevorderd is, dat men onkostbaar en in korten tijd de gerst van de angels weet te ontdoen, zoo voorziet de korenmolen door stampers ook in dezen arbeid. — Behalve de magazijnen, werkplaatsen, enz., omringde nog omtrent een twintigtal huizen het slot, alle bewoond door die soort van lieden, welke aan de dienst der slotbewoners verbonden zijn (*Hofleute*, zoo als de *Duitschers* zeggen), als ambachts- en handwerkslieden, en dezulke die zelven geen veldarbeid kunnen verrigten. Hiertoe behooren met name de koetsiers, stalknechten, herders, en zij die met de zorg voor 't gevogelte belast zijn (*Faselleute*); wijders de schrijvers, *policie*bedienden, enz. Daar deze lieden voor hun eigen onderhoud geen land kunnen bebouwen, spijzen die doorgaans in eene algemeene keuken te zamen, waarvoor een afzonderlijk huis gebouwd, en een kok met de keukenzorg belast is. — De grondsoort van dit landgoed en de omstreken bestaat uit eene zwartachtige humusrijke klei, die weinig van die van de *Ukraine* verschilt. Daar de regens hier niet zoo zeldzaam zijn als in de *Steppen*, zoo zijn dit *gouvernement* en de *Ukraine* voor de graanteelt en weiderijen veel gunstiger dan b. v. de *Steppen*. — De oppervlakte van dit landgoed bedroeg ongeveer 2700 bunders, met ruim 1400 inwoners, waarvan slechts een klein gedeelte uit boschgrond, en bijna de helft uit bouwland bestond. Deze inhoud zou dan de ruimte opleveren voor 54 boerderijen van 50 bunders, en alzoo voor ongeveer twee dorpen van gemiddelde grootte in de provincie *Groningen* plaats geven. Hieruit blijkt, dat er in *Rusland* meer dan de helft minder op gelijke oppervlakte van het land gewerkt wordt, wanneer men namelijk het getal, 't welk aan den veldarbeid geen deel neemt, van de bevolking aftrekt, en de rest met het getal vergelijkt 't welk op die zelfde oppervlakte in *Groningen* den landarbeid bedrijft.

Van dit uitstapje huiswaarts keerende, leverde 't landhuis een fraai gezigt op. Van ruimen omvang, in nieuweren stijl gebouwd, met twee verdiepingen en twee zijvleugels voorzien, verhief zijne tinne zich trotsch boven het zware geboomte, 't welk het huis van drie kanten ommantelde. Eene breede beukenlaan (in *Rusland* nog eene nieuwe mode), geleidde naar 't slot, en wandelingen met plantsoen sierden 't front, schoon toen nog met het sneeuwkleed bedekt. Een fraaije poort versierde 't voorplein; nogtans ontbrak ook hier de breede gracht, die, pronkende met een paar sneeuwwitte zwanen, trotsch wiegelende op hare golfjes, ten sieraad strekt aan onze vaderlandsche buitenplaatsen. Wij bezigtigden nu de paardestallen en hokken, te zamen waren er 286 paarden. Op de slotstallen stonden drie dubbelspannen koetspaarden van verschillende kleur, als: 4 bruine van den generaal, 4 schimmels van de barones, en 4 brandvossen van den *direkteur*, benevens 16 rijpaarden, alzoo 28 te zamen. De paarden van dit gouvernement stammen van het bekende *Bachmutsche* ras, het beste paardenras van *Rusland*, dat op sommige der groote landgoederen door *Engelsche*, *Perzische* of *Arabische* hengsten veredeld is. Van rijpaarden waren er een paar *Engelsche*, de overige van 't landras; de *Arabische* en *Engelsche* volbloeds had de generaal voor persoonlijke dienst in *Petersburg*. De paarden waren in 't algemeen wel gevoed en van eene fraaije leest; zij werden in goed ingerigte stallen door een stalmeester en zes knechten zorgvuldig opgepast.

Wij hadden met de *inspectie* den tijd van *dineren* te huis gebragt. Na het *diner* zonderde de barones zich af, om zich tot de avond-huisgodsdienst vóór te bereiden, en wij *retireerden* naar onze kamers. De bediende stookte volgens last naar den *thermometer* op 16°; 15, 16° is er de gewone kamerwarmte, schoon ik later, bij eene *Russische* familie in de *Steppen* logerende, die steeds op 17° of 18° zag; welke *temperatuur* echter voor velen te hoog is. De ovens werden hier met hout gestookt; in de *Steppen* gebruikt men in het algemeen gedroogden schapenmest. De *Russische* kamerovens zijn ver boven kagchels aan te bevelen; bij ongeveer de helft minder brandstof geven ze even zoo veel warmte, die echter veel gelijkmatiger is; daarenboven vereischt het stoken in den oven minder moeite en is zindelijker. In het algemeen wordt er slechts ééns in gestookt, wanneer de *temperatuur* niet beneden 23 à 24° daalt; is de koude meer, dan wordt er tegen den avond een tweede keer vuur aangelegd. De ovens zijn zóó gebouwd, dat ze doorgaans twee vertrekken verwarmen: de bouwvorm bestaat uit een aantal cellen en gangen, waar de verwarmde lucht uit den daaronder gebouwden vuurhaard doorgaat, en die door buizen van gegoten ijzer geleid wordt. Wanneer de brandstof geheel verbrand is, dan wordt de rookgeleider gesloten en een klein koperen schuifje of klepje geopend, waardoor de warmtestof in de vertrekken gelaten wordt, tot zoo lang als de *thermometer* den verlangden graad aanwijst. Dan wordt het klepje gesloten, en blijft gesloten tot zoo lang als de warmte van eenig belang begint af te nemen. Deze gelijkmatige warmte duurt eenige achtereenvolgende uren, daar die later onderhouden wordt door de uitstrooming der warmtestof uit den steenen ovenmuur. De boerenovens zijn ook van die gangen en kleine vierkante vakjes en cellen voorzien, maar hebben ook tevens eene kookplaats, die evenzoo gebouwd is als een gewone bakkersoven. Ze zijn echter niet *in* of *aan* den muur, maar bijna midden in het vertrek gebouwd, en van dáár is een breede steenen muur op ongeveer vijf voet van den grond gebouwd, die met den muur verbonden, en breed en ruim genoeg is om eene slaapplaats voor het geheele huisgezin te kunnen opleveren. Dit is de winterslaapplaats der boeren in *Rusland* in het algemeen, waar de geheele familie op en onder schaapspelsen en oude vodden, wel niet heel zacht en rein, maar toch zeer warm gelegerd is.

Bij 't waskaarsenlicht werd de *mis* in de huiskapel gelezen, waarin *pope* door twee *diakens* werd bijgestaan. Het kleine kappelletje was zeer net ingerigt en met schilderijen versierd, die mij toeschenen meer kunstwaarde te bezitten dan die der dorpskerken in 't algemeen. Ik was de eenige toehoorder *in* de kapel, zonder er nogtans veel van te verstaan; de barones bevond zich in eene belendende zaal, voor de geopende deur, regt tegenover 't altaar. Aan eene geopende zijdeur naar de achterkamers van 't slot, hadden zestien bedienden post gevat, om er de godsdienstoefening te zien en hooren verrigten, zonder dat iemand een voet over den kapeldrempel zette. 't Is den lijeigenen niet geoorloofd, om met de familie de godsdienstoefening *in* de huiskapel bij te wonen. De dame bewees veel eerbied voor de godsdienstoefening; zij was onder 't lezen der *mis* geheel aandacht, kruiste bij de vertooning van 't *monstrans*, en knielde ter aarde, met het voorhoofd den vloer drie herhaalde malen aanrakende: de bedienden deden even zoo. Het scheen mij toe, dat de toehoorders allen eene ernstig godsdienstige stemming gevoelden.

Na geëindigde *mis* deed de barones den *pope* op thee verzoeken. Hij had eene opleiding ontvangen op de verbeterde *Seminar a*. Met het *Latijn*spreken ging het moeijelijk; in de *Fransche* taal was hij genoegzaam bedreven om de schrijvers in 't algemeen te kunnen verstaan, het spreken echter ging niet vlot; van het *Duitsch* verstond hij zeer weinig, zoodat de graaf hier tusschen beiden trad en ons onderhoud vertolkte. Hij werd hierin door de barones afgewisseld, die er vermaak in vond, om tusschen ons als *translatrice* te *ageren*. Zijne studiën waren aanmerkelijk uitgebreider en grondiger, dan die der geestelijken uit de oude school. Hij had drie leerjaren aan een *Seminarium* doorgebragt, verstond tamelijk *Latijn* en wat *Grieksch;* hij had namelijk een gedeelte der vier *Evangeliën* gelezen. Over de *dogmatiek*(*) werd een *diktaat* naar den leiddraad van Plato gegeven, 't welk hij volledig had, en vriendelijk genoeg was mij voor eenige maanden te leenen. Van *exegese* werd weinig werk gemaakt, die bepaalde zich vooral bij de *grammatikale* verklaring; ten aanzien van de *kardinale* geloofsplaatsen of kerkelijke *dogmen* geldt de opvatting van Plato voor onherroepelijk. *Kritiek* werd er niet gestudeerd, en alzoo ook de gevoelens van andere geleerden niet ten toets gebragt. *Hebreeuwsch* en andere *Oostersche* talen werden er den toekomstigen dorpsgeestelijken niet onderwezen, en van 't *O. T.* ook bijna geene studie gemaakt; schoon er in 't *diktaat* wel bewijsplaatsen uit aangehaald werden, zoo als inzonderheid uit de *Profeten*, benevens de zoogenoemde *Messiaansche Psalmen*, die dan den Christus door den Messias moeten bewijzen. De *Kerkelijke* geschiedenis bepaalt zich bijna uitsluitend bij de *Grieksche* en *Grieksch-Russische* kerk, waarin de geschiedenis van de scheuring der *Oostersche* van de *Westersche* kerk nog al breed uitgemeten wordt. Een *pope* in de *Steppen* gaf mij op dit punt eens tot bescheid: »Dit is het *kardinale* bewijspunt tegen de R. K. kerk, dat namelijk de *Grieksche* de eenige ware

---

(*) Over de *dogmata* enz. der *Grieksche* Kerk vergelijke men het bekende werk van Schmidt; Plato zelf, en: *Tableau Synoptique des principaux cultes exercés par les habitans actuels de la terre; en vingt quatre tables;* (tab. IV—VI) par R. H. de Reutlinger, Pasteur de l'église Reformée, à *Reval*, Zuric 1840, waar men alles beknopt bijéén kan vinden.

Katholijke kerk is (*)." De studie der zedeleer biedt er een zeer beperkt gebied aan, of liever maakt er geen eigenlijk vak uit: waartoe zou de zedeleer ook noodig zijn? De mensch, die over geen vrijen wil beschikken kan, die heeft aan 't geloof, gebouwd op 't fondament van gehoorzaamheid, genoeg; want bij gemis aan den beweeggrond tot handelen (beginselen), is die *moraal* voor hem slechts een onding, eene *chimère* die hem in den war helpt. Vrijmagtig gebieden, dat is de *moraal* van den edelman, en blind gehoorzamen die van den boer; zoo deze zich ook al eens in 't hoofd mogt zetten om anders te *moraliseren*, ik denk dat de ongenadige geeselroeden hem van die ziekte wel spoedig zouden genezen. Van de overige *theologische* studievakken worden er de helft niet onderwezen van die in *Duitschland gedoceerd* worden, en zijn die ook minder talrijk dan in ons vaderland. Deze geestelijke had over het geheel toch vrij wat meer kennis verzameld, en bezat meer beschaving dan de landgeestelijken van vroegere studie. Hij was tevens niet geheel onbekend met de algemeene *Geschiedenis* en *Aardbeschrijving*.

Den volgenden morgen kwam er eene lange rij feestelijk getooide meisjes, een bruiloftslied zingende, op 't slotplein aan, voorafgegaan door een nog sierlijker gekleed bruidspaar. De beide verloofden kwamen der vrouwe, hunne eigenares, de hulde bieden voor 't blijk van gunst, bewezen in de toestemming om door den huwelijksband te worden

---

(*) De verschilpunten en overeenstemming der *Oostersche* en *Westersche* kerk, ten aanzien der *symbol.* boeken, *dogmata, geloofsregels, ritualia, sekten*, enz. vindt men kort en duidelijk opgegeven bij de Reutlinger, a. w. *Tab.* III—VI.

vereenigd. Als geene onverwachte bezoekers, werden zij aanstonds toegelaten, bogen zich diep, knielden drie herhaalde malen, boden der barones een klein geschenk aan en kusten dan hare regterhand (*). De barones gaf voor de kleine geschenken een zilverroebel in ruil terug. — Des avonds had de trouwplegtigheid plaats. Door de schaar stilzwijgend gevolgd, trad het bruidspaar binnen, gevolgd door de rij meisjes, de familie en andere nieuwsgierigen. De *pope* sprak het bruidspaar eerst een paar woorden toe, las toen het trouwformulier voor, en wisselde dan de ringen der verloofden. Daarna plaatste hij aan beide minnenden een koperen kroon op 't hoofd, en zóó gekroond stapten ze drie achtereenvolgende keeren plegtstatig rondom het echtaltaar. Toen nam hij hem en haar de kroon van 't hoofd, sprak ze een zegenwensch toe, en nu waren ze *formeel* in den huwelijken staat verbonden. De toehoorders en schouwers waren stil en aandachtig, en schenen de plegtigheid wel te *honoreren;* eenige snuggere knapen en vrolijke meisjes lachten en fluisterden elkander toe; welligt hebben ze den

---

(*) De kus van eerbied is in 't *Oosten* algemeen, en van dáár tot ons overgekomen. De heer Niebuhr verhaalt, dat hij in 't gehoor bij den *Iwan* van *Tana* diens regterhand van binnen en buiten moest kussen; *Reize naar Arabië*, I, 396. Van dezelfde beteekenis zijn ook de knie- en voetkussen bij vele *Oostersche* volken in gebruik; Luk. VII. 38. De zoogenaamde kus der hoogheid was mede bij de *Israëlieten* niet onbekend; 1 Sam. X. 1. Faber, *Waarnem. over het Oosten;* III, 50, haalt daar een staaltje van den kus des eerbieds aan, dat van *Oostersche* onderdanigheid getuigt, en aan 't volk van *China* en *Siam* doet denken, 't welk met het aangezigt ter aarde valt, wanneer de keizer voorbijgaat, en uit eerbied voor hem de aarde kust. In *Rusland* vindt men van dien slavengeest een afdruksel. In *Duitschland* laten de dames zich de hand, in *Rusland* het voorhoofd als teeken van wellevendheid of hulde kussen.

benijdenswaardigen geluksstaat van het trouwende paar afgeschetst, en daarbij de blijde toekomst gedacht, die hen nog verbeidde. Nadat de geestelijke de huwelijksketen gesmeed en aangelegd had, was zijne taak volbragt, en die der toekijkers tevens. 't Overige, namelijk, 't ongeschonden bewaren daarvan, bleef nu den jongen echtelingen aanbevolen.— In *Rusland* blijven de jonge lieden niet lang naar 't huwelijk smachten; en zelden weêrstreeft iemand dáár zóó zeer de Natuur en menschelijke gewoonte, dat hij zich niet gaarne met eene beminde wederhelft door den huwelijksband zoude vereenigen. Dit bruidje was eerst 17, en de jongen 18 jaren oud. Jongens van 16, 17, en meisjes van 14 en 15 jaren begeven er zich (althans in 't *Zuiden*, waarvan mij voorbeelden van dezen leeftijd zijn voorgekomen) wel in 't huwelijk. Bij de oude *Germanen* daarentegen, werd het huwelijk vóór den leeftijd van twintig jaren voor schandelijk gehouden (*) In vele landen, waar de steeds toenemenden achteruitgang van vele takken van bestaan, benevens andere oorzaken, 't *coelibaat* allengskens meer doen toenemen, ziet men in dit opzigt de keerzijde van *Rusland*. Beide deze uitersten werken nadeelig op den stoffelijken en zedelijken welstand der maatschappij. Deze vroege huwelijken zijn allezins in 't belang der grondbezitters, daar ze met de vermeerdering der bevolking tevens 't vermogen van den bezitter vergrooten. Ze vertoonen echter hunne nadeelige zijde in het thans hier en daar opgemerkte verschijnsel, dat met die te vroege huwelijken een

---

(*) Verg. Tac. *de mor. Germ.*; benevens **Johann Heumann**, *Geist d. Gesetze d. Teutschen*, S. 201. *Nürnb.* 1761.

zwak geslacht te voorschijn treedt, waardoor de *individuële* waarde der toenemende bevolking afneemt: eene fout, die 't gebrek aan eene behoorlijk geleide, of liever ontwikkelde opvoeding, benevens de overdrevene zucht naar vermeerdering van stoffelijke bezittingen, aan zijde der eigenaren bewijst. Overigens is het *Russische* landvolk zeer gehard, sterk gespierd en gezond, en de huwelijken er doorgaans buitengewoon vruchtbaar. Katharina II heeft dit reeds opgemerkt, daar zij zegt: »Onze meeste boeren verwekken twaalf, vijftien en tot twintig kinderen uit één en hetzelfde huwelijk, maar zelden bereikt het vierde gedeelte den mannelijken ouderdom" (*). De veelvuldige sterfte der kinderen was toen, en is nog heden vooral het gevolg van gebrek aan geneeskundige hulp, van bijgeloof, en van eene verwaarloosde opvoeding tevens (†).

De volgende dag was het *Zondag*, toen woonde ik de godsdienstoefening in de dorpskerk bij. Zij werd op dezelfde wijze als elders op het land met het lezen der *mis* gevierd: 't kerkgezang was ook hier zeer goed. — Na de godsdienstoefening kwam de huisarts aan 't slot der barones zijn bezoek brengen. Hij was een *Russisch* edelman had te *Mos-*

(*) *Bevelschrift van* Catharina de Tweede, *ter vervaardiging van een ontwerp voor een nieuw Russiesch Wetboek; vertaald door* J. G. van Oldenbarnevelt, *genaamd* Tullingh, bl. 60, § 266. *Delft*, MDCCXCI

(†) Redenen, die bij onbeschaafde volkeren de vermeerdering van de bevolking in den weg staan, en dit in *Rusland* thans nog doen. Men vergelijke hier over: *Cours d'économie politique*, etc. *par* Henri Storch, *Tome cinquième*, p. 361, *st. Petersb.* 1815; benevens het lezenswaardige werkje over dit onderwerp: *Geschichte d. Medic. in Rusl.*, *entworfen von Dr.* Wilhelm Michaël Richter, *Moskwa*, 1813, *passim*.

kou gestudeerd, en stond de *homoöpatische* geneeswijs voor. Daar de vereenigingen van *homoöpathische* geneeskundigen in *Duitschland* steeds door *Russische homoöpathen* werden bijgewoond, en dit bij de laatste vereeniging, blijkens de *Nieuwsbladen*, nog plaats gehad heeft, zoo blijkt daaruit, dat die leer er nog steeds hare voorstanders blijft behouden. De *dokter* sprak zeer *coulant* en zuiver het *Fransch* en *Duitsch*; het *Latijn* was hem minder eigen, daar die taal aan de *Russische* hoogescholen weinig in gebruik is, vooral wat het spreken betreft. De *dokter* verzekerde mij, dat de gewone studie-*cursus* vier jaren was; waaruit blijkt dat de omvang van deze studie er minder uitgebreid is dan in ons vaderland en elders. — Een half uur vóór 't *diner* kwam de *pope* met zijne *diakens* 't gezelschap vermeerderen. Na dat een bediende van zijne tegenwoordigheid der barones kennis gegeven had, werd hij met zijne beide kerkelijke medehelpers door eene zijdeur binnengelaten; hun werden stoelen in een hoek der zaal, benevens *likeuren* op een tafeltje aangeboden. — Toen een bediende berigtte, dat het *diner* in de belendende zaal gereed was, werden *pope* en *diakens* aan eene afzonderlijke tafel, in een hoek van 't vertrek plaats aangewezen: bewijs dat de geestelijkheid er weinig *respect* bewezen wordt. Reden daarvan zijn: de lage trap van wetenschappelijke vorming, waarop de geestelijkheid er staat, schoon deze oorzaak thans allengskens afneemt; bovenal echter gebrek aan uitwendige beschaving, die daarenboven nog dikwerf vergezeld gaat van sommige berispelijke boerengebreken: voegt men hier nog bij het groote verschil in stand tusschen deze geestelijkheid en den trotschen, en veelal zeer rijken adel, die tevens in hooge mate eene fijne beschaving genoten heeft, dan kan dit minder bevreemden. Dit levert dan ook eene natuurlijke reden op dat de boeren den geestelijke weinige achting toedragen.

Na 't *diner* liet de barones mij eenige vertrekken bezigtigen, die wegens meubelpracht een vorstelijk aanzien vertoonden. Slechts ééne zaal was met een tapijt belegd, van *Smirna's* fabrikaat, maar geene der vertrekken was behangen. De gang van een der zijvleugels was met het fraai groen geaderde *Russische* marmer gevloerd, 't welk er nogtans weinig in gebruik is, daar die vloering doorgaans uit hout, of uit eene grovere steensoort bestaat. Schilderijen waren er weinige; men stelt er in 't algemeen op die verzamelingen minder prijs dan wel elders, zoo als b. v. in ons vaderland. Zij bestaan veelal in een *Christusbeeld* aan 't kruis, de *Heilige Maagd*, een *Ecce Homo*, heiligen beelden, enz., daarentegen treft men er soms heerlijke kunstgewrochten van beeldhouwwerk aan. In één vertrek muntte een meesterstuk van deze soort uit, het was een *Christusbeeld*, door een *Italiaanschen* meester uit *Cararisch* marmer gewerkt. Dit stuk was voortreffelijk gebeiteld, en werd van eene aanzienlijke waarde geschat: men zou er deze regels van Helmers op mogen toepassen, vervaardigd op een *Christusbeeld:*

» Elk zenuwdraadje spant hier zijn krachten,
'k Durf naauw het godlijk beeld betrachten,
't Vermeestert, het bedwelmt, beheerscht, doorgloeit
mijn zin."

Den volgenden dag vergezelde ik den graaf op een bezoek bij een lid der familie, op een naburig landgoed. 't Gezelschap was talrijk, en bestond uit niet minder dan drieëntwintig personen, waartoe elf dames behooren. Het was eene feestelijke vereeniging van familie en vrienden, ter eere van een ridmeester, de zoon des huizes, die voor een paar dagen uit het *Kaukazische* leger behouden in den schoot der familie was teruggekeerd. 't Geen ik uit den mond van *officieren*, die van dat oorlogstooneel *retourneerden*, reeds meermalen vernomen had, werd door dezen krijgsman bevestigd. De onbekendheid van de *Russen* met sommige bergpassen, de onverwachte aanvallen uit hinderlagen, de geheime ondersteuning van sommige mogendheden, benevens gevaarlijke kunstgrepen van die bergvolkeren, enz. berokkenden het *Russische* leger nu en dan groote rampen. Ook hij zag aan dien worstelstrijd nog geen einde te gemoet. In dit gezelschap waren niet minder dan zeven fiere zonen van Mars tegenwoordig. — De bejaarde gastheer scheen als *Rus* mede veel belang te stellen in zijne grootvorstin, *Neêrlands* koningin; zelfs heb ik meermalen opgemerkt, dat ze, wegens de liefde die 't *Nederlandsche* volk der koningin toedraagt, zich daardoor aan 't zelve voelen aangetrokken, schoon overigens 't *Nederlandsche* karakter den *Russen* evenmin bevalt als dat der *Duitschers*. Alleen 't *Fransche* karakter en 't *Fransche* volk bevalt den *Rus;* dat is ook heel natuurlijk, want zijn karakter is geheel en al *Fransch*.

Onder de zes officieren en een hoofdofficier, buiten den graaf, telde ik geen enkele die minder dan twee ridderorden bezat, behalve andere teekenen; als voor het bijwonen van een' veldtogt, enz.: er waren er met 5, 6 en 7 kruisen van eer. De *Russische officieren* moeten dus vele verdienste bezitten, of de ridderkruisjes er goedkoop zijn: wegens het groot getal ridderorden zijn die er ook niet duur, en worden met ruime mate uitgemeten. Het schijnt toch vreemd, dat *officieren* in *Rusland* als kapstokken met die openbare kenteekenen van eer behangen worden, daar ze ook zonder die aanwijzing in geheel het land, zoowel door den vreemdeling als landgenoot erkend worden als lieden van verdienste, omdat ze tot den edelen stand behooren, waaraan eer en verdienste als *standsprivilegie* reeds onafscheidelijk verbonden zijn, maar 't staat toch altoos fraai en is buitendien nog eerbiedwekkend voor sommigen.

Van de ridderorden in *Rusland* brengen sommige den bezitter nog al een mooi stuivertje aan. De orde van Wladimir werd door Katharina II in het jaar 1782 ter eere van dien eersten *christelijken* regent ingesteld, die in 981 heer en gebieder van geheel *Rusland* werd. Zij bestaat uit vier klassen, en geeft eene jaarlijksche *dotatie* van 24,000 roebel. — De orde van Alexander Newsky, met ééne klasse, is door Katharina I in 1725 ingesteld, ter vereeniging van de overwinning, door dien vorst in het jaar 1264 aan de boorden van de *Newa* behaald. — De *Andreas*orde is ingesteld ter eere van Andreas, broeder van den apostel Petrus, als dengenen die den *Russen* het *Evangelie* gebragt heeft (*). In het jaar 1698 stichtte Peter *de Groote* deze orde, die de keizerlijke huisorde, en alzoo de voornaamste der *Rus-*

(*) 't Is merkwaardig, dat ook de *Schotten* dezen Andreas als den beschermheilige van hun land vereeren, volgens overlevering, op grond van zijne reizen aldaar.

sische orden is. Voorts is de *Katharina*-orde voor vorstelijke vrouwen, met twee klassen, ter eere van Katharina I ingesteld. Geene ridderorde in eenig land kan op grootere verdienste van den vereerde roemen, dan deze. Katharina I redde op den 9 Julij 1711 haar gemaal, de armee, en het geheele vaderland van den dreigenden ondergang: ter vereeuwiging van deze onvergelijkelijke verdienste zijner gemalin, stichtte Peter deze orde. De *St. Anna*-orde bestaat uit vier klassen, met twee afzonderlijke afdeelingen, briljanten en kroon. De orde van den *Witten Adelaar* is een *Poolsche*, die in 1832 met de *Poolsche Stanislaus*-orde, in vier klassen, in de *Russische* is ingedeeld geworden. Verder bestaat er nog de *militaire Verdienst*-orde, in vijf klassen. Overigens worden nog gouden degens geschonken, met het opschrift: "*voor dapperheid.*" De soldaten dragen *medailles* en herinneringsteekenen van bijgewoonde veldtogten. In 1828 werd er een bijzonder eereteeken ingesteld voor berispelooze dienst van burgerlijke en *militaire* beambten, waarop ieder, na vijftienjarigen diensttijd, aanspraak heeft. Het *Maria*-eereteeken in twee klassen, werd in 1829 voor vrouwen bestemd, die haren pligt in de inrigtingen, die vroeger onder de *Keizerin-Moeder* gestaan hebben, stiptelijk vervulden. De door den keizer Paul naar *Rusland* verplante tak van de *St. Jans*-orde heeft een *Russisch-Grieksch*, en een *R. K. prioraat*, met 300,000 roeb. inkomsten en ongeveer 24,000 boeren.

Schoon het in de vasten was, die door de boeren gestreng wordt waargenomen, hielden de meeste heeren der *Orthodox-Grieksch-Russische* kerk zich juist niet zoo naauwgezet aan die voorschriften, en spijsden de meesten met ons vleeschspijzen. De dames, die 't van de mannen in fijn gevoel steeds winnen, en haar teeder gevoel niet ligt ten offer brengen, waren op dit punt nogtans gestrenger, en hechtten in de naleving van dat voorschrift eene parel aan de kroon der kerkelijke deugden. De gulle gastvriendschap bloeide in feestdronken op de behouden tehuiskomst van getrotseerde gevaren:

» Gläser klirrten, Lieder schallten,
Die Champagner Propfen knallten."

zoo als het versje zegt. Het vrolijke glazenklinken, in het binnenland door de heeren nog al op prijs gesteld, vindt nogtans bij de dames geene navolging. Op dit punt is 't in *Rusland* alzoo vooruitgegaan, daar 't reglement bij 't drinken, door Katharina II, voor ruim eene halve eeuw vastgesteld, thans niet meer noodig is. Art. VIII daarvan luidt aldus: »Het staat geene dame vrij, zich, onder welk voorwendsel ook, dronken te drinken, en geen heer mag zich die vrijheid aanmatigen, vóór des avonds negen uur." Na 't *diner* schoof alles zich om de speeltafel; vier bedienden waren druk in de weer, om in deze behoeften te voorzien. Het kaartspelen kan nergens een meer algemeen *amusement* zijn; men zegt dat geene natie beter in 't kaartspel te huis is dan de *Russen*, en dat komt mij niet onwaarschijnlijk voor, want ik heb er dikwijls kinderen van vier jaren 't kaartspel door bedienden *systematisch* zien onderwijzen. De teedere en gevoelvolle dame haakt er naar dit genot niet minder dan de den dood tartenden oorlogsheld, en de stillevende landedelman zoekt daarin verpoozing van 't eentoonige leven. Bedienden en zelfs de boeren spelen met de weggeworpene en morsige papieren kinderen der *illusie*. Ofschoon de beroemde speelkaartenfabriek te *Petersburg* dagelijks 700 spel levert, heeft de adel desniettemin aan den *Senaat* een verzoekschrift ingediend, om de hoeveelheid te doen vermeerderen. Wanneer men 300 werkdagen op het jaar rekent, dan zouden er jaarlijks niet minder dan 210,000 spellen vervaardigd worden; 't welk eene belangrijke som voor de Kroon als *privilegie* oplevert. Rekent men 't spel op 20 cts., dan zou de som voor speelkaarten uitgegeven, jaarlijks *f* 42,000 opleveren. — Terwijl alles druk in 't spel verdiept was, deden de dames, die er niet in deelden, mij eene menigte vragen over de vaderlandsche zeden, enz. Bij vele *Russische* dames heb ik een hoogen trap van wetenschappelijke beschaving opgemerkt; mijns oordeels althans mag men voor vrouwelijke wetenschappen het standpunt hoog noemen, wanneer ze drie levende talen zuiver en vloeijend spreken en schrijven, ook nog wat *Latijn* verstaan, tamelijk *georiënteerd* zijn in de vaderlandsche en algemeene *Geschiedenis*, *Aardrijkskunde*, en sommige daarenboven nog een algemeen overzigt hebben over *Nat. Geschiedenis*, *Technologie*, *Chemie* en zelfs van de beginselen der *Vestingbouwkunde*. In het klooster *Smolna* te *Petersburg* werden (voor eenige jaren althans) die wetenschappen aan de jonge dames onderwezen. Den geëerden Lezer, die de juistheid van deze onze mededeeling misschien mogt betwijfelen, willen wij aanbevelen, om, eens te *Petersburg* komende, een bezoek te brengen bij de gemalin van den graaf Alexander van Heiden, bij wie de geleerden welkom zijn. Ik heb mij uit hare mondelinge gesprekken, in 1840 te *Reval*, van deze waarheid kunnen overtuigen.

Te middernacht 't huis gekomen, spoedden wij ons ter ruste, om den volgenden dag af te reizen. Na het ontbijt nam ik van de barones afscheid, die mij als vreemdeling zoo gastvrij had ontvangen, om de *Steppen* op te zoeken. Wij vertrokken met een vierspan van de barones, 't welk ons naar de stad *Belgorod* zoude brengen. Nog vóór den grooten weg toefden wij een uurtje op een landgoed, waar een lid van des graven familie woonde. Het huis was eerst den vorigen zomer geheel van hout gebouwd, toen de echtelieden ook gehuwd waren. Een bejaard heer woonde hier met zijne jonge en schoone gade in stille afzondering; ver genoeg van groote steden verwijderd, zoo 't scheen, om geene bezoeken van ongenoode gasten te verwachten. Dit landgoed was gesplitst, 't was het derde deel van 't geheel van een uitgestrekt goed, 't welk bij 't overlijden der ouders onder de kinderen was verdeeld geworden. Deze verdeeling der landgoederen heeft in *Rusland* algemeen plaats; wanneer namelijk de ouders er slechts één bezitten: ten gevolge van deze inrigting wordt een landgoed soms zóó zeer versnipperd, dat er op 't laatst slechts eene keuterij met een half dozijn boeren overblijft. — Het land werd meer vlak en laag, en 't houtgewas spaarzaam. Overal op de uitgestrekte vlakte draaiden molentjes met zes of acht wieken: de bouw der molens er afgerekend, herinnerde dit terrein aan de vaderlandsche dreven. De landerijen waren hier meest alle hooi- en weilanden, die zeer goede weiderijen moeten opleveren. Op den grooten weg gekomen, waren wij nog slechts eenige wersten van de stad verwijderd, en zagen haar reeds in de verte op een verheven punt, als uit een moeras zich verheffen. Kerken, klooster en huizen zijn meestal wit bepleisterd, 't welk in den zomer, omringd door groene weiden, wel een bevallig aanzien zal opleveren. Op het sneeuwveld gelegen, bevorderde het toen slechts de eenzelvigheid der landstreek.

De koetsier draafde in harden draf de stad in, en maakte voor het logement halt. *Belgorod* of *Bjelgorod* beteekent *witte stad*; zij is nabij de *Donetz* gelegen, heeft ongeveer 8000 inwoners met fabrieken en handel. De bijenteelt, die in *Kursk* en de *Ukraine* vlijtig gedreven wordt, levert er in was voor den handel, benevens koren en salpeter, die uit de naburige salpeterhutten gewonnen wordt, eene belangrijke bedrijvigheid op. — In de nabijheid zijn witte rotsen die goede bouwsteenen opleveren, aan welke de stad den naam schijnt ontleend te hebben. Zij is een der oudste steden des lands, en reeds door Wolodimir of Wladimir in 990 gesticht; waarvan Nestor in zijne *kronijk* (*) op dat jaar aanteekent: »In het jaar 990 legde hij *Belgorod* aan, en hij dreef uit andere steden [vele lieden] weg en dreef [hen] daar in; want deze stad was hij genegen." — Hare geschiedenis leverde in den loop der eeuwen ook al eene donkere zijde op, zij werd meermalen verwoest; door *Tartaren* met vuur verdelgd, verhief Peter de Groote haar tot de hoofdstad van

---

(*) Nestor's *Russische Annalen*, volgens het *afschrift* van den monnik Laurentius, van het jaar 1377, pag. 78. Ruim 7 eeuwen later, ging Peter de Groote weinig zachter te werk in 't bevolken van zijne nieuw gestichtte hoofdstad.

eenige gouvernementen, waardoor zij uit het lijden tot bloei en welstand opklom. — Ik bezocht er met den graaf een koopman die in was, honig en koorn een uitgebreiden handel dreef: deze koopman was een gebaarde lijfeigen, die een aanzienlijk vermogen bezat, en die op een *fashionablen* voet leefde; hij zette jaarlijks een kapitaal om van 2 à $2\frac{1}{2}$ millioen roebel. — Schoon de koude nog hevig was, zoo belette die de boeren toch niet, om een poos met ongedekten hoofde vóór de kerk te staan, zich daar druk te kruisen en gebeden te mompelen. In de herberg zag ik drie boeren, die met het merk van *Ruslands* strengen heerscher, de vorst, geteekend waren; de witte plekken op neus of wangen duidden aan dat de vorst er een plekje in bezit genomen had, en dat ook hier, schoon op 55° b., de winter koud is (*). — Wij bezochten er een edelman die koopman was; iets dat in *Rusland* niet veel voorkomt en vroeger den adelstand ook niet geoorloofd was. In het jaar 1825 is bij *ukase* aan onvermogende edellieden de vergunning toegestaan, om zich aan den handel toe te wijden. Deze keizerlijke verordening is voor den minvermogenden adel van veel gewigt; dáárdoor wordt hem eene ruimere baan geopend, om op eene eerlijke en fatsoenlijke manier

---

(*) De *Jzothermen* verschillen in *Rusland* op den afstand van 10° b. aanmerkelijk, schoon 't verschil in de *Jzochimenen* en *Jzotheren* veel minder groot is, dan op gelijke afstanden in *Midden-Europa*. Het verschil in de plantensoort is in *Rusl.* tusschen 60—52 à 51° b. betrekkelijk gering, 'twelk zich in de boomsoorten vooral vertoont. Over de grenzen van sommige boomsoorten, vergelijke men: *Populäre Naturgesch. d. drei Reiche, u. s. w.* von F. S. Vendant, Milne-Edwards, A. v. Jussieu, S. 661; 2te *deutsche Ausg. Stuttg.* 1848.

een bestaan en misschien ook wel fortuin te vinden, 'twelk tevens de nijverheid bevordert, die in dit land in vele opzigten nog gebrek aan mededinging heeft.

De barones had mij aanbevolen om het vrouwenklooster hier te bezigtigen, en daartoe besteedden wij nu een uurtje vóór 't donker begon te worden. 't Klooster is bestemd voor adelijke vrouwen, die zich er aan alledaagschen arbeid toewijden, afgewisseld met vrome *sermoenen*, gebeden en lektuur van legenden, *symbolische* boeken, geloofsregels enz.; echter is men der wereld toch zóó geheel en al niet afgestorven, zoo als ik vernomen heb, dat men er ook niet een of ander romannetje leest. De abdis stond ons beleefdelijk de bezigtiging toe, en wees daartoe eene vrouwelijke bediende aan. De inrigting muntte uit in reinheid en goede orde, en de jonge en oudere dames gaven blijken van *respect* voor hare meesteres. Bruinoogige dochters van 't stoovende *Zuiden* en *blondines* van 't *Noorden* waren hier ten getale van bijna 200 vereenigd. De snelle vlugt des tijds had deze de hoop uit het verschiet verdreven, om den huwelijksknoop te leggen; gene, schoon en bloeijend in de lente des levens, den trouwlustigen minnaar eene gelukkigmakende gade voorspellende, was helaas! zonder fortuin en derhalve ook natuurlijk zonder verdienste en zonder deugden, dat heet, die een vrijer zoekt die zijne wereld verstaat; dáárom moest die bloeijende roos, de pronk der vrouwenstoet, binnen naargeestige kloostermuren door zielesmart verkwijnen. Het sombere wezen, het oog waarin de traan van zwijgend leed doorglinsterde, diende tot masker van gehuichelde vroomheid. Een derde, even teeder van gevoel, maar door spookgestalten van de Natuur en 't maatschappelijke leven afgeschrikt; in eene wereld van *chimèren* overgevoerd; met geestelijke droombeelden gevoed, gevoelde zich in 't voorportaal des hemels, zoo 't scheen. — Deze vrouwen zijn verpligt om door handenarbeid den kost te verdienen; tot dat einde vervaardigen zij gewone voorwerpen, als pantoffels, tabakszakken, koetsiers- en koopmansgordels, enz. en maken zich de gelegenheid ten nutte, om den bezoeker beleefdelijk eenige voorwerpen ten verkoop aan te bieden, tot instandhouding van het klooster en tot opluistering van het alom beroemde *Moeder-Gods*-beeld. — Dit gevierde *Mirakelbeeld* moesten wij toch boven alles bezigtigen: de barones had mij met geloovigen eerbied van dat beeld gesproken, en er tevens de *legende* van medegedeeld, die niet minder *mirakuleus* was dan 't beeld zelf. De geloovige geleidster gaf eene breede uitlegging van de prachtige geschenken, aan het beeld der *Moeder Gods* van *Korson* (het oude *Taurische Cherson*) door de geloovigen tot opluistering van den tooi vereerd. De graaf vertaalde mij de *legende*, en schonk haar kwijtschelding van 't lange verhaal van de milddadigheid der geloovige *Russen*. De *editie* stemde overeen met die, welke de barones mij had medegedeeld; zij luidt aldus: »Een regtgeloovige *Rus* liep, in godsdienstige overpeinzingen verdiept, door een naburig woud. Terwijl hij zoo voortgaat en uit vromen zin het *Godspodin pomilai* neuriet, hoort hij iets wonderbaars! Midden uit het donker van 't eenzame bosch hoort hij dit kerkgezang in de heerlijkste akkoorden weergalmen! Hij gaat er naar toe; naarmate hij de plaats nadert, neemt de zang af, tot dat hij eindelijk niets meer hoort en ook niemand ontdekt. Geroerd en verslagen knielt hij neder, kruist en bidt: na 't gebed staat hij op, ziet rondom zich; maar wat aanschouwen nu zijne oogen? Geen mensch, ... een beeld van de Moeder Gods hangt vóór hem aan een' boom! Hij neemt het mede en schenkt het aan 't klooster." 't Is dit zelfde heilige beeld 't welk er thans nog vertoond wordt. 't Woud, dat door dit wonder ook heilig geworden was, werd door de eigenares aan 't klooster geschonken. Een vrome non verzekerde dat het beeld, 't welk ook wonderen verrigt, er in den nacht door engelen uit *Cherson* was overgebragt, en dat was een teeken van de heiligheid van die plaats. Op gelijke wijze als hier de schilderij, bragten die gedienstige hemelboden eens het geheele huisje der *Heilige Maagd* naar *Loretto*, en bewezen daarin der *R.-K.* kerk een nog grooter blijk van toegenegenheid. Op een *Beijersch* dorpje in *Frankenland*, zoo rijk aan riddergeschiedenissen en ruïnen als aan kloosters, *legenden* en *sagen*, verhaalde de dorpsherbergier mij in *Februarij* van 1843 een soortgelijk geval, met dit onderscheid nogtans, dat het beeld der *H. M.*, nadat het van den boom afgenomen en in de kerk geplaatst was, er tot drie herhaalde keeren in den nacht uit vermist, en telkens weer aan den boom was gevonden geworden. Men beschouwde dat als eene beduidenis, dat op die plaats een kapel moest gebouwd worden: zoo deed men ook, en plaatste er het beeld in; sedert dien tijd was het niet meer te zoek geraakt, en had er vele wonderen verrigt.

Als een staaltje van de oude zeden der *Russen* van voor acht en eene halve eeuw, moge hier eene schets volgen van de belegering van *Belgorod*, slechts weinige jaren na hare vestiging (*). „Wladimir trok naar *Nowogorod*, om de kern van zijne troepen te halen tegen de *Petschenegen*, want hij had bestendig grooten krijg te voeren. Toen werden de *Petschenegen* gewaar dat de vorst afwezig was, en kwamen en omsingelden *Belgorod*, en lieten niemand uit de stad, en er ontstond een groote hongersnood in de stad; Wladimir kon de stad echter niet redden omdat er geene troepen waren. De *Petschenegen* waren in groote menigte en de belegering begon lang te duren, en er ontstond groote hongersnood. Men hield deswege raad in de stad en zeide": „„Nu heeft men ons zóó ver gebragt dat wij van honger moeten sterven; van den vorst kunnen wij doch geene hulp verkrijgen. Zullen wij nu sterven? Wij willen ons liever aan de *Petschenegen* overgeven, of zij ons al niet in 't leven laten, wij sterven doch alreeds van honger."" En zóó besloten zij te doen. Er was echter een oudste, die dezen raad niet bijgewoond had, deze vroeg: „„Waarover heeft men raad gehouden?"" En men verhaalde hem dat men zich den volgenden dag overgeven wilde. Toen hij zulks hoorde, ging hij naar de oudsten der stad, en zeide: „„Ik heb gehoord dat gij u wilt overgeven;"" — Het volk kan den honger niet langer uithouden. — En hij sprak: „„Hoort mij aan en geeft u niet over in de eerste drie dagen; maar doet wat ik u bevelen zal."" Zij lieten het zich gaarne welgevallen, en hij sprak tot hen: „„Ieder van u neme een hand vol haver, weit of ook zemelen;"" en zij deden

---
(*) Nestor's *Annal.* pag., 44.

het. En hij beval de vrouwen een deeg daarvan te maken, waarvan men brij kookt, en liet een kuil graven en een tobbe vol van dat deeg daarin zetten, en beval honig te halen. Zij gingen heen en vonden een vat met honig in den kelder van den vorst in den grond begraven en hij deed dezen honig in water oplossen en in de tobbe gieten, die in den tweeden kuil was. Des morgens vroeg beval hij om aan de *Petschenegen* te boodschappen; de inwoners deden alzoo, en lieten hun zeggen: » »Neemt gij gijzelaars van ons, maar zendt ongeveer tien man van u tot ons in de stad en ziet wat dáár geschiedt."" De *Petschenegen* waren daarover verheugd, omdat zij geloofden dat men zich overgeven wilde; zij namen daarom de gijzelaars en zochten de beste mannen uit hun midden, en zonden ze naar de stad, om te zien wat daar geschiedde. Als zij nu in de stad kwamen spraken de inwoners tot hen: » »Waarom maakt gij u zelf zoo veel moeite? Kunt gij ons wel bedwingen? Al staat gij hier ook nog tien jaren lang, zoo zult gij nog niets uitrigten; want wij hebben ons onderhoud en voedsel uit de aarde, en zoo gij het niet gelooft, ziet het dan met uwe eigene oogen."" En men bragt hen naar den kuil waar het deeg in was en schepte daar met een emmer uit, en goot het in ketels en kookte er brij van. Daarna geleidde men hen ook naar den anderen kuil, en schepte van den in water oplosten honig, en [de *Belgoroders*] begonnen eerst zelve daarvan te eten, en daarna ook de *Petschenegen* daarop te onthalen. Deze echter verwonderden zich daarover en zeiden: » »Onze vorsten (hoofden of aanvoerders) zullen het niet gelooven, wanneer zij niet zelve daarvan proeven."" Toen deed men van het deeg en den opgelosten honig in een vaatje, en gaf het den *Petschenegen*. Deze keerden terug en verhaalden alles wat zij gezien hadden, en de vorsten der *Petschenegen* deden het koken, en aten daarvan en verwonderden zich; en zij namen hunne gijzelaars terug, en lieten ook die van de stad naar huis gaan en trokken af."

Aan 't posthuis vertoonden zich bedelaars met schelletjes, om de voorbijgangers en reizigers die aanstalten maakten tot vertrek, op hunne komst vóór te bereiden. De eerste *exemplaren* van die proefnemers op de weldadigheid, had ik te *Kursk* opgemerkt: dáár wandelde uren achter één een kerk-bedelaar met een zwart zakje met een schelletje voorzien, aan een stok gehecht, voor de kerk op en neér; hij bedelde niet voor zich, maar voor de kerk, of liever voor een staatsiekleed voor het *heiligen-beeld* smeekte hij een aalmoes, en gaf daarvoor dan den zegen van den beschermheilige in ruiling terug. Ik hoorde eens van een *Steppen*-boer zeggen, dat de zegen, in naam van St. Nikolaas gegeven, (de voornaamste *Russische* heilige) de ruimste aalmoes waard is, daar die rijk maakte. — Vóór ons vertrek zouden wij nog een proef nemen op den toestand der keuken van het posthuis te *Belgorod*, en die viel gunstig uit, zoodat ons hier in ruime mate werd voorgediend. Niet alleen het voortreffelijke *Moskovische* gebak, maar zelfs mijne oude bekende komijnkoekjes van *Reval* boden zich aan om den *appetit* te bevredigen. Petro had voor een uitnemend glas thee gezorgd, zoodat wij ons voor de nachtreis naar de *Ukraine* behoorlijk konden voorbereiden. In 't logement spijsde in dezelfde kamer een koopman van *Korennaja*, eene bedevaartsplaats nabij *Kursk,* die verhaalde den graaf van het getal paarden, 't welk daar jaarlijks ter markt gebragt wordt. Indien de graaf 's mans verzekering niet bevestigd had, dan zou ik het toen nog niet hebben durven gelooven, want hij sprak van 3 à 4 maal honderd duizend en daarboven; getallen, die, met onze vaderlandsche paardemarkten vergeleken, fabelachtig schijnen. In een *Russisch Tijdschrift* van het jaar 1840 wordt het getal paarden, op de jaarmarkt te *Korennaja* van dat jaar aangebragt, bepaald op 510,000, waarvan 410,000 verkocht werden. De *Nederlandsche Landhuishoudkundige*, met de *Russische Steppenoekonomie* welligt minder vertrouwd bekend, gelieve te weten, dat men van de groote landgoederen in de *Steppen* en de *Ukranie*, de paarden niet bij dozijnen, maar bij honderden ter markt drijft, en dan is er spoedig een honderdduizendtal bijeen, want ze komen er meer dan honderd en vijftig uren gaans met hunne halfwilde *Steppen*-rossen ter markt.

't Was reeds acht uren toen wij afreisden, en de vlakke velden naar de *Ukraine* (*) doortrokken, alwaar de bosschen afnemen. In de posthuizen vonden wij zindelijkheid noch keukenvoorraad zeer uitlokkend, zoodat we zoo kort mogelijk pleisterden. In één posthuis echter werd het toeven wat langer dan 't plan was, en dat ging nog met groot *dis-*

(*) Eigenlijk beteekent het, *bij of aan het uiterste land;* zamengesteld uit het *prep.* oe = de Duitsche *u*, reg. gen. *bij*; en *krainii, naja, neje*; het *laatste, uiterste*; van *krai, aja*; de rand, de zoom, 't uiterste van iets, oever, enz., vandaar *grensland;* (ofschoon *grens* eigenlijk *granitza* heet,) in 't Russ. *Ukraina.* In 't algemeen heet dit land de *Slobodische Ukraine*, van *Slobóda*, groot dorp, voorstad.

pleizier en *ruzie* vergezeld. Zie hier de oorzaak van de onvriendelijke ontvangst, die ons zoo pas over de grenzen, de tweede wisselplaats in de *Ukraine*, verbeidde. Bij 't binnentreden ontvangt een zeer klein zwart manneke van buitengewone vlugheid de reizigers beleefdelijk. Wij zouden er den warmen theedrank genieten; die kwam echter in vergetelheid, wegens een nog meer verwarmend, maar minder verkwikkend middel. De graaf beveelt aan den postmeester twee paarden te leveren; deze, die de slede *geïnspecteerd* had en de vracht voor twee te zwaar oordeelde, maakte tegenbedenkingen, en merkte aan, dat de graaf drie moest nemen. Beiden waren nog al van een warme *temperatuur*, en het stooten van onstoffelijke krachten dreigde een stooten der vuisten te zullen verwekken. Het kleine manneke gaf geen goedkoop; het gloeide niet alleen van toorn maar dreigde ook met een aanklagte aan 't keizerlijk postbestuur te *Petersburg*; dat kon ik uit het *Russische* gesprek opmaken. Zwijgend stond ik eenige schreden van de twistenden verwijderd; Petro deed als of hij niets hoorde of zag, en wendde den rug naar 't krijgstooneel, want daar liep 't opuit. De drift van beide was kokend: het kleine ventje sprak met ernst en groote stemverheffing, en duwde met zijn kleine vuistjes duchtig op de lessenaar: nu zette des graven vuist koers op zijne borst; vreezende dat die op dezen klip mogt stooten, wendde ik mij schielijk om, en bekeek met alle oplettendheid het prachtige kleed waarmede 't *Moeder-Gods*beeldje getooid was. Naauwelijks heb ik mijne bezigtiging begonnen, of daar ontstaat een geschreeuw, een getier en gevloek met woedend stampvoeten vergezeld, achter mij: ik vervolg rustig mijne *inspec-*

tie, daar voel ik mij van achteren aangegrepen; het booze manneke had mij aangetrokken, maar niet gestooten, het wil mij beduiden dat ik 's graven vuist op zijne borst moest hebben zien nederdalen. Hij trok mij zelfs naar de lessenaar toe, duwde mij een pen in de hand en lei papier voor mij. »*Kann nicht verstehen Herr Postmeister! Was wünschen Sie denn, mein gütiger Herr?*" dat was alzoo wat de verklaring die mij van de lippen vloeide. Ik verzocht den graaf, om den postmeester te verzekeren, dat mijne *Nederlandsche* oogen al even min kunnen zien wat achter mij geschiedt dan de *Russische* ook; dát ik van niets anders dan eene korte getuigenis kon afleggen van mijne kortstondige *inspectie* over 't fraaije kleedje van 't beeld. Hiermede liep 't voor mij af; Petro, die 't onweêr zag aankomen, was gaauw naar buiten geloopen, bij de slede. 'tSlot was, dat de graaf in 't *Beklagboek*, 't welk tot dat einde aan alle posthuizen van 't Rijk gereed ligt, zijne *Aanmerkingen* invulde; dat de postmeester dreigde met een aanklagte bij 't *ministerie*, en dat de graaf eindelijk met twee paarden afreisde, en ik er met Petro's broêr vier à vijf uren toefde, toen er een edelman arriveerde, die ook naar *Charkow* reisde. Aan dezen was het briefje *geadresseerd*, 't welk de graaf mij had gereikt, om het aan dien naam af te geven. Na de lezing zeide hij mij in 't *Fransch*, dat wij met hem konden rijden. Op de derde wisselplaats wachtte de graaf ons op, en daarmede was dit avontuurtje afgeloopen. Het was de eerste keer niet, maar de vierde reeds, dat er op de wisselplaatsen soortgelijke tooneeltjes voorvielen; maar de andere postmeesters hadden den moed van het kleine manneke niet. Zij moeten er voor zorgen, dat het trekken voor de dieren niet te zwaar is, en dat de reizigers dus ook zóó vele paarden nemen, als zij oordeelen dat deze behooren te gebruiken. Hoe meer paarden er genomen worden, hoe voordeeliger voor de posterijen, beter voor de dieren en tevens voordeeliger voor de postmeesters, maar dat valt in 't nadeel van de beurs der reizigers uit; dus alweer de strijd over 't eigenbelang, waar over nooit de minste twist zoude kunnen ontstaan, wanneer beide partijen steeds de *billijkheid honoreerden*. Daar elk paard per werst $1\frac{1}{2}$ kop. zilv. kost, zoo is deze prijs zeer laag gesteld, en bedraagt voor twee paarden per uur slechts 15 *kopeck* zilv. $=$ 30 cts. Eene dagreis van 20 uren gaans zou dan voor twee paarden slechts f 6,00 bedragen, behalve de kosten der *poderosnoi*, die het nog al wat duurder maakt. De weg tusschen de beide hoofdsteden, $=$ 734 w., $=$ ongeveer 150 uren gaans, zou dus voor twee paarden niet meer dan f 44,04 bedragen; ééne persoonsplaats voor den eersten rang in de *diligence* kost voor dien afstand 95 r. b. $=$ 52,00, naar 55 cts. de roebel bel. — In het jaar 1838 bedroeg het getal postpaarden, volgens *Russische Statistieke* opgaven, in het *Russische* rijk (*Polen* en *Finland* uitgezonderd) 42,500; elk paard kostte het rijk in dat jaar door elkander 59 r. $23\frac{5}{7}$ k. zilver, ongeveer $=$ f 112,00.

Bij 't aanbreken van den dageraad reden wij *Charkow* binnen, bevonden er 't logement met een aantal logeerkamers voorzien, en tevens plaats om ons op te nemen. *Charkow* is de hoofdstad van 't gouvernement van dien naam, eertijds de *Slobodische Ukraine* geheeten, het oorspronkelijke stamland der *Kozakken*. Zij is op bijna 50° b. aan de *Charkowka* gelegen, en heeft 21,000 inwoners. Het gouvernement bevat 720 ⬜ mijlen, met 7 steden en 1,100,000 inw. (*). De stad heeft eene hoogeschool, die in 1803 gevestigd is, met een jaarlijksch inkomen van 130,000 r. bco., 't welk keizer Alexander haar bij de oprigting toegekend heeft. De kabinetten, *musea* v. *Nat. Hist.* e. a., bibliotheek, magazijn van landhuishoudkundige werktuigen en andere nuttige inrigtingen, bewijzen, dat men van die keizerlijke milddadigheid, zoo edelaardig voor de bevordering der wetenschappen geschonken, een nuttig gebruik maakt, en de gelden besteedt tot het doel waarvoor ze bestemd werden. Er waren in 1841 38 hoogleeraren en 317 studenten. Van de eerste waren er toen nog 7 *Duitschers*, welk getal uitsluitend door inboorlingen zal worden vervangen. De *Russen* zijn op dat punt juist de *Antipoden* der *Nederlanders*, d. i. zij houden *niet* van vreemden. Behalve deze onbekrompene ondersteuning voor den bloei der wetenschappen, genieten er bovendien nog 60 studenten het voorregt van op kosten des Keizers hunne studiën te volbrengen. Voor deze gunst zijn ze verpligt om zes jaren aan scholen, *Instituten* of andere inrigtingen van het *Universiteitsdistrict* te dienen.

Na den middag bezochten wij de verzameling van landhuishoudelijke werktuigen. Zij was niet

---

(*) In deze en vroegere opgaven zijn wij een *Russisch Aardrijkskundig* werk gevolgd, 't welk er op de *instituten* van onderwijs en opvoeding algemeen is ingevoerd geworden, en dáárom meer vertrouwen verdient dan de werken van vreemden over *Rusland*, die elkander toch veelal letterlijk naschrijven. De bevolking zal sedert de uitgave in het algemeen wel wat toegenomen zijn.

groot, maar bevatte een aantal werktuigen, die in verschillende landen in de laatste jaren óf uitgevonden óf verbeterd werden. De hoogleeraar, die ons vergezelde, wees onderscheidene voorwerpen van nieuwe of verbeterde vinding aan, onder welke b. v. karnmolens, korenwaaijers, ploegen e. a. werktuigen voorkwamen. De graaf kocht er een korenwaaijer, waar de zeef te gelijk bij aangebragt is: dit werktuig, dat in de laatste jaren ook bij sommige landbouwers in de provincie *Groningen* is ingevoerd, spaart veel tijd uit in het spoediger zuiveren van 't graan. — Op onzen weg naar 't logement terug, zag ik op een kom in de stad ook de kunst beoefenen, waarin de *Nederlanders* het van alle *natien* van *Europa* winnen: zij zweefden op schaatsen over de ijsbaan; evenwel waren de *Russen* in dit wintervermaak, wat vlugheid en snelle vaart betreft, bij onze vaderlandsche hardrijders maar kinderen. — Hier nabij was eene glijbaan, een echt nationaal wintervermaak, met drukke nering in werking; 't was de eerste, die ik de gelegenheid had te bezigtigen. Het is eene stellaadje van planken die met sneeuw bedekt en met water begoten, ter dikte van ongeveer een halven voet, een stevige glijbaan oplevert. De toestel was ongeveer 20 voeten hoog en 10 breed, die vrij steil afliep. Boven aan den trap was een plat, van waar de glijders voor een *kopecken*, in een klein sleedje gezeten, pijlsnel afgleden. Er waren *gymnasiasten* met dit luchtige vermaak bezig om zich te ontspannen. Hier waren weinige toeschouwers; in 't Noorden daarentegen wordt dit volksvermaak door de hoogere standen gaarne gezien en door een drom van toeschouwers omringd; dáár is de inrigting op eene grootere schaal aangelegd. Men verzekerde mij dat er eenige oefening vereischt wordt om zich tegen het tuimelen te vrijwaren. — De graaf moest in een herberg een koopman spreken: hier waren *Russen*, *Joden* met even lange baarden, in *Poolsche* dragt, en *Nogaier-Tartaren* met knevels en een tulband om den kaalgeschoren schedel (*) in vreedzame handels*spekulatiën* bijeen.

In het logement teruggekeerd, vonden wij het dampbad in gereedheid en zouden daarvan gebruik maken. Deze inrigting is sedert den veldtogt van 1812 eerst meer bekend, en in *Duitschland* en elders ook vrij algemeen ingevoerd geworden (†). Schoon men de weelde, gemakken en vermakelijkheden der baden van *Petersburg* en *Moskou* hier in alle deelen niet aantrof, zoo was er toch voor 't noodige gezorgd, om aan deze behoefte, door elken *Rus* gevoeld, te kunnen voldoen. Er waren vijf of zes badvertrekken met even zoo vele kleedkamertjes. Vier trappen geleidden naar den oven, die met steenen bedekt was. Van tijd tot tijd wierp de bediende er koud water op, 't welk zich in een zwarte wolk

---

(*) Op de haar- en baard-*kultuur* zijn vele volkeren naauwgezet; sommige hebben die zelfs onder de pligten der godsdienst opgenomen; Mozes heeft daarvan reeds bepalingen gegeven, B. III, 19, 27.

(†) Het ware wel te wenschen, dat de badinrigtingen ook in ons vaderland algemeen werden ingevoerd. Zelfs ontbreekt het nog bijna overal aan behoorlijke inrigtingen voor het koude bad. Het warme-, zweet- en druipbad, zijn hier nog bijna onbekend. Bij de oude *Romeinen*, die zoo veel tot *algemeen* nut en vermaak in 't aanzijn riepen, waren onder de Keizers alleen te *Rome* meer dan 1000 badinrigtingen. De *Russische* baden zijn reeds zóó dikwijls beschreven, dat wij hier niet in bijzonderheden zullen treden.

door 't vertrek verspreidde en de hitte drie à vier graden verhoogde. De *operatie* begon met zich op een breede bank neder te leggen, dan wreef de *masseur* met welriekende zeep in, kwispelde daarna met gebladerde berkenrijsjes om het zweeten te bevorderen; wreef dan met zachte wollen lappen; spoelde met warm, laauw, en eindelijk met koud water af, waarmede dan de badkuur ten einde was. Het ledebrakende trappen, waarvan sommige reizigers spreken, werd hier niet aangewend. Daarna legt de patient zich half gekleed, een half uurtje op eene weeke *sofa* neder, en drinkt een zoeten verkwikkenden drank; kleedt zich daarna langzaam en gaat dan henen. De meeste baders gevoelen na 't bad eenige uren eene ligte ontsteking in de oogen, 't welk echter van zelve afneemt en herstelt. De hitte was er naar mijn *thermometer* op 't heetste 46° beneden, op den bovensten trap $48\frac{1}{2}$, op den vloer $44\frac{1}{2}$; zoo dat ieder bader naar eigen gevoel, ook zonder meer of minder te gieten, zich in zijne *temperatuur* kan nederleggen. De gewone badwarmte in *Rusland* is 45—50°, ook 55°, schoon die *temperatuur* door weinigen verlangd wordt. De *Russen* houden in 't algemeen 48—50° warmte uit; vreemden die er niet aan gewoon zijn, verlangen in 't algemeen 4 à 5 graden minder. — Naarmate dat de badinrigting meer of minder pracht en weeldegenot aanbiedt, is ook de prijs bepaald; de geringste kosten slechts eenige *kopecken*, de voornaamste een paar zilverroebel voor elk bad, en die daartusschen, gemiddelde prijzen. Zoo versterkend als het koude bad gehouden wordt, zoo nuttig oordeelen de geneeskundigen het dampbad ter voorkoming of genezing van huidziekten. 't Is een groot gemak en nuttige zaak tevens, dat men in de voornaamste logementen in

Rusland doorgaans verschillende badinrigtingen aantreft; in de laatste jaren is het druipbad er mede meer algemeen geworden.

In het logement was een merkwaardig persoon; hij was uit een der vondelingen-gestichten (*); zijn beschermengel was een vorst, die hem voor eene aanzienlijke betrekking bestemd had, maar die was in ongenade gevallen en daarna verbannen; toen nam zijn lot een anderen keer. Als lakei *Duitschland* en *Frankrijk* doorgereisd, was hij in 't laatst een half jaar echtgenoot eener *Française* geweest; als weduwnaar diende hij een jaar als vrijwilliger tegen de *Cirkassiërs*; was, door onder zijn neergeschoten paard te kruipen, de slavernij of den dood ontsnapt; thans was hij bij een koopman als reiziger in dienst, en verstond zeer goed om de fraaije *Tulasche* galanterijen aan den man te brengen. — Buiten (niet op straat, want die bezat *Carkow* toen nog niet) zag men onder de boeren eenig verschil in 't fatsoen der mutsen. Boeren uit *Kursk* droegen hooge viltmutsen, wit of graauw van kleur; de *Ukrainer* boer *figureerde* met zijne hooge muts van zwart lammervel, die de hoog gebouwde gestalte der *Ukrainers* nog meer boven zijne landsbroeders doet uitsteken. Sommige boeren droegen ook oude kaal en vaal gesletene vilten hoeden, die vroeger

---

(*) Er is veel vóór en tegen deze gestichten geschreven; schoon 't nut der inrigting *negatief* is, zoo heeft die er 't *infanticidium* gebreideld, en alzoo een belangrijk voordeel aangebragt. Dáárom was er reeds bij de oude *Grieken* te *Athéne* een vondelingenhuis. Zie J o h. S t e p h a n., *de jurisd. vet. Graecor.* C. 13 in Tom. VI. *Thes. antiquit graec.* G r o n o v., p. 2736. Vergel. M e i s z n e r, *Zwo Abhandl. über die Frage: Sind die Findelhäus. vortheilhaft od. schädl.?* S. 8. u. a.

zeker al een halfdozijn hoofden hadden versierd. Ze koopen die oude versleten hoeden voor 10 à 15 *kopecken*, en zijn er dan nog jaar en dag mooi met gekleed. De gewone winterdragt voor het hoofd is een eenvoudige lage muts van vel, of een graauwe kap die aan een *dito* jas van grove stof, gelijk aan pij, van achteren is vastgehecht, en die ze soms achter op den rug als aan een kapstok hebben hangen, wanneer ze namelijk een pelsmuts daarvoor in de plaats stellen. Ze spijsden gedroogde *champignons*, augurken en visch, want het was in de vasten. Een boer had uit vromen eerbied eene duif van een *Duitscher* gekocht voor 18 *kop.* en had haar toen laten vliegen; zóó vertelde de hospes. Dit doen de *Russen* dikwijls eenige dagen vóór *Paschen*. De boeren waren ook hier, zoo als in geheel *Rusland* (ten minste van de *Oost-* tot de *Zwarte zee*) al even wellevend en vol *komplimenten*. Ze groeten elkander steeds op weg door de muts af te nemen, reiken elkander de hand en vragen naar den welstand der familie, vergezeld door blijken van deelneming, buiging, enz. Dikwijls groeten ze elkander met een kus, zoo als dat er bij den hoogeren stand ook gebruikelijk is. Sommige reizigers hebben, zoo als ze verhalen, wel eens een paar kussende *Russische* boeren met de baarden aan elkander vast gevrozen gezien; ik heb dit geval niet aangetroffen, maar denk toch dat het wel gebeuren kan. — *Charkow* heeft vier zeer beroemde jaarmarkten, mede van de grootsten in *Rusland*, wat den handel in *Spaansche* wol en paarden betreft. Voorts is er handel in koorn, was, enz., benevens bloeijende fabrieken van zeep, leder, viltmantels, die *gerenomeerd* zijn, talkziederijen, enz. Behalve de universiteit, zijn er een *Kadetten-insti-*

tuut, *gymnasium*, benevens bisschop en gouverneur met hunne paleizen; zoodat men *Charkow*, dat met ruime, schoon meest ongevloerde straten, pleinen en knappe huizen voorzien is, een stad mag noemen, die er goed uitziet en in bloeijenden staat verkeerd.

Den volgenden vóórmiddag reisden wij uit *Charkow* af; toen giste ik nog niet, dat ik er drie maanden later als verkooper van 4500 ponden fijne wol en 28 paarden weêr zou verschijnen. Buiten de stad zag ik de eerste voorteekens van 't Zuiden; 't waren acht huisgroote karren met kameelen, of eigenlijk drommedarissen bespannen. De voerlieden waren fiere *Steppen*-zonen van 't ras der *Nogaier-Tartaren*; zij waren met boter van hunne eigene kudden beladen, en bragten die naar *Charkow* ten verkoop. Het geluid der bellen (*), verschillende met dat der gewone paardebellen, leverde ook in dit opzigt wat nieuws op. — De dorpen waren ook hier veelal groot; verder naar de *Steppen* echter kleiner en meer van elkander verwijderd. Tegen den middag wisselden wij van paarden in een morsige herberg, alwaar Petro en zijn broêr steeds in de weer waren om de varkens uit het vertrek te drijven, die er aanstonds binnen slopen als de deur open ging. De postmeester had met de *Russische* troepen twee jaren in *Frankrijk* gelegen, en sprak het *Fransch* vrij goed. Ik vroeg hem, hoe dit dorp met stroohutten heette; maar de man zag mij geheel verwonderd aan. »*C'est une ville Monsieur! une*

(*) Faber, *Waarn. over het Oosten*, zegt, dat ze reeds bij de *Romeinen* uit het Oosten in gebruik gekomen waren, en wil dit afleiden uit de plaats van Liv. XXII. 52, alwaar de verdeeling van den buit van Hannibal geschetst wordt.

ville, le górod(*) *Tschugujew*," was 't antwoord. Deze *górod* is aan 't riviertje *Tschugewka* gelegen, dat hier in de *Donetz* valt. Wij verlieten spoedig deze varkenskot, en bereikten buiten de *górod* een heuvel, van waar men een heerlijk vergezigt op de omliggende vlakte heeft. De rookwolken, die uit de stroohutten lijnregt opstegen, welke aan den heuvelzoom schenen te hangen, verleenden dit woeste oord in 't stille avonduur, door de wegzinkende zon verguld, een bekoorlijken aanblik. Van hier af begon het terrein vlak, de dorpen kleiner en zoo schaarsch te worden, dat men zich hier de laarzen van *Klein Duimpje* uit *Moeder de Gans* zoude wenschen. Wij passeerden eene voortgaande lijn van die grafheuvels, *Mogila* of *Koergán* geheeten, die Pallas in *Siberië*, en Arends(†) in N. *Amerika* van denzelfden bouw aantroffen, en die men zoo veelvuldig in Ossians gedichten, als de verzamelplaats der geesten van afgestorvenen en de kampplaats der helden aantreft. 't Was reeds lang duister, toen wij te *Isium* kwamen, en in dit plaatsje, waar eene *militaire kavallerie-kolonie* gevestigd is, van paarden verwisselden. Herinneringen aan de avonturen van Mazeppa op het wilde paard, en zijnen ongelukkigen krijg tegen Peter *den Groote*, in vereeniging met Karel XII, drongen zich op deze vroegere schouwplaats aan mijn' geest op. Hier deed Katharina II de zoogenaamde tooverreis,

---

(*) *Górod* beteekende eerst burgt, en later stad; zie: *Das älteste Regt d. Russ.*, *in seiner Geschichtl. Entwickel. dargestellt* von Joh. Phil. Gust. Ewers, S. 333, Dorp. u. Hamb. MDCCCXVI.

(†) Friedrich Arends, *Het Mississippidal*, Nedl. Vert., bl. 87.

haar voor ruim eene halve eeuw bereid. De vorstin bewonderde er fraaije dorpen met net geverwde huizen, die des nachts weer verdwenen om den volgenden dag hetzelfde goochelspel te herhalen. 't Was een meesterstuk van Potemkin, om zijne meesteres te doen gelooven dat ze door eene streek gereisd was, met digt bebouwde en fraaije volkrijke dorpen die toch slechts eene onbewoonde woestenij was! — Omstreeks 10 uren kwamen wij op een dorpje aan, en toefden er tot den volgenden morgen in een boerenstulp. De regtvaardigheid der oude *Scyten*, door Homerus *Il. N.* 6 *seq.* geroemd, scheen hier thans nog te huisvesten, zoo als mij dat uit een staaltje gebleken is. Den volgenden morgen met het aanbreken van den dag werden er paarden van des graven goederen aangebragt, waarmede wij het laatste toertje ondernamen. — Om tien uren draafden de paarden over de rivier de *Samara*, en nu waren wij op het landgoed en tevens in 't gouvernement *Ekatharinaslaw* aangekomen. Aan het huis verwelkomde de *direkteur* (een *Russisch* edelman) zijnen gebieder en den vreemdeling; de boeren liepen met de mutsen onder den arm op verren afstand voorbij, en gluurden nieuwsgierig naar hunnen heer. 't Waren echte *Steppen*-zonen, die er thans nog al even zoo uitzagen als Ovidius van hunne voorzaten, de *Sarmaten*, in zijne *Treurliederen* zong:

» Pellibus et laxis arcent mala frigora braccis."
» In vellen ruygh en wydt en wyde broeken
Moet hy de warmte soeken."

naar luid eener *Nederl.* vertaling. Wij hadden nu onze reis voleindigd en traden binnen, om hier wat langer te toeven.

Wij vleijen ons, dat de goedgunstige Lezer, die tot zóó ver de reis met ons gemaakt heeft, ons nu ook op de kleinere *Steppen*-toertjes zal vergezellen; de *Grieksche*, *Duitsche*, (waaronder de *Doopsgezinde*) kolonisten, benevens de *Nogaier-Tartaren* bezoeken; de *Krim* bereizen; met ons naar *Odessa* stoomen, er een paar weken toeven in 't bezigtigen der omstreken, dan met de stoomboot naar *Constantinopel* door de *Zwartezee* varen en daarmede de *Russische* reis voltooijen. Binnen een jaar hopen wij onzen Lezers die *Reis* aan te bieden.

KAART
van
EUROPISCH RUSLAND,
behoorende bij de
Wintereis door RUSLAND
van
H. DIJKEMA.
Te Groningen bij
C. M. van BOLHUIS HOITSEMA.
Aanmerking
Oost-Zee Provincien
Groot-Rusland
Klein-Rusland
Zuid Rusland
West Rusland
STOKHOLM
MOSKOU
Kazan
Kaluga
Kiew
Charkow
Poltawa
Odessa
Cherson
Saratow
Astrakan
Penza
Tambow
Kursk
Orel
Tula
Twer
Witepsk
Minsk
Grodno
Wilna
Riga
Reval
Pleskow
Archangel
Wologda
Kostroma
Wjatka
Perm
Ufa
Simbirsk
Woronesch
Bucharest
Wallachye
KONSTANTINOPEL
TURKIJE
ZWARTE ZEE
KLEIN AZIE
OOST ZEE
KASPISCHE ZEE

www.ingramcontent.com/pod-product-compliance
Ingram Content Group UK Ltd.
Pitfield, Milton Keynes, MK11 3LW, UK
UKHW051851200225
455359UK00007B/16